# 江西旅游产业发展路径研究

STUDY ON THE DEVELOPMENT
PATH OF JIANGXI TOURISM INDUSTRY

黄细嘉　李　祎　等 / 著

社会科学文献出版社
SOCIAL SCIENCES ACADEMIC PRESS (CHINA)

# 代　序

　　黄细嘉教授去年冬给我发来《江西旅游产业发展路径》电子书稿，邀我作序，我甚感荣幸，欣然答应。我与细嘉教授相识多年，交往甚密。我们虽然年龄相差一个年代，也未曾在一个单位共事，皆因对江西旅游业发展的炽烈热爱、执着追求，一路而往、相助而为，在探索旅游发展的道路上共同砥砺无数日夜，倾注大量心血，取得丰硕成果，结下深厚友情。当我怀着喜悦的心情阅读完这部厚实的书稿，许多往事油然涌上心头。

　　我们曾经同室孜孜探新路。那是在 1999 年冬，在历经 1998 年特大洪涝灾害的巨大冲击之后，新千年即将来临，21 世纪也匆匆走来，江西旅游业向何处去？遵照省政府的要求，省旅游局组织开展江西培育旅游支柱产业研究，细嘉教授作为南昌大学旅游学院领导，应邀参加课题组，与我们一道废寝忘食、夜以继日地探讨江西旅游发展问题，很快完成了《江西培育旅游支柱产业研究报告》，归纳出江西旅游资源"物华天宝返璞真，人杰地灵山水魂，陶瓷艺术道教源，红色摇篮老表亲"的主要特征，提出了在"十五"期间"绘绝山水画，唱红摇篮曲，写好陶瓷篇，念活天师经"的旅游发展战略思路，为编制《江西省旅游业发展"十五"计划和到 2015 年远景目标》奠定了坚实的基础。

　　我们曾经连夜呕心绘蓝图。那是在 2009 年初春，为贯彻落实省委省政府建设鄱阳湖生态经济区战略部署，旅游业要规划建设鄱阳湖生态旅游示范区。在接受省政府下达编制《鄱阳湖生态旅游示范区规划纲要》的任务后，我首先想到的就是邀请细嘉教授给予支持，当天晚上他就带领南昌大学旅游规划与研究中心的一批专家来省旅游局参加紧张的编制工作。历经五天五夜的苦战，我们顺利完成了规划纲要讨论稿，向全省旅游工作会议提交了一份高质量的文件。

　　我们曾经驱车南北觅温泉。那是在 2011 年的春季，省政府适时向省旅游局提出在全省加快发展温泉旅游的要求。发展特色旅游，规划必须先行，在组织落实编制全省温泉旅游发展规划任务的当头，我又当然想到以细嘉教授为首的那些旅游专家，便邀请他们与省旅游规划研究院专家共同组成规划编制组。尔后，我们深入赣西、赣南、赣东的三十多个县市区调查温泉资源，并向有关部门询集资料，然后经过两周的奋战，完成了规划初稿，提出了江西温泉旅游"七星闪耀，日月同辉"的发展战略思路，为全省温泉旅游发展提供了一幅美好的蓝图。

我们更有互邀，会常切磋，共同参加江西旅游发展战略研讨，全省红色旅游、乡村旅游发展论坛，南昌、九江、景德镇、上饶、宜春、抚州等各地旅游发展座谈，合作编制赣州旅游精品线路规划、赣东北旅游合作发展规划以及湖口等县市区的旅游发展总体规划。当然，更多的则是记不清多少次文稿讨论会，多少个项目论证会，多少回规划评审会，多少场成果点评会……有时是我去评审他的，有时是他来讨论我的，或者是一同去论证其他同人的，其实都是在共同探讨、相互切磋、互为助力、相为补台。近年来我们又致力于中国未来研究会旅游分会的组织领导工作，积极团结和组织全国各地一些高校、科研机构、企业单位的旅游专家、学者广泛开展中国旅游未来发展探索研究工作。可以说，我们将人生的乐趣和美好时光都投给了旅游业研究，将旺盛的精力和智慧也都奉献给了江西乃至中国的旅游业发展。

与细嘉教授交往和合作，既是一种人生快乐，也是一种勉进动力。他在旅游发展探索研究中，悦行博览、即景风生，用心甚笃、才思敏捷、学用贯通、创意联翩，笔耕勤健、著作等身。从《红色旅游与老区发展研究》到《江西红色旅游资源及其开发述论》，从《区域旅游空间结构优化研究——以江西为例》到《旅游扶贫：江西的构想与实现途径》，从《旅游资源开发与可持续发展战略研究》到《打造江西休闲度假旅游目的地对策研究》，从《赣文化通典·名胜卷》到《区域旅游规划与策划的实践和思考》，他关于区域旅游发展研究的专著一部接一部问世。而新作《江西旅游产业发展路径研究》则是在江西旅游产业正处于全面转型升级的关键点，急需严谨的科学的深邃的理性研究成果指引前行的背景下完成的。拜读完书稿，我认为这是一部兼备解析大旅游宏观思维与区域旅游发展中观举措，具有前瞻性、针对性、指导性和落地性的旅游研究力作。

随着我国旅游业快速迈入大众化、全域化的新阶段，风景独好的江西自然有意在旅游领域大放异彩、独占鳌头。虽然江西近年大力推进旅游强省建设取得显著成效，但因受制于相关因素，旅游产业发展仍需选取更佳路径进行突破、拓展和提升。而细嘉教授等所著的《江西旅游产业发展路径研究》一书，恰恰与江西旅游发展大环境相契合。该书植根于江西旅游发展实情和作者对于江西旅游发展的深刻见解，综合分析江西旅游产业发展环境和条件，把脉江西旅游产业发展现状与问题，进而测定江西旅游产业发展的综合协调状况与演化水平。在此基础上，探索适宜江西旅游产业发展的管理模式和运营机制，揭示江西旅游产业发展的有效路径，并从实施层面提出构建江西旅游产业发展的支持政策和保障体系。由此可见，该书框架构建颇具建树，从旅游产业相关理论的深入研究到产业发展创新路径的选择施行，步步推进，层层深化，显现了著述的科学性与逻辑性。书中阐述的观点，不仅反映出细嘉教授对于前人研究成果的思考与体会，还反映出他对旅游产业发展创新性路径独到的理解和认知。全书的框架构建、理论阐述、路径选择都体现出细嘉教授严谨治学的精神和专注旅游的态度。

这里我要对旅游产业发展路径再赘言几句。目前在国内外旅游产业发展研究中，对发展路径的相关研究较少，且多集中于对旅游产业发展模式、经验、方法等方面的探讨，其内容大多停留在政策、制度、措施的保障性建议方面，还没有形成完整的科学的内容框架体系，需要专家、学者进行综合性的研究，构建完整的研究框架，丰富旅游产业路径研究内涵。细嘉教授能够植根于旅游产业发展实情，着意构建完整的旅游产业发展路径研究框架，可谓是创新之举。其《江西旅游产业发展路径研究》已然综合、完整、系统地对旅游产业发展路径进行了理论研究，并紧密与江西各县市旅游产业发展相结合，亦向相关部门建言献策。

此外，书中用较多的篇幅阐述了旅游产业融合发展途径，着重从文化产业、休闲农业、工矿产业、商业、科技、中医药六大产业入手，既详尽阐释了各大产业与旅游产业融合发展的机理，又深入探索了旅游产业与其他产业间的融合发展模式，更详细拟定了旅游产业与其他产业间的融合发展路径。这不仅是必要的，而且是出彩的，不知做了多少实质性的工作，才能够提出这样翔实而接地气的发展思考。

写到这里，已从长期服务的江西旅游行政管理部门旅游发展研究与管理岗位退休数载的我，对以细嘉教授为代表的江西学院界旅游专家、学者们不禁陡生深挚的敬意！为他们探索江西旅游业发展的成功之路，呕心沥血、孜孜不倦的精神深感骄傲！旅游学界大家必然成就于旅游发展大潮，旅游产业发展当然需要更多旅游学界大家，旅游学界大家定然助力旅游产业更大发展。这既是一点粗浅感悟，也是一个美好祝愿！

曾宜富

中国未来研究会旅游分会会长、江西省旅游发展委员会原副巡视员

2018 年 4 月 12 日于南昌

# 摘　要

在分析江西省旅游产业发展现状，归纳国内外旅游产业发展成功经验与路径启示基础上，着重从战略思路、发展模式、水平评价、演化历程、路径选择、支持体系、敏感性分析等方面，阐述如何形成并升级江西旅游产业发展路径，同时辅之以江西省具体县市及旅游景区的案例探讨。

首先，从20世纪后半期开始，整体回顾分析江西省旅游产业发展成就、总结基本特征、揭示未来趋势。论述本课题的研究意义与预期目标，期望能够优化并明确江西旅游产业发展的指导思想与战略思路，探索并确立推动江西旅游产业发展的多维路径，构建江西旅游产业发展的保障体系。

其次，以典型县市旅游产业发展路径实例为切入点，着重分析婺源县、石城县、资溪县、庐山市、鄱阳县旅游产业发展路径类型，引出江西旅游产业发展路径现状，并分析其总体表现、具体表现及业态表现。从而得出江西省旅游产业发展存在政府主导路径依赖较为严重、融合发展路径机制仍然不活、创新发展路径经验推广不力等问题，并从主客观两方面剖析问题成因。

再次，分析国内外旅游产业发展路径，从中寻找其成功经验及启示。一是从国外旅游产业发展路径分析，重点关注以美国为代表的资本技术推动型发展路径、以英法为代表的资源驱动型发展路径、以日韩为代表的政府主导型发展路径；二是分析国内部分省份旅游产业发展路径，主要关注广西山水旅游发展路径、四川乡村旅游发展路径、湖南文化旅游发展路径、福建温泉旅游发展路径、浙江森林旅游发展路径、江苏休闲农业旅游发展路径；三是分别以贵州和广东省为例，分析旅游市场开拓路径与旅游企业培育路径的成功经验，并从中总结出可供江西学习的重要启示。

又次，确立江西旅游产业发展战略思路与模式，主要从指导思想、战略思路、发展模式、运营机制四个方面进行阐述。以邓小平旅游经济理论为指导，树立"旅游带动发展"和"旅游富民"理念，进一步发挥政府主导作用，走多维业态融合之路，真正把 2013 年确定的旅游强省建设工作落到实处。提出多产业融合发展战略、生态旅游优先战略、红色旅游升级战略、城景村一体化建设战略、无景点旅游发展战略、国际旅游促进战略的旅游发展路径优化战略，构建"三位一体"旅游管理模式、绿色旅游发展模式，完善市场化旅游经济运行机制、投融资机制、激励机制，促进旅游业的规模化发展、产业融合、结构合理化。同时，阐述江西旅游产业发展评价及演化水平。根据全面性、科学性、定性和定量相结合、引导性、综合性原则，综合考虑江西省自然环境、产业政策、经济能力、社会文化、科学技术因素，采用资源—社会—经济—环境—智力支持五分量评价模式，构建江西旅游产业发展评价指标体系并确定指标权重，采用多目标线性加权评价模型对江西旅游产业发展进行综合评价，得到江西省各地旅游产业发展综合评价结果。

基于此，确定江西旅游产业发展创新路径选择，从路径指向、路径选择、融合发展路径三方面进行阐述。路径指向作为创新路径选择的基础，需做到正确、科学。为此，确定了以建设人民满意的旅游业为方向，以建成旅游产业强省为主要目标，以实现三年一跨越为基本步骤，以拓展新型业态旅游为突破口的路径指向方针。选择旅游产品发展路径、旅游市场开拓路径、旅游企业培育路径、产业结构优化路径作为江西旅游产业发展路径的重要研究途径。同时，全面阐释了江西旅游产业融合发展路径规划，着重选取文化产业、休闲农业、工矿企业、商业、科技、中医药六大实力产业与旅游产业融合发展的路径，形成旅游新业态，促进旅游产业全面升级转型。

最后，构建完善的江西旅游产业发展路径支持体系。旅游产业发展路径支持体系由政策支持、制度创新、机制构建、金融支持、服务模式、人才培养以及配套建设七大部分构成。其中政策支持主要由财政、投融资、税费、土地政策构成；制度创新侧重于旅游法制建设、带薪休假制度建设；机制构建关注政府采购机制、社区参与机制、权益配置机制、生态购买机制的构建与完善；金融支持则从规范旅游金融环境、加强银行旅游信贷支持力度、发挥资本市场旅游资源配置作用、积极发展旅游保险业务、开发和完善旅游金融产品与服务方面进行阐述；服务模式根据江西旅游发展实情，选择基于动态联盟的旅游服务供应链模式、基于自助游时代的星状旅游服务模式、基于个性化特色的江西旅游服务模式、创新旅游服务质量评价制度；人才培养侧重于落实人才强旅战略、深化旅游教学改革、完善人才引进和输入机制；配套建设主要指从旅游基础设施建设、旅游信息化建设、安全保障体系建设方面入手，加强江西省旅游配套设施的建设与完善。

另外，从江西旅游产业发展路径的制约因素、风险以及偶发性等方面阐述江西旅游产业的敏感性问题，并从生态敏感性、政策敏感性、矛盾敏感性、危机敏感性、高铁敏感性、科技敏感性六个方面具体诠释如何提高旅游产业发展灵敏度，增加旅游产业抵御障碍和危机的能力。

# 目　录

# 前　言

　　旅游业是当今世界最活跃的产业之一。中共"十八大"以来，在江西省委、省政府的正确领导下，江西旅游产业也日渐在全省经济社会中显示出越来越重要的作用，并为全社会瞩目。然而，透过现代旅游业快速发展的光环，可以冷静地发现其仍然还有许多必须引起高度重视的问题。旅游资源的盲目开发，景区（点）的人为污染，旅游产品的恶性竞争，经营管理的粗放等不可避免地给江西旅游业健康持续发展留下后患。以问题为导向，江西旅游产业急需寻找既符合产业发展规律又有自身特色的切实可行的多维发展路径。正是基于这一点，2012 年度江西省高校哲学社会科学研究重点招标项目"江西旅游产业发展路径"（课题编号：ZDZB201211）应运而生，我组织的科研团队，经过招标获得该资助项目。所以有必要说明的是，本书是在该资助项目结题成果的基础上，经修改完善而成的。

　　诱人的山水风光，精深的赣鄱文化，为江西旅游业发展提供了坚实的基础。但是，旅游资源并不等于旅游产品，旅游业的发展不仅需要旅游产品质量的提升，旅游整体形象的提升，国内外旅游市场的开拓，还需要把握脉搏的战略思路和符合实际的发展路径。江西旅游业发展存在的问题主要表现在以下几个方面。一是还存在过度依赖政府的局面，出现政府主导的路径依赖症，忽视了市场作用和社会力量。企业作为市场主体、行业协会作为桥梁纽带的作用未能充分发挥。二是旅游业作为综合性产业，一方面离不开其他产业的支持；另一方面也需要与其他产业融合发展，增加吸引力。然而江西旅游业的多业态融合发展的体制机制还亟待理顺。由于涉及众多行业领域，相关旅游项目规划建设的资源各有其主，而旅游业务部门处于相对弱势地位，难以统筹协调有关方面实现共建共享发展。三是江西旅游业发展地域不均衡，各地对发展的路径探索也是畸重畸轻。虽然已有一些成功的案例，但更需要从全省的范围出发，统筹规划，为江西旅游业发展提出科学的发展方向并探讨具体的路径和措施。

　　本书既从宏观层面上把握江西旅游业发展的趋势，又从中观层面上阐述江西旅游业发展的基础和外在机遇与挑战，还从微观层面上详细具体指明多维旅游产业发展路径和多样化旅游产业融合路径，力图实现对江西旅游业的发展既具有理论指导意义，也具有实际操作价值的研究目标。

　　本书从理论到实践，从宏观到微观，从省外到省内，从区域到县市，从经验借鉴到路径探索，多方位切入研究主题，共分四个部分进行论述。一是绪论部分，即开篇第一章，回顾江西旅游产业发展实践史、解读研究背景、阐述研究任务；二是把脉部分，即书稿第二章，主要揭示江西旅游产业发展路径的现状、存在问题及其成因；三是借鉴部分，主要为第三章，归纳总结国内外旅游产业发展路径的成功经验与借鉴启示；四是实战部分，包括第四章到第八章，有针对性地讲解如何形成并优化江西旅游产业发展路径及其运行体系。

　　为了在扶持江西旅游产业发展新业态、创新江西旅游发展多维路径、促进江西旅游产业转型升级方面，取得"入法眼""接地气"的成果，课题组强化成果三方面的特征：第一，时效性，在回顾实践发展史的基础上，尽可能反映新实践、新发展、新成就，与江西旅游产业发展现状及其趋势相衔接，使成果具时效性和参考性；第二，系统性，就江西旅游产业发展路径研究而言，从路径回顾、路径借鉴、路径演化、路径选择、路径支持、路径危机化解多方面进行阐述，体系相对完备；第三，实用性，研究成果不只是局限于单纯的理论探讨，同时结合江西各县市旅游发展实况进行案例分析，并就江西旅游产业融合发展的路径进行多维引导，颇具利用价值。

　　本研究成果既可以提供给旅游行政管理部门和旅游规划机构作为工作参阅资料，也可以提供给广大旅游服务、经营、管理者作为学习用书，亦可以提供给旅游管理类专业师生作为教学参考书。

　　期待我们的努力能对江西旅游业的发展有所贡献，也期待行业的管理者、经营者和旅游者能够从中得到一点启示，如果这样，我们将感到非常欣慰。限于我们的学术水平和实践经验，书中的错漏在所难免，诚恳欢迎广大读者批评赐教。

黄细嘉

2017 年 11 月 21 日

# 第一章 背景分析与任务解读

本课题在总结江西旅游产业发展最新实践，吸收旅游产业发展模式研究成果，借鉴国内外旅游产业发展路径经验的基础上，揭示江西旅游产业发展路径，以期通过个案研究，特别是从定性、定量分析，探讨江西旅游产业的发展方法、经验、模式，丰富有关旅游产业发展路径理论，并给江西旅游产业发展路径选择提供借鉴和参考。

## 第一节 江西旅游产业发展回顾与现状分析

1958 年国务院批准成立中国国际旅行社南昌分社，标志着江西旅游业开始起步，截至 2014 年，已有 56 年的历史。江西旅游产业发展历史表现为四个不同阶段：一是 20 世纪后半期的起步、筑基与初步发展阶段（1958～2000 年），二是"十五"时期的品牌建设与打造阶段（2001～2005 年），三是"十一五"时期的提升与壮大阶段（2006～2010 年），四是"十二五"以来的快速发展与转型蜕变阶段。

### 一 20 世纪后半期的起步、筑基与初步发展阶段（1958～2000 年）

江西旅游业起步较早，自 1958 年国务院批准成立中国国际旅行社南昌分社时，江西旅游业正式启航。但是，作为一项经济产业，则是从 1978 年 12 月党的十一届三中全会以后逐步发展起来的。1978～2000 年的 22 年，江西旅游业逐步由粗放开发期走向初步发展期，由事业接待型走向经济产业型，以抓重点旅游县（市、区），逐步建设吃、住、行、游、购、娱六大要素系统配套的综合产业体系为目标，基础接待设施和重点景区建设有序推进，旅游客源市场不断拓展，旅游经济体制和运行机制发生了深刻变化，旅游产业规模明显扩大，产出水平连续登上新的台阶。

#### （一）旅游业地位和形象逐步确立

改革开放初期，江西旅游业的总体规模十分有限。1979 年入境旅游接待仅 4384 人次，旅游创汇仅 61.7 万美元。由于当时全国经济发展缓慢，处于重大转折期，国内旅游完全处于自发状态，因而和全国大多数省份一样，江西旅游业充其量只是第三产业中的一部分，还不能成为一项独立的经济产业。中共十一届三中全会以后，在邓小平建设有中国特色社会主义理论指导下，我国经济和社会发展逐步走上正确轨道，江西旅游业克服种种困难，探索前进，20 多年间保持了快速增长的态势，旅游产出水平不断攀上新高。2000 年，全省接待入境旅游者达 16.3 万人次，国际旅游外汇收入为 6234.2 万美元；接待国内旅游者达 2537.4 万人次，国内旅游收入达到 129.6 亿元；全省旅游业总收入为 134.6 亿元，相当于全省 GDP 的 6.74%，超过全国平均水平。在全国旅游业总收入中所占比重已上升至 3.53%。旅游业在增加收入、促进地方经济发展的同时，也促进了其他相关部门的共同发展，提供了大量的就业机会。因此，在全省国民经济众多产业中，旅游业已经确立其鲜明的产业形象，为江西旅游业在 21 世纪初期的快速发展奠定了坚实的基础，也为江西对外开放、经济建设和社会发展做出了积极贡献。

**（二）旅游业"六要素"配套发展，旅游生产力快速增长**

**1. 立体旅游交通格局初步成型**

交通运输对旅游业有着十分重大的影响，是满足旅游需求的先决条件，是发展旅游业的命脉，也是旅游收入和旅游创汇的重要来源。就江西旅游业而言，由于受特定的地理位置和经济发展水平所限，交通运输长期是最薄弱的环节之一。运力不足、可进入性低是旅游业发展的瓶颈。因此，交通部门加大人力、物力、财力投入，发展交通事业，经过 20 多年的艰苦努力，已初步形成了以省会南昌为中心，铁路、公路、航空、水运配套运行，四通八达的交通运输网络，保证游客能够进得来、出得去、游得畅。

首先，民航作为江西旅游业主要依托条件之一，是旅游业发展的主要生产力。改革开放以来，全省民航运力有了明显提高。1999 年 9 月 10 日开航的南昌昌北 4D 级民用新机场，具有年运输 200 万名旅客的能力，开通了飞往北京、香港等 30 多个城市的直航班机，周航班数已达到 156 个，平均每天有进出港航班 40 多个，并且每天可提供班机座位 2400 多个。此外，九江庐山机场、景德镇罗家机场、赣州黄金机场的扩建在

"九五"初期即已竣工。4 个机场周航班数有 200 多个，能够最大限度地满足江西航空市场的需求。

其次，铁路是江西交通运输特别是长途运输的重要力量。1996 年，京九铁路建成通车，结束了江西南部不通火车的历史。京九铁路与浙赣铁路在向塘交会，构成大十字架形的铁路运输大动脉，并与鹰厦、宁赣、武九和横南等铁路相连接，形成了全省密集的铁路运输网络。"九五"期末，全省每天有始发和过境旅客列车 70 多对，铁路营运里程增加到 2197 公里。为了满足迅猛增加的旅游需求，还专门开出三条旅游专列线：南昌—九江的"庐山旅游号"，南昌—上海的 Y7、Y8 旅游列车，南昌—萍乡的"仙女湖号"。旅游旺季时还增开吉安—九江的"井庐号"旅游列车。1980～1998 年，铁路营运里程年平均增长 2.7%，客运周转量年增长 10.5%，全省铁路系统基本上使省域 90% 以上的风景名胜区（点）处在服务的覆盖面中。

再次，公路运输是江西短、中途旅游运输的一支重要力量。新中国成立初期，江西只有 1 条国道，至 2000 年已有 6 条，省道及县乡公路也有了近百条，而且对省内主要国道路面的改造已全面竣工。20 世纪 90 年代，江西开始建设高速公路。截至 1999 年，全省高级、次高级路面总里程已达 5713 公里。以南昌为中心的高级公路网络已形成，能够为旅游者提供舒适、安全、便捷的区内交通条件。

最后，水运在收缩中提高质量。由于陆路交通的改善，加上主河道淤塞不畅等因素，河道水路运输已辉煌不再，水运总里程有所减少。但长江航道线、赣江航道线、信江航道线、修河航道线和鄱阳湖航道线仍然在为江西经济建设服务。1991 年，国务院批准外籍轮船可以直接进入九江等长江中下游城市港口，九江至武汉、九江至南京、南昌至吴城等的游船设施大为改善。另外，在湖泊型风景区和风景河段中，增加了高档快速的游船、游艇，出现了橡皮筏、竹筏、木排漂流等特色水运项目，大大提高了水体旅游的质量。

2. 旅游资源开发与产品建设初步启程

旅游资源是发展旅游业的基本条件。江西旅游资源丰富，主要表现在：数量多、分布广、类型全、品位高。经过 20 多年的开发建设，至"九五"期末，全省有对外开放的旅游与风景名胜区（点）400 余处，其中庐山、井冈山、龙虎山、三清山为国家重点风景名胜区。景区建设取得众多成就，如鄱阳湖被列入《国际重要湿地名录》而进入世界生物圈保护网；1992年井冈山、庐山被列入"中国旅游胜地四十佳"；1996年庐山被联合国教科文组织评定为"世界文化景观"而列入《世界遗产名录》，三清山被列入《世界遗产名录》预备名单。这表明4个国家重点风景名胜区的旅游资源与产品开发已进入成熟期，在成为国内知名品牌的同时，正在走向世界。此外，江西还有省级风景名胜区28处；自然保护区55个，其中国家级2个；历史文化名城7座，其中国家级3座；重点文物保护单位1910处，其中国家重点保护单位26处；重点保护寺观37处，其中全国重点保护寺观5处；森林公园51个，其中国家级14个；国家生态功能保护区1处。江西旅游资源不仅数量多，而且具有较好的自然与人文景观组合优势。从全省范围来看，旅游资源种类齐全，分布较广，有很大的产品线路组合空间，能够推出在国际、国内具有较强竞争力的旅游线路。从各景区自身来看，也充分体现了组合优势，如庐山丰厚的历史文化积淀与秀丽的自然风光完美结合；井冈山革命胜迹与自然生态交相辉映；龙虎山碧水丹山与道教文化熔为一炉等。这些都使得江西的旅游资源更具独特性和强大吸引力。

旅游产品的不断推陈出新、升级换代是旅游业持续稳定发展的基本保证。根据江西旅游资源的特点、分布状况及基础设施条件，江西确定"一轴带两环"的旅游业发展总体框架，采取以国家级旅游与风景区和名城带省市县旅游区的办法，将全省规划为十一大旅游区，各区都形成了其区域性的典型主题，即"六山一湖四城"、十一个主题、十一种特色。以此为衬托，各级政府和旅游部门投入了极大的力量，积极开发出8条旅游干线、3条黄金游览线、51个游览区。江西充分利用生态资源优势，大力开发生态旅游产品，推出婺源、鄱阳湖等生态旅游区。婺源还被批准为国家第二个生态旅游示范县。此外，还大力开展会议、商务、度假、文化、健身等特种专项旅游，初步形成了能适应多样化需求的旅游产品格局。同时，结合"97中国旅游年""98华夏城乡游""99生态环境游""2000神州世纪游"等主题，推出了"京九江西行"旅游活动和景德镇国际陶瓷节、龙虎山道教文化节、庐山国际旅游节、大余梅关古驿道赏梅节等旅游节庆活动。众多旅游专线和旅游节庆活动，标志着江西旅游产品体系结构趋向优化和旅游资源开发的逐步深化。

3. 旅游饭店与餐饮业建设逐渐步入标准化

旅游饭店是旅游业发展的物质基础，是创造旅游收入的重要场所。改革开放初期，全省仅有饭店20余家，饭店设备陈旧，管理水平低下，软硬件均与全国先进水平有较大差距。1979年后，旅游饭店作为旅游业改革的排头兵，在数量上和质量上都有了较大提高。1989年，根据国家旅游局的统一布置，江西对全省旅游宾馆（饭店）进行全面普及和颁发旅游涉外许可证，并对之进行了星级评定。1999年底，江西旅游涉外饭店总数已达138家，拥有客房3万间，床位6万张，其中星级旅游饭店76家，占旅游涉外饭店总数的55.1%。1996年，江西宾馆通过了四星级的评定，1999年锦峰大酒店被评为四星级酒店。2001年6月，九江其士大酒店又被评为四星级酒店，标志着江西旅游涉外饭店的管理水平、服务水平达到了现代化、高档化的国际旅游饭店标准。此外，还有南昌五湖大酒店、南昌凯莱大酒店2家按四星级标准建设的高级酒店和25家三星级酒店、41家二星级酒店、8家一星级酒店。江西还建立了饭店行业性组织——江西省宾馆连锁销售中心。已有9家三星级、4家二星级宾馆加盟。另据不完全统计，全省拥有社会旅馆3000余家，床位约22万张。旅游涉外饭店年接待能力可达1500万人次，加上大量的社会饭店，全省的旅游接待能力已远远超过需求量。这些类型、档次、规模不同，风格各异的旅游饭店遍及全省各县市，尤以南昌、九江、赣州等旅游中心城市为多。在发展旅游的同时，大大优化了江西各地的投资环境，为当地扩大对外开放吸引外商投资创造了良好的条件，旅游涉外饭店已成为各地展示改革开放和两个文明建设形象的窗口示范单位。

在旅游餐饮方面，饮食质量和服务水平都大大提高了。除上述饭店外，还有30多家旅游定点餐馆分布在全省各县市，加上大量的社会餐馆，形成了强大的供给能力。在菜肴方面有南昌的"赣菜全席"（江西十景宴）、九江"浔阳全鱼席"、井冈山"红军菜肴"等。对于旅游方便食品的开发也取得了较好的效益，推出了一大批绿色有机食品，如南酸枣糕等，满足了旅游者追求健康饮食的心理需要。

4. 旅行社发展与组团业务逐步活跃

旅行社业是旅游业的龙头产业，旅行社的性质变化和发展水平将很大程度地影响行业的兴衰，乃至整个旅游业的发展。1978 年，江西省旅行社不足 10 家。但随着改革开放的不断深入发展，江西迎来了四面八方的宾客，旅游接待工作几乎达到饱和状态。为了适应飞速发展的旅游事业的需要，1984 年经国家旅游局批准，江西中国青年旅行社（江西省中青旅国际旅行社）成立，其隶属于共青团江西省委，专门提供出境旅游、入境旅游和国内旅游的业务服务，简称江西青旅、江西中青旅、南昌 - 中青旅、南昌 - 青旅。到了 1988 年，全省旅行社在数量上也有了较快的增长，江西旅行社总数已达 42 家，1996 年增至 90 家。截至 1999 年 9 月，江西有各类专职、兼职导游 1659 人，其中特级导游 1 人，高级导游 17 人，中级导游 36 人。在旅游业不断发展的过程中，旅行社业的龙头地位日益突出，在产品设计、宣传促销、市场开拓等方面起到无可替代的作用。在经营理念上也发生了深刻的变化，由原来的等客上门变为主动出击，由价格竞争转向质量竞争。旅行社的横向联合也蔚然成风。各旅行社纷纷组团参加全国性乃至国际旅交会，并联合开行旅游专列，如昆明世博会专列、张家界专列都显得异常火爆。尤其是 2000 年初，江西国旅等 4 家旅行社联合开展的泰国包机旅游，取得了良好的经济效益和社会效益。

5. 旅游商品开发与购物业初现成效

1992 年 11 月，国务院批复了国家旅游局《关于加速发展我国旅游商品生产和销售若干问题的报告》后，全国的旅游商品生产和销售进入了新的阶段。江西旅游部门也抓紧制定了各项措施，促进了旅游商品的开发、生产和销售，至 1999 年底，江西共有旅游涉外定点商店 30 家。国家、集体、个人一起上，多种经济成分并存。社会上大商场、旅游商品专业店、精品店迅速增加。井冈山、景德镇、庐山、南昌等旅游城市和景区兴建旅游购物一条街，形成花色品种繁多的旅游商品体系和一批拳头产品，如景德镇陶瓷，井冈山竹、木质旅游工艺品，庐山土特产品，南昌各类旅游纪念品、旅游工艺品、保健品等开发都较成熟，受到广大旅游者的喜爱。尤其是绿色有机食品更具有吸引力，如南丰蜜橘、广昌白莲、泰和乌鸡、庐山云雾茶、景德镇得雨活茶等一系列土特产久负盛名、享誉中外。旅游购物在国际旅游业中一直占有较大的比重，对目的地经济的发展有强大的推动力，因而各国都非常重视旅游购物。1999 年，江西国际旅游总收入 5037.76 万美元，其中购物收入 1496.21 万美元，占 29.7%。虽然上述数字距国际上购物比重占 40%～60% 的标准有较大的差距，但成绩是显著的，已超过全国同期平均水平。

6. 旅游文娱活动有了初步尝试

20 世纪 90 年代以来，江西省各级旅游部门开始转变忽略文娱活动甚至夜生活等同于不健康的生活方式的观念，真正把"娱"当作旅游生产的要素之一来建设和发展，使江西文娱产品从无到有。目前，全省已有旅游涉外定点文化娱乐场所 3 家，各旅游涉外饭店普遍配备了娱乐和健康设施。各地纷纷开发出具有地方特色的文化娱乐节目，如南昌滕王阁仿唐歌舞、赣南客家歌舞、婺源茶艺、景德镇瓷乐和瓷舞、新余傈族舞等，深受游客欢迎。娱乐活动的形式也日趋多样，并将游览与表演结合起来，由过去单一的静态表演向游客参与的动态活动发展。

**（三）旅游行业管理的广度和政府的支持力度明显加强**

江西省旅游局作为主管全省旅游行业的部门，在职能上不断强化。全省 11 个设区市旅游局均为独立建制，其中 8 个设区市为一级局。有 50 多个旅游重点县（市、区、山）设有旅游行政管理机制。江西在饭店、旅行社管理以及旅游安全、旅游外事、旅游审计、旅游基本建设、旅游业利用外资管理等领域都探索、总结出了一些行之有效的办法和制度。为加强旅游质量监督，省旅游局和赣州、吉安、上饶等设区市旅游局相继成立了旅游质量监督检查所。2000 年，省人大批准出台了《江西省旅游管理条例》，对旅游全行业管理均做出明确规定，逐步走上了依法治旅的轨道。

同时，旅游产业地位得到确定，全社会对旅游业的认识发生根本性变化，政府主导地位得到加强。江西省委、省政府对旅游业的建设和发展非常重视。20 世纪 80 年代中期，旅游业曾一度作为新兴的六大产业之一得到重点发展。"九五"初、中期，江西省委、省政府强调抓住京九铁路全线贯通的机遇，加快发展旅游业，提出要像重视抓工业、农业那样重视抓旅游业，使旅游业真正成为新的经济增长点和第三产业的支柱产业，并批准出台了旅游发展专项使用费征收管理办法等扶持政策。21 世纪伊始，江西省委、省政府更是将旅游业发展提高到了空前的高度。2000 年元旦，江西省委、省政府发布《关于加快旅游业发展的决定》，并专门召开全省旅游经济工作会议，要求把旅游业培育成为21世纪初期国民经济新的支柱产业。各级政府纷纷把发展旅游业摆上重要的议事日程，涌现出了一批以旅游业为龙头或先导产业的市县，"旅游兴县（市）"已成为一些县市的发展战略选择。

**（四）旅游职工队伍不断壮大且旅游教育体系基本形成**

旅游业是一项劳动密集型产业，能够为社会提供大量的就业机会。截至1999年底，江西省旅游业直接从业人员已有5万余人，间接从业人员15万人。20世纪七八十年代，江西旅游从业人员主要来源是面向社会招聘的职高生和其他待业人员以及少量从高等院校毕业的外语或经济类人才，总体素质偏低。进入20世纪90年代后，江西旅游教育发展迅速。南昌大学、江西师范大学、南昌职业技术师范学院、江西财经大学等高校都先后成立旅游学院（系），省旅游学院也扩大招生规模，各设区市都开办了旅游职业高中，形成了多层次的人才培养体系，为社会输送了大批专业人才，使全省旅游行业队伍结构和素质有所改善和提高。同时，江西举办了各种形式的职业资格考试和培训班。1989年开始进行全国导游资格考试，1995年开始导游等级考试，使江西的导游素质和水平有了很大的提高。1997年、1998年江西省旅游局组织举办全省旅行社经理资格认证培训班，有258人取得了资格证书，另有34人取得了出国游领队资格证书。其他如饭店、旅游车船公司等单位的中高层管理人员培训班也多次举办，提高了旅游业经营管理人员的素质，为进一步开拓市场培养了大批人才。

## 二 "十五"时期的品牌建设与打造阶段（2001~2005年）

2001~2005年的"十五"期间，江西省旅游产业有了长足进步，尤其是红色旅游蓬勃兴起，迅猛发展，在全国产生了强烈的反响，"红色摇篮，绿色家园"的品牌已成功打造，树立江西旅游和对外开放的良好形象。

1. 全面超额完成"十五"旅游计划

"十五"期间，全省累计接待入境旅游者126.3万人次，年均增长13.7%；旅游外汇收入3.73亿美元，年均增长8.1%；接待国内旅游者1.87亿人次，年均增长11.8%，国内旅游收入1080亿元人民币，年均增长 14.9%；实现旅游总收入 1111 亿元，年均增长 14.7%。2005 年，全省旅游总人数达 5095.18 万人次，实现旅游总收入 320.02 亿元人民币，分别比 2004 年增长 23.73% 和 32.88%，比"九五"末期增长 99.52% 和 137.76%，分别完成"十五"计划发展目标的 112.48% 和 114.29%；旅游总收入约相当于全省 GDP 的 7.9%，比 2004 年增长了 1.11 个百分点，比"九五"末期增长了 1.16 个百分点，旅游业已成为江西国民经济新的增长点和支柱产业。其中接待入境旅游者 37.25 万人次，比 2004 年增长 29.48%；旅游外汇收入 1.04 亿美元，比 2004 年增长 30.3%；接待国内旅游者 5057.93 万人次，比 2004 年增长 23.69%；国内旅游收入 311.5 亿元人民币，比 2004 年增长 33%。全省旅游业直接提供就业岗位 30 万个，为相关行业间接提供岗位 150 多万个，为缓和就业压力发挥了重要的作用。同时，旅游业发展带动了交通、商贸、饭店、餐饮、文化、体育、信息、物流、休闲等服务业的发展，为工业、农业提供了新的市场空间，推动了房地产发展和新型社区建设，促进了生态环境和文化遗产的保护。

　　2. 率先发展红色旅游，破解老区经济社会发展滞后难题

　　"十五"期间，江西确立了以大力发展红色旅游为龙头，引领和带动绿色、古色、蓝色旅游快速发展，并促进全省经济社会全面发展的指导思想。2000 年江西率先提出"红色旅游"概念，2001 年推出"江西——红色摇篮，绿色家园"主题形象口号。2004 年发起并联合有关省市签署《七省市共同发展红色旅游宣言》，举办了"新世纪、新长征、新旅游、新形象——2004 中国红色旅游万里行"活动，在全国率先出台省级红色旅游发展纲要。2005 年，省政府和国家广电总局、国家旅游局共同主办了"2005·中国（江西）红色旅游博览会"，取得了圆满成功。2005 年红色旅游接待人数达 1760 万人次，综合收入达 110 亿元，分别比 2004 年增长 30.37% 和 42.86%，占全省旅游总人数和总收入的 34.54% 和 34.37%，约相当于全省 GDP 的 2.7%。我省红色旅游的发展得到了中央领导的充分肯定：希望江西不断总结经验，力争在全国红色旅游发展中起良好示范作用。时任江西省旅游局局长王忠武荣膺 2005 年中国旅游业十大新闻人物。"红色摇篮，绿色家园"旅游形象品牌以其无限的激情和无尽的魅力在国内乃至境外产生了深远的影响。

**3. 旅游基础设施明显改善**

旅游交通等公共基础设施条件明显改善，连接主要旅游城市和重点景区的交通网络初步形成。至 2005 年底，南昌昌北机场已开通境内外航线 38 条，赣州、景德镇、井冈山机场增开了至旅游热点城市航班；纵横江西的京九铁路和浙赣铁路增开了十多趟江西与省外重点旅游城市的旅游列车；全省高速公路通车里程 1580 公里，省会南昌至各设区市和所有出省主通道全部实现了高速化，连接公路干线与旅游景区的 10 条旅游景区公路基本建成，极大改善了江西旅游可进入的条件。同时，旅游接待能力明显增强，全省新增上档次的旅游汽车近千辆，新增旅游星级饭店139 家，分别比"九五"期末翻了三番和增加了 98.58%；上档次的旅游餐馆、购物及娱乐场所不断涌现。

**4. 旅游目的地建设步伐加快**

省政府对旅游业的投资逐年增加，由"九五"前期每年 210 万元增加到 2005 年的 2000 万元。在政府投资的带动下，外资和民间资本也大量进入旅游领域。仅 2005 年招商签约资金达 135 亿元，实际引资 52.53 亿元。大投资带来大变化，旅游城市、风景名胜区、A 级旅游景区、森林公园等建设速度加快，旅游目的地形象明显改观。井冈山、婺源已成为特色鲜明、游客云集的旅游热点；庐山、三清山、龙虎山、龟峰、仙女湖等重点旅游景区接待条件明显改善；南昌、九江、赣州、景德镇、鹰潭、萍乡、瑞金等城市面貌都发生了较大变化，新的旅游景点不断涌现，旅游功能明显增强。"十五"期间，南昌、九江、赣州、景德镇、鹰潭先后进入中国优秀旅游城市行列，成为我省重要的旅游集散地和对外形象窗口。同时，国家先后安排江西旅游国债和旅游专项资金达 2.6 亿元，促进和加快了我省一批重要景区和旅游接待服务设施的开发建设。全省开发的古村落已有 40 多个，涌现了婺源古村、乐安流坑、青原渼陂、安义古村群等一批通过旅游开发加快发展的乡村，婺源江湾镇、星子温泉镇、宜春温汤镇、浮梁瑶里镇等一批通过旅游开发改变了面貌的乡镇。

江西庐山是世界文化景观、世界地质公园和联合国优秀生态旅游景区，鄱阳湖被列入《国际重要湿地名录》，截至 2005 年底，全省拥有国家重点风景名胜区 11 处，国家级森林公园 34 处，国家地质公园 4 处，全国重点文物保护单位24处107个点，全国工农业旅游示范点6个；拥有国家A级旅游景区30个，其中4A级14个，3A级6个；星级旅游饭店280家（其中，四星级21家，五星级2家；旅行社562家，其中国际旅行社33家。全省国家重点风景名胜区和4A级旅游景区的数量分别比"九五"期末增长了1.75倍和2.5倍。全省已初步形成了以山、湖、城、村为主体，形象鲜明、各具特色的旅游目的地体系，并形成了南昌－九江·庐山－景德镇－婺源名山瓷都名村文化旅游线、南昌－吉安·井冈山－赣州－瑞金红色文化旅游线、南昌－龙虎山－龟峰－三清山名山道教文化旅游线三条旅游精品线路和一批专项旅游线路。

总结"十五"期间江西旅游业发展的成绩，获得的主要经验如下。

1. 准确定位，树立形象

"十五"期间，江西对旅游产业、旅游形象进行了准确的定位，是旅游业得到快速发展的关键。一是旅游产业定位。2001年，江西省第十一次党代会提出要把江西建设成为沿海发达地区旅游休闲后花园。2003年，省委、省政府明确提出要进一步加快旅游业发展，尽快把旅游产业培育成为全省国民经济的重要支柱产业，显示了大力发展旅游业的决心和信心，极大地调动了全省广大人民发展旅游业的积极性。二是旅游形象定位。江西确立旅游整体形象为"红色摇篮，绿色家园"，形象鲜明，主题突出，得到了省内外的一致认同，如今这一品牌已树立了江西对外开放的良好形象。

2. 发挥优势，打造品牌

江西的旅游资源种类繁多，而红色旅游资源最具特色、亮度和竞争力，打造"红色摇篮"品牌，对江西旅游业的全面发展具有重要战略意义。因此，着力打造"红色摇篮，绿色家园"品牌，以红色旅游为龙头，引领绿色、古色、蓝色旅游全面发展，既促进了各类特色旅游资源的有效整合，形成了江西旅游红色、绿色、蓝色、古色"四色"交映、风光无限的鲜明特征，又有力地开拓了客源市场。2005年我省旅游接待总人次和总收入中，红色旅游人数和收入分别占34.54%和34.37%。

3. 政府主导，政策扶持

遵循旅游发展规律，认真实施政府主导型发展战略，江西出台了一系列扶持旅游企业发展的优惠政策和措施。对二星级以上饭店实行与工业企业用水同等价格和三星级以上饭店电费降低 0.15 元/度的优惠政策，对从事旅游客运定点的汽车在 2010 年底前免征客运附加费，这些优惠政策的实施增强了旅游企业的竞争力。目前江西加快旅游业发展的大环境、大氛围已经形成，旅游业已步入了快速平稳健康的发展轨道。

4. 把握机遇，适时造势

2004 年 2 月，《中共中央国务院关于进一步加强和改进未成年人思想道德建设的若干意见》正式颁布实施，提出了要利用红色旅游的途径对青少年进行思想教育。江西紧紧抓住这一难得机遇，在全国旅游工作会议上发起签署了《七省（市）共同发展红色旅游郑州宣言》，从行动上开启红色旅游的先河，江西立刻成为中央高层和新闻媒体关注的焦点，从而奠定了江西在全国红色旅游中的地位。2004 年，为纪念中国工农红军长征胜利 70 周年，我省又一次抓住这一机会，发起了"2004 中国红色之旅万里行"活动，车队先后穿越 14 省（市），行程 1 万余公里，在全国掀起了发展红色旅游的高潮。国家旅游局领导评价本次活动"不但是亲身实践和宣传推广'红色旅游'的一个创举，也是我国旅游业发展史上的一个壮举"。2005 年再次趁势作为，成功举办了中国（江西）红色旅游博览会，这是全国第一个以红色旅游为主题的大型盛会，强烈凸显了江西"红色摇篮，绿色家园"形象品牌，全面展示了我省旅游"红色之魂、绿色之美、古色之特"的精髓，为全国红色旅游搭建了一个合作与交流的平台。博览会吸引了海内外 3000 多家旅游企业、4 万多名代表参展，观展人数有 10 多万人。

我们从成绩和经验中获得以下几点重要启示：更新观念，大胆创新，是旅游业加快发展的先决条件；外树形象，内练真功，是旅游业健康发展的根本保证；把握机遇，善于谋势，是旅游业快速发展的关键因素；发挥优势，打造品牌，是旅游业持续发展的重要抓手；敢闯新路，善解难题，是旅游业协调发展的必然途径。

"十五"期间，江西旅游发展虽然取得了骄人的成绩，但也存在不少值得重视的问题，需要在"十一五"时期认真研究和解决。一是旅游管理体制存在不顺现象，主要反映在多头管理，条块分割，相互牵制，决策分散以及行业管理力度不强等方面；二是旅游产业内部结构不尽合理，入境旅游发展缓慢，旅游产品结构比较单一，新兴旅游如康体健身旅游、体验旅游产品缺乏，旅游基本消费所占比重过大；三是一批品位高的旅游资源尚未转变为产品优势，知名度相对较低；四是部分地区旅游客流与交通"瓶颈"的矛盾仍然比较突出，一些重点旅游景区的可进入性不强，景区内部旅游交通设施和方式有待改善；五是旅游企业呈现"散、小、弱、差"的现状，缺乏在国际和国内市场有影响的旅游集团公司，整体素质不高。

### 三　"十一五"时期的提升与壮大阶段（2006～2010 年）

2006～2010 年的"十一五"期间是江西旅游产业快速发展的重要阶段，也是江西旅游产业取得明显突破的重要时期。省委、省政府和各级党委、政府对旅游产业高度重视，发展旅游产业的社会氛围浓厚，旅游基础设施和服务设施进一步改善，产业规模持续扩大，产业结构得到优化，产业素质明显提升，产业综合效应日益显现，较好地实现了"十一五"规划目标，为推动江西经济社会发展做出了积极贡献，为建设旅游产业大省奠定了坚实的基础。

1. 成功应对各种挑战，较好实现"十一五"规划目标

"十一五"期间，江西成功应对国际金融危机、甲型 H1N1 流感和冰雪洪涝灾害等来自各方面的严峻挑战和考验，奋力拼搏，排难而进，旅游产业一直保持了两位数增长，高于全国平均增长幅度，已成为我国新兴旅游热点地区之一。

江西省旅游接待总人数由 2005 年的 5095.18 万人次增加到 2010 年的 1.0819 亿人次，年均增长 16.25%；旅游总收入由 2005 年的 320.02 亿元人民币增加到 2010 年的 818.32 亿元人民币，年均增长 20.66%；入境旅游人数由 2005 年的 37.25 万人次增加到 2010 年的 114 万人次，年均增长 25.07%；旅游外汇收入由 2005 年的 1.04 亿美元增加到 2010 年的 3.46 亿美元，年均增长 27.18%；国内旅游人数由 2005 年的 5057.93 万人次增加到 2010 年的 1.0705 亿人次，年均增长 16.18%；国内旅游收入由 2005 年的 311.5 亿元人民币增加到 2010 年的 794.79 亿元人民币，年均增长 20.6%。

2. 旅游产业地位进一步提高，全省各地发展旅游产业热情空前高涨

"十一五"期间，江西坚持政府主导型旅游发展战略，各地发展旅

游的氛围越来越浓，政府大力推动、各方积极参与、全社会大办旅游的格局基本形成。2006年5月，省委、省政府在南昌成功召开全省旅游发展大会，进一步明确了"十一五"期间把旅游业培育成为全省国民经济重要支柱产业和建设红色旅游强省、旅游经济大省的发展思路和战略目标。2009年6月，省委、省政府又在南昌隆重召开了全省旅游产业大省建设工作会议，并印发了《关于加快旅游产业大省建设的若干意见》和《关于落实全省旅游产业大省建设工作任务分工方案》，明确提出了建设旅游产业大省战略目标。2009年8月，省人大常委会颁布了《江西省旅游条例》。同时，《江西省旅游精品线路建设规划纲要》和《江西省居民旅游休闲三年行动计划》也为旅游产业营造了良好的发展环境。2009年12月，国务院《关于加快发展旅游业的意见》出台，旅游产业地位进一步提高，全省迅速形成了加快旅游产业发展，建设旅游产业大省的浓厚氛围。

3. 红色旅游强势引领，生态旅游与乡村旅游呈现良好发展势头

坚持红色旅游引领全省旅游产业发展的战略方针，着力推进红色旅游发展，"红色摇篮，绿色家园"旅游品牌更加响亮，红色旅游接待人数和综合收入年均增长率大都在25%以上，接待人数占全省的40%，并引领全国红色旅游持续健康发展。2009年春节期间，胡锦涛总书记亲自视察了井冈山红色旅游情况，并给予了充分肯定和鼓励，李长春等中央领导也对我省红色旅游的发展做出了重要批示。为策应鄱阳湖生态经济区建设，省委、省政府明确提出建设鄱阳湖生态旅游示范区，加快了生态旅游发展步伐，全省上下积极探索生态旅游发展新路，各生态旅游景区建设初见成效。同时，率先在全国编制发布了《江西省旅游生态设施规范》和《江西省旅游生态行为规范》地方标准。积极探索"农旅结合、以农促旅、以旅强农"的乡村旅游发展模式，进一步加大了乡村旅游的扶持力度。2009年开展了江西省乡村旅游十万人创（就）业行动；2010年省政府召开了全省乡村旅游工作现场会，制定了《江西省乡村旅游点质量等级的划分与评定》省级标准，有效促进了乡村旅游发展。

4. 品牌创建取得成效，旅游目的地体系逐步形成

"十一五"期间，三清山荣膺世界自然遗产；龙虎山、龟峰荣膺世界自然遗产和世界地质公园；庐山、井冈山成功创建国家首批5A级旅游

景区；上饶灵山荣膺国家级风景名胜区。截至 2010 年底，江西拥有世界遗产 4 处，世界地质公园 2 处，国际重要湿地 1 处，国家级自然保护区 8 处，国家级风景名胜区 12 处，国家自然遗产 4 处，国家自然与文化双遗产 2 处，国家级森林公园 44 处，国家地质公园、矿山公园 5 处，全国水利风景区 14 处，国家湿地公园 6 处，中国红色旅游经典景区 5 处，国家历史文化名城 3 处，中国优秀旅游城市 9 个，中国旅游强县 1 个，全国重点文物保护单位 51 个，中国历史文化名镇、名村 15 个，全国特色景观旅游名镇（村）6 个，全国环境优美乡（镇）28 个，国家级生态村 9 个，全国工农业旅游示范点 29 个，A 级旅游景区 99 个（其中 5A 级 2 个、4A 级 42 个）。全省形成了以"四大名山一奇峰"（庐山、井冈山、三清山、龙虎山和龟峰）、"四大名湖一险漂"（鄱阳湖、西海、仙女湖、陡水湖和大觉山漂流）、"四大名城一乡村"（景德镇、赣州、宜春、共青城和婺源）、"四大摇篮一小道"（中国革命的摇篮井冈山、人民军队的摇篮南昌、共和国的摇篮瑞金、中国工人运动的摇篮安源和小平小道）。

5. 旅游产业体系建设取得较大进展，产业竞争力进一步提升

"十一五"期间，江西旅游产品开始转型升级，逐渐从观光旅游占绝对主体地位转向观光、休闲度假和专项旅游协调发展。旅游市场化程度不断提高，主要旅游景区组建了旅游股份（集团）公司，全省旅行社达 690 家，其中经营出境旅游业务的 22 家，星级饭店达 389 家（其中，四星级 62 家，五星级 7 家），初步培育了一批有实力、上规模的旅游开发经营企业。旅游宣传促销力度进一步加大。2009 年在中央电视台投放播出全省旅游整体形象宣传广告片；以红博会为代表的一系列旅游节庆活动相继举行，有效提升了江西知名度。旅游商品产业发展提速。从 2008 年开始，相继举办了中国（江西）旅游产品交易会和"首届红色旅游纪念品创作设计大赛"，评选了"江西省十佳旅游商品"和"江西省名牌旅游商品"，为旅游商品产业营造良好发展环境，推进了我省旅游商品研发、生产、销售体系建设。旅游科研创新和人才队伍建设实力得到进一步增强。全省各地每年都举办了不同类型的从业培训班，提高了从业人员的素质。创建了江西省旅游规划研究院和全省旅游规划（策划）专家库，进一步加强了对江西旅游产业发展问题和对策的研究。

"十一五"期间，全省旅游产业长足发展，但也存在一些问题和不

足，主要表现在：宣传推广力度不强，旅游知名度提升较慢；体制机制创新不够，改革开放相对滞后；政府引导投入不足，投融资渠道难以拓宽；旅游产业基础薄弱，要素结构不尽合理；旅游市场化转型较慢，产业链条有待延伸。

### 四　"十二五"以来的快速发展与转型蜕变阶段

"十二五"时期是江西旅游产业全面转型升级，形成完善的旅游产业体系，江西旅游产业快速发展并取得明显突破，实现建设旅游产业大省宏伟战略目标的重要时期，同时也是江西旅游发展史上具有里程碑意义的重要阶段。持续的、超常规的高增长和快速发展是"十二五"时期江西旅游发展的基本态势。"十二五"期间，江西旅游产业快速发展并取得明显突破。

### （一）"十二五"以来江西旅游产业发展成就

从旅游经济层面来看，主要由以下三个方面的数据体现。①人数、收入核心指标持续呈现高增长状态。2015 年，全省接待旅游总人数为 3.86 亿人次，同比增长 23.22%（见图 1-1），比"十二五"预期目标的 2.5 亿人次净增了 1.36 亿人次，年均增长 29.28%，比"十二五"规划 18% 的预定增长速度，增长了 11.28 个百分点。②实现了预期增长。全省旅游总收入达到 3637.70 亿元（见图 1-2），比"十二五"预期目标的 2100 亿元净增了 1537.70 亿元，年均增长 34.96%，比"十二五"规划 21% 的预定增长速度，增长了 13.96 个百分点。③经济社会发展的总体贡献增加。2015年全省旅游总收入占全省 GDP（16273.8 亿元）的比重达到 22.35%，比"十二五"规划 11.7% 预期目标高出 10.65 个百分点。

从旅游体制改革方面来看，首先，最为显著的是，江西省初步建成省市县三级旅游发展委员工作体系，江西省级和 11 个设区市全部设立旅发委，100 个县（市、区）旅游管理机构中有 49 个（包括婺源县、吉安市青原区等）也完成了"局改委"旅游机构改革。国家旅游局认为，江西在全国已经成立旅游发展委员会的六个省区市中虽然不是最早的，却是行动最为彻底、最为深入的，可谓"全省上下一片红"。江西旅游改革为全国旅游改革提供了可推广、可复制的重要经验。其次，组建了江西省旅游集团，旅游资源开发、旅游市场开拓统筹力度进一步加大，

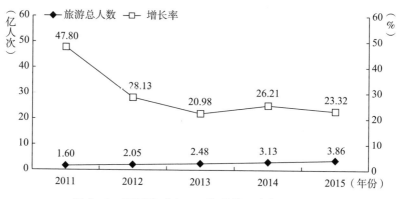

图 1 - 1　江西省"十二五"旅游总人数和增长率

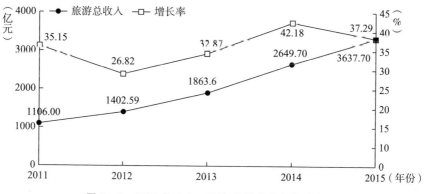

图 1 - 2　江西省"十二五"旅游总收入与增长率

2015 年 11 月 11 日，由江西省旅游集团与建行江西省分行携手设立的江西省首只市场化运作的江西旅游产业基金正式签约，总规模达 400 亿元人民币。再次，江西省门票价格改革有序推进，坚持落实全省景区五年不涨门票的承诺。2015 年起，庐山核心景区实行大门票"一票制"，安福武功山羊狮幕景区门票和明月山旅游观光小火车票实行同价互认，三清山、婺源、景德镇古窑景区推出优惠套票。在公布的全国首批旅游价格信得过的景区中，江西 45 家 A 级旅游景区名列其中，5A 级旅游景区全覆盖。最后，全省规划建设 35 个重点旅游产业集群，用集群的思维和方式发展旅游业，开创了旅游发展新途径。这表明，各级党委、政府成为旅游强省建设的责任主体，旅游业提升到前所未有的战略高度。

**（二）江西旅游产业发展的特点与趋势**

2015 年，江西省 35 个旅游重点产业集群接待游客人数 1.96 亿人次，旅游总收入 1940.15 亿元人民币，分别占全省游客人数和旅游总收入的 64.87%、74.17%。江西省乡村旅游接待游客 1.9 亿人次，同比增长 24.3%，乡村旅游总收入 1800 亿元人民币，增长 26.8%。

从旅游产业体系发展来看，主要体现以下三个特点。①旅游多元化、多业态发展。2015 年，江西省 99 个 4A 级以上景区中，山岳型、文博型、综合体（主题游乐）型、村落型、水体型、温泉型、其他的占比分别为 26.26%、24.24%、18.18%、13.13%、8.08%、5.05%、5.06%，全省旅游从主打山岳观光型向"山、水、村、城"等多元化、多业态方向发展，向休闲度假加快转型升级。②4A 级以上景区总数实现翻两番。2015 年，全省 4A 级以上旅游景区总数达到 99 个（其中 5A 级 8 个、4A 级 91 个），是 2010 年（42 个）的 2.36 倍。"十二五"期间，江西在庐山风景名胜区、井冈山风景旅游区两个 5A 级旅游景区基础上，新增了三清山旅游景区、龙虎山风景名胜区、婺源江湾景区、景德镇古窑民俗博览区、明月山旅游区、瑞金共和国摇篮旅游区 6 个 5A 级旅游景区。另外，抚州大觉山景区、上饶龟峰景区通过了全国旅资委资源与景观质量专家评审，被列入创建 5A 级旅游景区预备名单，南昌滕王阁、武功山、仙女湖等景区也在加快创建 5A 级旅游景区的步伐，重点景区服务质量提升与品牌创建工程成绩显著。另外，全省每万平方公里国土面积拥有的景区（点）数量，从 2010 年的大约 4 个增加到 2015 年的大约 22 个，成为"十二五"期间江西旅游人数边际效应迅速扩大的主要激励因素。③高档旅游饭店总量增加。2015 年，全省星级旅游饭店总数 430 家（其中，四星级旅游饭店 122 家，五星级旅游饭店 17 家），四星级、五星级旅游饭店总量（139 家）比 2010 年（69 家）净增 70 家，平均每年增加 14 家。

近年来，江西省旅游产业发展呈现几大趋势。①新业态百花齐放，推动产业融合。2015 年，江西省召开了全省休闲度假旅游工作会议，全面部署新业态发展工作，全省各地旅游新业态不断涌现，百花齐放，亮点纷呈。避暑休闲度假旅游、温泉养生旅游、湖泊水域旅游、宗教静养度假旅游等多种产品的开发，医疗旅游、会展旅游、工业旅游、休闲农业、生态旅游、乡村旅游等新业态的出现，不仅极大地改变了传统旅游产业的形态，同时也使第一、二产业重新恢复了活力，加强了三大产业之间的深度融合。②江西旅游信息化加快，开启"互联网+旅游"新时代。

2015 年，江西省加快推进旅游新媒体运营，借势"互联网＋"，创新旅游微营销手段，取得了显著成效。2015 年 12 月，江西旅游网络特卖会启动，在线整合省内外旅游景点、线路产品和我省特色旅游商品等资源，并以折扣、套餐等方式让利营销，以"旅游＋互联网"的方式丰富旅游推广形式，推动全省旅游在线平台建设。全省各市、县（区）旅发委、旅游景区、酒店和旅行社都加大了微信营销力度，营造出了火热的微信营销氛围，微信营销矩阵初露峥嵘，"江西风景独好"微信公众号的传播影响力处于省级旅发委官微前列。③乡村旅游提速升级，推进农村城镇化发展。江西省大力吹响发展乡村旅游的嘹亮号角，呈现迅猛扩张的势头。"梦里老家"婺源被打造成全国首个乡村旅游度假实验区，成为全国乃至世界知名的乡村旅游品牌，先后涌现了一批乡村旅游发展典型县，且丰富多彩的乡村旅游产品使乡村旅游呈现"井喷"态势。

**（三）江西旅游产业转型方向与融合路径**

**1. 引导和鼓励旅游消费的多元化**

需求的多元化是促进旅游产业融合的本质原因之一，以需求的变动促进旅游产业融合的快速发展。休闲、度假旅游的兴起，促进了旅游与农业和乡村的融合，对于文化的追求，催生了旅游产业与文化产业的融合。因此，江西省各级政府通过对旅游消费者需求上的积极引导，增加旅游者对于旅游产品多元化的需求，从而促进旅游产业与相关产业的融合。

**2. 鼓励新型旅游业态的开发和发展**

旅游产业通过发挥无边界特性，赋予其他产业以旅游功能，体现"旅游＋"。工业旅游、生态旅游、演艺旅游、影视旅游、休闲旅游、科技旅游、太空旅游、会展旅游等新型旅游形式的迅猛发展，使旅游产业融合领域大为拓展，融合深度有所加强。江西省应注重新型旅游业态的开发和发展，培育多元旅游业态，促进其旅游产业的深度融合，开发一批具有唯一性、独特性的旅游休闲、旅游购物、旅游娱乐、旅游体验项目，提高旅游综合效益。

**3. 高新技术创新引导旅游产业的升级融合**

江西旅游业仍然属于劳动密集型产业，实现旅游产业的转型升级，需要借鉴先进服务业的流程和方法。随着信息技术的广泛应用与高新技术产业的快速发展，江西应做到把信息技术应用于旅游业，将高新技术产业与旅游产业进行有效融合来改造旅游业，促进江西旅游业由传统式服务业向现代化服务业升级。

4. 因地制宜、因时制宜地逐步开展旅游产业融合

江西省政府在制定旅游产业融合政策时，应做到综合考虑，因地制宜，与当地的特色产业联系起来，充分发挥优势产业的特色。在农业和乡村发展较好的地区和城市提倡旅游与农业、乡村的融合，倡导与旅游开发价值高的产业进行融合，促进与具有广泛融合要素基础的产业进行融合，从而达到更好的融合效果。

# 第二节　课题研究意义与目标

## 一　理论意义

通过参考、借鉴与吸收国内外相关研究成果，丰富旅游产业发展路径理论，特别是通过理论联系实际、定性与定量分析相结合的方法，综合性、整体性、系统性地科学总结江西旅游产业发展经验、模式、路径和方法，以期构建诸如江西这种资源主体＋市场主导型区域旅游发展的一般路径理论。

1. 国外研究成果的启示

由于路径一词并非严格科学的学术概念，在国外有关旅游产业发展研究中，发展路径这一提法很少。国外的研究更多的是从宏观或微观层面对旅游产业的管理经验、建设方法、发展模式等进行探讨，如对欧洲城市旅游的发展及管理经验进行总结；以某一旅游市场为研究对象，对中国入境旅游发展路径进行探索；从宏观方面研究旅游产业发展的保障因素，指出旅游发展离不开居民支持，论证旅游产业发展中政策因素的重要性；以案例实证研究政府反应机制与旅游产业发展的互动关系；等等。国外的研究成果对本课题的研究有如下借鉴价值：一是各国各地的旅游发展路径是由自身的发展条件决定的；二是不同的发展水平的旅游地应该采取不同的发展模式和路径。

2. 国内研究成果的价值

自21世纪初，众多学者对旅游业的发展路径进行了研究，具体的研

究包括以下几个方面。

（1）对国家宏观层面的旅游业发展路径的研究，即对我国旅游产业经济发展路径进行探讨，提出多方共同完善旅游产品的辅助设施、制定科学合理的旅游市场竞争规则、大力发展入境旅游促进旅游产业优化和提升、积极发展新型业态旅游推动旅游产业转型升级等发展路径。

（2）对区域旅游产业发展路径的研究。其中包括以省（自治区、直辖市）、设区市（州、盟）以及县（市、区）等不同区域尺度为研究对象，也包括以某一概念性区域、经济区等为研究对象，还有以因历史形成的特殊区域如西部民族地区等为研究对象，对其旅游发展路径和模式进行案例研究。

（3）对不同旅游业态发展路径的研究，即对休闲旅游、乡村旅游、体育旅游、生态旅游、商贸旅游、冰雪旅游、工业旅游、会展旅游、森林旅游等不同旅游业态的发展路径进行研究。

（4）对产业融合框架下的旅游业发展路径的研究。主要表现为对旅游业与其他产业融合发展路径和模式的研究，其中大部分集中在对文化产业、创意产业与旅游产业融合的研究。

（5）对产业集约化视角下的旅游产业发展路径研究。主要从产业集约与集群角度对旅游产业发展进行模型构建和无量纲化，从而得出旅游业优化发展路径。

有关江西旅游产业发展研究成果也十分丰富，学者从不同角度对江西旅游产业发展现状、问题、思路、战略及对策等方面进行多维度的研究，很多研究成果涉及江西旅游产业建设模式、运营机制、发展路径等内容，值得关注和借鉴。

尽管国内外旅游发展路径研究视角多样，但主要还是集中在对旅游产业发展方法、经验、模式等的探讨，内容基本停留在政策、制度、措施的保障性建议方面，旅游产业发展路径的研究还没有形成完整的内容体系构架。有关江西旅游产业发展战略的研究成果虽很丰富，但综合性、整体性、系统化地研究江西旅游产业发展路径，则是本课题研究的理论追求所在。

## 二　实践作用

随着我国人民物质生活水平的不断提高，旅游业在国民经济中的地位愈加重要。从国家层面来说，2009 年 12 月国务院公布了《关于加快发展旅游业的意见》（国发〔2009〕41 号）（以下简称《意见》），明确提出"把旅游业培育成国民经济的战略性支柱产业和人民群众更加满意的现代服务业"。《意见》是我国改革开放以来旅游业发展 30 年的实践总结和全行业智慧的结晶，也是推动未来 30 年旅游产业发展新格局的标志性起点，是一个具里程碑意义的重要文件。此后，国家出台了多项政策法规，通过逐步落实带薪休假制度、加快基础设施建设、多方资金支持等方面，全力推动旅游产业发展。如 2012 年 2 月，《关于金融支持旅游业加快发展的若干意见》提出要加强和改进旅游业金融服务，支持旅游企业发展多元化融资渠道和方式，鼓励社会资本支持和参与旅游业发展，全力推动旅游产业投资发展；2012 年 6 月，《关于鼓励和引导民间资本投资旅游业的实施意见》提出，鼓励民间资本投资旅游业，切实将民间资本作为旅游发展的重要力量；2013 年，《国民旅游休闲纲要（2013—2020 年）》提出，到 2020 年，职工带薪年休假制度基本得到落实，城乡居民旅游休闲消费水平大幅增长，并提出了大力发展旅游业、扩大旅游消费的六大主要任务和措施；2014 年，《国务院关于促进旅游业改革发展的若干意见》（国发〔2014〕31 号）提出，要增强旅游发展动力，拓展旅游发展空间。在政府扶持旅游消费方面，部署了四大方面的重要举措；2015 年 7 月，《2015 年全国旅游工作会议报告》中，重点提到了旅游大投资大项目问题；2015 年 8 月，《国务院办公厅关于进一步促进旅游投资和消费的若干意见》（国办发〔2015〕62 号）针对增强旅游投资和消费提出了 6 个方面、26 条具体政策措施；2015 年，《国土资源部—住房和城乡建设部　国家旅游局提出关于支持旅游业发展用地政策的意见》（国土资规〔2015〕10 号）指出，提高旅游业用地市场化配置和节约集约利用水平，为旅游业健康快速发展解决了相关的旅游用地问题。与此同时，江西省也响应和贯彻国家相关的旅游业发展政策，颁布和出台了一系列关于鼓励和支持江西旅游业发展的文件。2013 年《中共江西省委　江西省人民政府关于推进旅游强省建设的意见》（赣发〔2013〕11 号）提出，促进江西省旅游业发展提质增效升级；2015 年江西省发展改革委、江西省交通运输厅、江西省旅发委关于印发《江西省旅游公路建设规划（2015 - 2020 年）》的通知提出，实现公路交通和游憩功能的有机结合，为我省旅游产业发展提供有效的公路保障。

旅游产业在国民经济中的地位实现了历史性的突破,将产生深远的影响。中国经济持续稳定快速的发展推动着旅游产业向更深、更广的方向前进,旅游产业更加重视质量和技术的提高,也直接促使旅游产业转变发展方式,进行升级换代。尽管对旅游产业发展路径的研究是宏观战略研究,但其研究指向不仅仅是对旅游产业发展模式的表层总结,而且是对旅游产业内在发展动力和运营机制的深层次探究,具有十分重要的实践指导意义和应用参考价值。

大力发展旅游产业既符合经济调整和产业转型的时代要求,也具有十分明显的社会功能和经济价值。通过研究明确江西旅游产业发展路径,对于保持经济平稳较快增长,促进产业结构优化转型升级,提高江西旅游产业发展的竞争力,提升旅游产业带动经济社会文化发展的综合效益,发挥新兴服务业改善和保障民生的社会功能,具有十分重要的现实价值。具体表现有以下几个方面。

第一,通过对江西省旅游产业发展路径的研究,为江西旅游产业规划编制、旅游产业政策制定、旅游企业经营与管理、旅游景区建设与产品设计、旅游功能要素配置和保障体系构建等提供整体思路。

第二,通过对江西省旅游产业发展路径的研究,科学总结江西省旅游产业发展规律和发展模式,有利于明确江西旅游产业发展的战略思路、方向、步骤、重点,为江西旅游产业实现跨越式发展和江西实现绿色崛起提供智力支持。

第三,通过对江西省旅游产业发展路径的研究,构建旅游产业发展的政策支持和保障体系,供政府决策参考,为江西省旅游产业发展多维路径的实施提供解决方案。

第四,通过对江西省旅游产业发展路径的研究,谋划江西完善的旅游产业发展体系,为最终建设成为旅游产业强省的宏伟战略目标提供对策建议。

第五,对国内外成熟的旅游产业发展经验和模式的总结,对于探索江西旅游产业发展路径,具有借鉴意义和启示价值。

## 三 学术价值

首先,通过对江西旅游产业发展现状的分析和存在问题的诊断,以及对江西旅游产业发展研究的一般性学术史回顾与评述，为今后江西旅游产业发展的相关研究奠定初步学理基础；其次，以江西作为资源主体＋市场主导的旅游产业发展的典型区域，从产品、市场、要素、业态、目的地体系、产业链等角度构建旅游产业发展的多维路径，有利于补充和深化旅游产业发展路径理论；最后，将区域经济学、产业经济学、制度经济学等相关理论运用到旅游产业发展研究中，创新旅游产业发展综合评价体系，探究江西旅游产业发展路径的演化规律和发展水平，为典型区域的旅游产业发展路径研究提供一个初步的理论范式。

### 四　研究目标

通过对江西旅游产业现状和资源潜力的综合评价和演化水平的测定，以及对国内外旅游发展模式的总结，探索江西旅游产业发展的多维路径，以期实现以下五个目标：

一是明确江西旅游产业优化发展的指导思想与战略思路；二是总结江西旅游产业管理模式和运营机制；三是探索并确立推动江西旅游产业发展的多维路径；四是测定江西旅游产业发展的综合协调状况及其演化水平；五是构建江西旅游产业发展的保障体系。

## 第三节　课题研究任务与思路

### 一　研究任务

发展以旅游业为代表的第三产业及其服务业是我国产业结构优化升级的战略重点，也是转变经济增长方式、促进经济又好又快发展的必然选择。旅游产业的发展离不开发展战略和发展路径的正确选择，同时也离不开强有力的政策支持和保障体系建设。基于这样的认识，本课题研究贯彻中共十八大精神，积极推进"五位一体"建设，为建设"美丽中国"和"美丽江西"服务，以国务院《关于加快发展旅游业的意见》和《关于促进旅游业改革发展的若干意见》为指导，正确地借鉴国内外旅游产业成熟的发展经验和模式，采用经济学、管理学、社会学等多学科融合交叉的研究方法，对江西旅游产业发展路径进行全方位研讨，在把握江西旅游产业发展优势与劣势、机遇与挑战的基础上，提出江西旅游产业发展的指导思想和战略思路，以期为今后江西旅游产业发展提供有价值的决策参考。围绕课题研究目标，完成的具体研究任务主要如下。

（1）把脉江西旅游产业发展现状与问题。加快发展现代旅游业是多年来江西崛起战略的重要组成部分。近年来江西旅游产业取得了长足的发展，但也存在不少制约发展的障碍因素。把脉旅游产业发展现状，诊断存在问题，明确建设方向，掌握发展规律，为产业发展路径的选择和保障体系的构建提供立论根据，奠定研究基础。

（2）探索江西旅游产业的管理模式和运营机制。旅游产业的健康有序发展离不开可操作的管理模式和通畅的运营机制。本书对政府的行政管理、行业协会的自律管理、企业的经营管理、投资商等利益相关者之间的协调管理等，进行了管理模式设计和运营机制创新。

（3）综合分析江西旅游产业发展环境和条件。运用 SWOT 分析法，从产业发展的优势与劣势、机遇与挑战方面对江西旅游产业发展环境和条件进行全方位的综合性分析和评价，从而找准优化发展路径的关键点和突破口。

（4）选择国内外旅游产业发展可借鉴的模式与有启示价值的路径。国外旅游产业发展模式选取以美国为代表的资本技术推动模式、以英法为代表的资源驱动模式、以日韩为代表的政府主导模式，国内则选取广东、江苏、浙江等旅游强省的发展模式进行横向比较和分析，从而总结出适合江西旅游产业发展的可借鉴经验和路径。

（5）测定江西旅游产业发展的综合协调状况与演化水平。旅游产业本身是一个庞大的内部系统，涉及多个行业和部门，将数据引入旅游产业发展综合实力评价及演化水平测定中，通过模糊综合评价模型和 AHP 层次分析法的运用，对旅游产业内部各子系统的协调状况和系统演化评价数值的相关性进行分析，以期得到有价值的结论，从而更好地指导江西旅游产业各资源的优化配置，实现协调发展。

（6）揭示江西旅游产业发展多维路径。旅游产业发展的多维路径是相互关联的综合体。根据江西旅游发展现状和旅游产业运营管理情况，以做大做强江西旅游产业为目标，以旅游强省建设为突破口，从开发特色（古色、红色、绿色）产品与线路，改进形象包装与市场开拓，构建开发与保护的管理体系，促进旅游企业集约化，大力倡导旅游服务创新，推进旅游产业与其他产业融合，加快旅游信息化与智慧旅游体系建设，开拓旅游投融资渠道，开发江西旅游人力资源等方面进行产业发展多维路径的探究，并对旅游产业发展战略提出实施步骤。

（7）构建江西旅游产业发展的政策支持和保障体系。旅游产业发展多维路径的实施需要符合实际且可操作的政策支持和保障体系。江西旅游产业经过多年发展，虽然取得很大的成就，但与江西良好的旅游区位条件及优质的旅游资源还不相称。究其原因，产业发展的政策和保障体系不健全是重要制约因素。分析产业发展的基础、环境和管理运营机制，从多维路径实施的需要出发，构建江西旅游产业发展的政策支持和保障体系。

总之，系统化地对旅游产业发展路径进行阐述，不仅包括产业现状、产业发展环境综合评价、国内外发展模式的借鉴等基础性内容，还包括产业发展思路与战略、管理模式与运营机制、多维发展路径等主体性内容，也包括产业发展的政策支持和保障体系及实施风险评估等支持性内容。

## 二　研究思路

首先，基于江西旅游产业发展现状、综合发展环境的评价和国内外产业发展模式总结等大量基础性工作，确定江西旅游产业发展的指导思想和战略选择。

其次，运用系统动力学的理论，将模糊综合评价模型的构建和 AHP 层次分析法的运用，引入旅游产业发展的综合评价及演化水平的测定中，对产业内部子系统的协调状况和系统演化评价数值的相关性进行分析。

再次，从产品开发与线路整合、形象推广与市场开拓、要素配置与体系构建、延伸产业与新兴业态、多维目的地体系构建、产业链构建等方面进行产业发展多维路径的探索，构建创新的江西旅游产业发展路径，并对旅游产业发展战略提出实施步骤。

最后，完善基于江西旅游产业发展多维路径实施的政策支持与保障体系，制定一系列旨在实施江西旅游产业发展多维路径的政策支持制度、机制、资金与人才等的措施。

# 第二章 江西旅游产业发展现状路径

自 1978 年改革开放以来，江西旅游产业历经了起步与筑基、品牌与打造、提升与壮大、转型与蜕变等发展阶段，取得了不少成绩。目前，江西旅游产业发展路径总体上表现为政府主导下的高速低效扩张型，而县域旅游产业发展路径则存在多元化发展路径的特征。对全省旅游产业发展路径的现状、存在的问题及其成因的探究十分重要，可为今后江西旅游产业发展路径的优化提供参考。

## 第一节 典型县市旅游产业发展路径案例

### 一 婺源县——集团开发型

婺源县依托乡村生态与古村文化资源，着力打造"中国最美乡村"品牌，把旅游业定位为重点产业、支柱产业、先导产业，举全县之力，扶持培育与促进发展，通过"政策引导、市场运作、集团开发、品牌打造"等方略，走出了一条被旅游界誉为"婺源模式"的旅游发展之路。

婺源旅游从零起步，经历了起步、放活和整合三个发展阶段，经历了从市场自发到政府主导，从社会分散经营到资源整合运作的两次大跨越。如今，婺源旅游已经进入了提质增速、转型升级的新时期，旅游业在县域经济发展中的支柱地位更加明确，成为统筹县域经济社会整体发展的核心产业和先导产业。

婺源旅游萌发于 20 世纪 90 年代，当时主要通过专业与主题散客，尤其是摄影团体和文化遗产专家的传播，形成了一定的社会知名度和资源美誉度，最后形成徽派乡村建筑品牌认可度，"中国最美的乡村"——从少数游客的感受，通过民间口耳相传和互联网多媒体传播，逐渐成为婺源的旅游形象和地区形象。

2001 年，随着江泽民总书记考察婺源江湾村，因名人效应的带动，婺源旅游业进入快速发展时期，步入了从市场自发经营向"放手民营、政府主导"转变的第一次跨越。长期以来，婺源县积极拓展推介方式，通过文化搭台，经济唱戏，不断擦亮"中国最美乡村"品牌，实现了年旅游接待人数、年门票收入、年旅游综合收入三项指标"十二连增"。到 2012 年，婺源县接待游客人数首次突破 800 万人次，接待游客人数由 2000 年的 12 万人次，飙升至 2012 年的 833.6 万人次，增长了近 69 倍，同时，门票收入 2.14 亿元，旅游综合收入 43 亿元，同比分别增长 35.15%、28.55%、48.48%。根据江西省首个旅游大数据报告《"数"说江西旅游"十三五"开局》，婺源地区接待游客数量名列前茅。数据表明，2016 年 1~3 月，婺源县接待游客人数为 608.5 万人次，门票收入高达 1.39 亿元，综合收入为 27.8 亿元，较上期同比增长了 8.91%、8.44% 和 12.81%。

2007 年是婺源旅游发展史上的第二个分水岭，有两个标志性事件：一是在内部经营管理上，按照"一个集团、一张门票、一大品牌"的思路，通过股份合作、股份收购等方式，将县内 10 多个精品景区资源进行整合，组建总资产近 2 亿元的婺源旅游股份有限公司，从而逾越了资金短缺、建设缓慢、规模较小、管理水平低的粗放型起步发展阶段，婺源旅游由此逐步走上集团化、集约化、规模化、市场化和资本化道路；二是在旅游形象和品牌运营上，作为江西省县域旅游品牌的唯一代表，婺源被评为"中国旅游强县"，一方面说明婺源旅游已作为江西县域旅游的引领者，取得了让国人瞩目的成绩；另一方面也为其进一步对外开展市场营销和进行品牌推广创造了"金字招牌"。

"十二五"时期，婺源旅游在集团开发的经营管理下，实现了 8 万多名旅游从业人员就业，各项旅游指标位居全国县级前列。婺源通过将资源优势转化为发展优势，短短十几年，旅游发展从无到有、从弱到强，目前拥有 1 个国家 5A 级旅游景区、12 个国家 4A 级旅游景区，国家 4A 级以上旅游景区数量位居全国县级第一。2015 年，全县接待游客达 1529 万人次，连续九年位居全省第一。先后获得"首批中国旅游强县""国家乡村旅游度假实验区"等荣誉。

婺源县旅游通过集团投资开发，本着可持续发展理念，由资源竞争走向文化竞争，由观光游向休闲度假游转变，探索实践"婺源模式"的升级版，实现全域旅游，打造国际一流乡村旅游目的地。其一，结合

"旅游扶贫"政策，全域化开发乡村民宿，设立了 2000 万元的专项资金，全面鼓励和支持民宿产业发展，打响"婺源民宿"的品牌。2015 年以来，全县民宿总数达到 51 家，其中，新开发中高端民宿 30 余家（如保鑑山房、艺墅忆家等）。其二，实施"旅游 + 体育"战略，全域化发展体育旅游，通过挖掘及整理出 36 条古道徒步线路，打响"中国十大古道、中国户外运动之乡"等品牌。2015 年，婺源承办了 20 项重大体育赛事，参赛选手达 4 万人。其三，启动"智慧旅游"建设，全域化打造精品景区，通过引进投资，差异化开发精品旅游项目，扎实推进梦里老家·忆境田园、"世外田园"瑶湾、"激情水世界"石门山峡谷等旅游项目建设，打造精品景区。2015 年以来，全县新增国家 4A 级旅游景区 2 个，省 4A 级乡村旅游点 1 个。其四，贯彻生态理念，全域化实现生态旅游，在旅游开发过程中，坚持生态保护的理念，通过"旅游 + 乡村"的模式，发展休闲农业和生态农业。

## 二　石城县——多元化路径

十余年（2004~2015 年）来，赣州市石城县旅游发展异军突起，从一个财政穷县、旅游小县迅速发展为江西旅游强县，被业界誉为"石城现象"。

石城是一座具有千年历史的文化古城，这里处处皆风景：通天寨、九寨温泉、赣江源自然保护区等自然景点镶嵌在武夷山脚下，熠熠生辉；闽粤通衢 - 郭头街、宋代古城墙、宝福院塔、桂花屋、大畲古村、陈联围屋、木兰围屋等客家名胜古迹星罗棋布，群"星"闪耀；石城阻击战遗址、红石寨、红军秋溪整编旧址、苏维埃秘密银库等红色遗址"红霞满天"。

面对丰富的旅游资源，该县采取"政府主导、企业主体、市场运作、项目覆盖"等办法，多途径、多方式筹集资金 3000 多万元，对南庐屋（大畲古村）、桂花屋（幼天王囚室）、古城墙等古迹进行修缮，对通天寨景区进行开发建设，投资 1000 多万元新建石城阻击战纪念园。同时，引进的广东番禺潮流水上有限公司投资 2 亿多元，开发九寨温泉度假庄园和赣江源水上漂流项目。

2010 年以来，石城县大力实施主攻旅游的发展战略，进行高标准规划、大力度推进、全方位扶持，使全县旅游产业得到快速发展。比如聘请国内外知名专家学者对旅游景区进行全面规划，着力打造旅游品牌；以项目推进为切入点，大力完善配套设施建设；组织青少年开展以环保为主题的"保护母亲河、走近赣江源"等系列活动，打造"中国最美莲乡、赣江源石城"的旅游品牌形象。

此外，还利用石城灯彩被列入国家非物质文化遗产名录的契机，深入挖掘各景点的文化内涵，把民间艺术、民间故事搬上旅游景点的舞台，使文化事业与旅游产业相辅相成、相得益彰。现在，每天都有20多个文艺团体活跃在各旅游景点。该县还先后荣获"中华旅游文化名县""中国最佳文化生态旅游目的地""中国最佳休闲度假旅游县"等荣誉称号。

"十二五"期间，石城县围绕"精致县城、特色景区、秀美乡村、产业集群"四位一体，积极打造"全域旅游"，把精致县城作为最核心景区来建设，把秀美乡村作为最基础风景来描绘，把特色景区作为最响亮品牌来打造，把产业集群作为最强大支撑来培育，并顺应赣南苏区振兴发展与旅游强省建设的机遇，扬长避短，实施旅游强县发展战略，实现以旅游业为引领，拉动生态农业、低碳工业、现代服务业齐振兴的目标。

"十二五"期间，石城形成了以旅游业为主导的新兴产业体系，旅游产业带动县域经济社会发展的"蝶变效应"逐步显现。2014 年石城县接待游客 170.6 万人次，同比增长 26%，实现旅游综合收入 5.2 亿元，同比增长 26.3%。石城县将围绕建设"中国一流生态休闲养生旅游目的地"的发展目标，着力重点打造温泉旅游、生态养生度假区、乡村风情度假区、客家风情体验区、城市休闲运动体验区。

石城县真真切切做到了旅游发展"全县总动员"。首先，成立了由石城县主要领导组成的旅游强县指挥部，统筹调度农业、工业、文化、城市建设与旅游协调发展等工作，形成了思路向旅游靠拢，资金向旅游集中，人力向旅游倾斜，众心齐力推动旅游升级发展。其次，在推动旅游产业提质提速发展的过程中，同时加快旅游宣传与推广，吸引大量民间和社会资本加强旅游投资与合作。2015 年 3 月，山东美晨科技股份有限公司之全资子公司杭州赛石园林集团有限公司与石城县人民政府签订《合作框架协议》，就石城县区域内旅游资源开发、经营及配套基础设施建设达成合作意向，项目总投资 15 亿元。4 月，在石城县举行的旅游招商推介会及项目签约仪式上，共有13家企业进行了现场签约，签约总额达93.5亿元。最后，石城县人民积极倾情推介与重点打造。石城县通过旅游项目建设激活新增长点，带动人们旅游发展的热情，发展乡村农家乐，举办各类旅游文化节庆活动及旅游服务行业文明评选活动，同时，加强太阳能发电、风力发电、天然气管网、旅游公路建设等重大基础设施项目的建设，提升旅游服务水平。

### 三 资溪县——政企联动型

自2002年以来，资溪县立足生态优势，围绕"生态立县，绿色发展"战略，大力发展生态经济，主打生态旅游品牌，先后获得"全国生态示范县""全国绿化模范县""中国生态旅游大县""中国十佳休闲旅游名县""江西省旅游强县"等殊荣。

资溪县通过确立"政府主导、政企联动、社会参与"的发展模式，大力发展以生态旅游为龙头的生态经济产业，景区开发呈现了从无到有、从少到多的可喜变化，旅游产业取得了从小到大、从弱到强的明显成效。

"政府主导"方面的主要做法有：立足县情，明确绿色发展思路；完善机构，加强管理队伍建设；科学规划，明确生态旅游方向；政策扶持，壮大旅游经营企业；突破瓶颈，缓解景区交通制约；强力保护，实现环境可持续发展。

"政企联动"方面的主要做法如下。一是注重招商引资的规模与质量，高起点开发旅游资源。把旅游项目作为全县招商工作的重点，并作为对县四套班子领导、各乡镇场和有关部门的主要绩效指标进行考核。同时，注重引资与引智相结合，通过重大项目的开发建设，引进了一大批高素质旅游人才，为资溪的生态旅游业发展注入活力。二是注重创造个性和特色，高品位、差异化打造旅游产品。景区的开发既坚持高起点规划、高标准建设，又注重特色打造和差异化培植，面向市场找"卖"点。三是注重谋划未来与创新，高眼界、宽视域创新发展机制。立足已有的基础，于2009年提出再通过3~5年的努力"分五步走"加速做强生态旅游业，由"旅游兴县"实现"旅游强县"。第一步，专门成立旅游投资公司，搭建融资平台。第二步，对大觉山景区集团有限公司进行股份制改造。第三步，依托旅投公司这一平台，对全县所有旅游资源进行整合，并由旅投公司以参股形式，参与并加快开发以大觉山景区为龙头的十大景区组成的旅游板块，在此基础上组建全县旅游集团。第四步，做大旅游集团，提高集团业绩。第五步，运作旅游集团上市。

资溪旅游资源丰富，不仅数量众多，而且各具特色、品位较高，互补性较强。已整体打造出"三线十景"："三线"即指"生态之旅、大觉之旅、体验之旅"三条精品线路，"十景"则是一山（大觉山）、一水（法水温泉）、一古（高阜古文化旅游区）、一园（清凉山国家森林公园）、一林（马头山原始森林）、一湖（九龙湖）、一虎（华南虎野化繁育基地）、一瀑（师公山瀑布群）、一竹（石峡竹海游）和一村（新月畲族村）十大重点景区。在精心打造"十大景区"的基础上，同时推出了民俗宗教生态游、农业观光生态游、养生度假生态游、森林探险生态游四类特色生态旅游产品。

2015年，资溪县依托良好的生态环境和旅游资源，通过举办"资溪白茶"踏青采茶节、自驾游高峰论坛、"周末去哪儿"等主题活动，不断扩展旅游发展形式，丰富旅游业态，增强营销效果，其生态旅游呈现良好发展态势。全年共接待游客310万人次，实现旅游总收入19.7亿元，同比分别增长23%和30.5%。拥有国家3A级以上旅游景区4个（4A级1个），其中大觉山景区被列入创建国家5A级旅游景区预备名单，九龙湖旅游度假区通过省级服务业龙头企业评审，三星级以上酒店10家（四星级2家），省3A级以上乡村旅游点9个（4A级1个），农家乐100多家，星级农家旅馆20多家，旅行社4家；推动了资（溪）光（泽）高速、城南旅游公路、九龙湖旅游公路、马头山旅游公路等公路的建设及资茶线改建，致力打造三条旅游"黄金通道"；吸纳直接从业人员5000余人、间接从业人员3万余人；2002年到2015年以来，一直积极引进外商和企业进行旅游开发和投资，并取得了快速发展，如大觉山景区、清凉山庄、康熊山庄与台湾风情园、狮子山度假村、法水温泉、九龙湖度假旅游区、马头山御龙湾国际休闲度假区、方家山景区等都是通过政企联合、联动进行有效、合理开发的。

## 四　星子县——景区带动型

星子县（2016年5月撤县设市，改为庐山市）背靠世界文化景观——

庐山，面临国际重要湿地——鄱阳湖，处名山名湖两大世界级品牌之间，兼收名山名湖两大世界级山水风光（湖光山色），无论是地理位置，还是旅游文化资源丰富多样性和巨大差异性，在江西乃至全国县级行政区划范围内，也是绝无仅有的。为此，星子县将旅游产业作为先导产业来发展，提出"策应大鄱湖、对接大庐山、融入大九江，建设中国旅游强县"的发展思路。在此思路的引领下，星子县积极由景区景点向旅游城市跨越，在鄱阳湖生态经济区的生态旅游发展中先行先试，探索了新的发展模式，取得了较好成效，先后荣获了"江西旅游强县""中国生态旅游大县""中国休闲旅游名县"等多项桂冠。

星子县旅游的优势在山，潜力在湖，核心在文化。星子县以建设中国旅游强县为契机，突出"山湖旅游集散地、鄱湖旅游中心区"的功能定位，打好庐山、鄱阳湖、历史文化"三张牌"，推动星子旅游发展由以山南风光和温泉休闲为主的二元模式，转向山湖联动、水陆并进、人文交融的多元化格局。

具体发展举措主要如下。一是打造鄱阳湖生态旅游的中心区。充分发挥全国最大淡水湖的品牌效应，深度挖掘鄱阳湖的历史文化传说，开发水上古战场寻踪游、神秘水域考察游、冰川砾石探胜游，打造十里湖、火焰山、渚溪、扬澜等景区景点，发展观光游艇等水上旅游项目。二是打响文化旅游大县名片。充分挖掘佛、道、儒文化遗存，实现文化与旅游的"联姻"。重点围绕东林大佛的建设，将星子县打造成国内外知名的佛教文化寻根和宗教朝觐胜地；围绕桃花源（康王谷）、陶渊明遗迹等景点，积极发展名人故里游。三是实现温泉特色旅游向特色温泉旅游转变。在加强温泉水的统一管理和合理利用的同时，积极引进一批有实力、有理念的温泉配套产业项目，进一步延伸温泉旅游产业链。四是继续举办高规格的文化旅游节会，如2012年以"走进桃花源·亲近山湖泉"为主题的文化旅游节，活动内容由开幕式"桃源之风"——陶渊明纪念活动、"桃源之源"首届陶渊明文化国际学术研究会、"桃源之旅"桃源文化寻根活动、"桃源之光"田园风光摄影比赛活动、"桃源之星"招商推介活动、第四届庐山杏林文化论坛及闭幕式"桃源之乐"文艺演出等一系列精彩纷呈的活动组成；2013中国·星子文化旅游节暨全国首届陶渊明奖书法展在南昌开幕，以"山湖之星·梦里桃源"为主题，由书法作品展览、"星之风"书法表演活动、"星之美"旅游宣传推介活动、"星之旅"百名书法家游星子活动等一系列精彩纷呈的活动组成。充分利用文化旅游节会平台，进一步扩大星子旅游产品知名度，提高旅游人气。

"十二五"期间，星子县依托庐山和鄱阳湖两大景区，形成了"一个中心、两条轴线、打造五区联动"的旅游战略体系〔以鄱阳湖生态旅游区中心客运港（紫阳港）为中心，环庐山百里休闲走廊和鄱阳湖滨湖旅游专用通道两条轴线，打造环庐山旅游黄金线及庐山温泉休闲旅游度假区、南康古城文化游览区、鄱阳湖沙山沙滩休闲娱乐区、沙湖山候鸟观赏区、鄱阳湖风景体验区五个区域〕；同时，星子县旅游业由以观光旅游为主向以观光旅游为基础、以休闲旅游度假为主导、以特色旅游为补充转变，建设多元复合的旅游产品供给体系；据统计，2015 年 1~9 月，星子县共接待国内外游客 1231.02 万人次，同比增长 17.3%，门票收入 6.96 亿元，同比增长 27.7%，旅游总收入 69.22 亿元，同比增长 73.6%。其中温泉景区接待游客 802.59 万人次，同比增长 17.1%，门票收入 4.58 亿元，同比增长 18.1%。星子县通过景区带动打造一大批山水风光旅游、温泉休闲旅游，宗教文化旅游等多种旅游项目的发展，使星子县真正成为赣鄱大地一颗名山名湖强势联动的璀璨明珠，成为国内外知名的优秀旅游目的地。

### 五　鄱阳县——品牌拉动型

鄱阳县拥有中国独一无二的旅游品牌——"鄱阳湖"。对于中国第一大淡水湖——鄱阳湖，鄱阳县是与之最有历史渊源的县，"鄱阳湖"是鄱阳县旅游发展的重要品牌资源，鄱阳湖因鄱阳县而得名，鄱阳县因鄱阳湖而扬名，两者相依相存一千多年，县之得名比湖名早八百多年（鄱阳湖在古代有过彭蠡湖、彭蠡泽、彭泽、彭湖、扬澜、宫亭湖等多种称谓），是历史馈赠鄱阳县与鄱阳人民享之不尽的财富。为此。鄱阳县提出了"中国湖城"发展战略，依托"鄱阳湖"这个品牌的无形资产，打造城市品牌，以壮大旅游产业为龙头，带动相关产业的发展，形成良好的经济发展势头。

鄱阳县委、县政府高度重视鄱阳湖旅游发展，空前提升旅游工作地位。一是从领导上加大旅游权重，配备了旅游发展与管理的超强班子。

二是从体制上强化旅游管理与经营力量，先后成立了县旅游局、鄱阳湖湿地公园（景区）管委会、县旅游开发公司，初期合署办公，以集中人力、财力、物力，协调发展与建设；后逐步分开，明确分工，各司其职。搭建发展鄱阳湖旅游的管理、经营、运作相协调的大平台，形成发展合力。三是从资金安排向旅游项目倾斜。

积极探索鄱阳湖旅游产业发展、基础建设、经营管理与资源、生态、环境保护相结合的新模式。邀请旅游发展专家、鄱阳湖研究专家、湿地资源利用与保护专家进行了科学论证，根据鄱阳湖生态经济区的发展方向、鄱阳湖的资源特点以及鄱阳县的自身优势，最终提出申请、建设鄱阳湖国家湿地公园的构想。2008年11月，国家林业局正式批准成立鄱阳湖国家湿地公园。全县旅游统一于"鄱阳湖"这个品牌形象，鄱阳湖旅游这个主题产品，鄱阳湖湿地公园这个产品载体上。

在鄱阳湖国家湿地公园建设中，用世界的眼光定位鄱阳县旅游发展目标，将建设"中国湖泊旅游的窗口"作为终极追求。

全面提升鄱阳湖旅游的产品品质，精心实施优质项目。按照建设鄱阳湖旅游代表性、示范性景区的总体要求，在项目实施过程中，努力做到"三个注重"：一是注重差异化；二是注重人文化；三是注重市场化。强势引爆鄱阳湖旅游热点，积极创造品牌效应。一是大视角推出"两大线路"（生态鄱阳休闲体验游、文化鄱阳寻踪体验游）、"五种产品组合"（"生态·文化鄱阳两日游""生态鄱阳一日游""文化鄱阳一日游""古意鄱阳半日游""野性鄱阳半日游"）；二是大手笔进行广泛宣传推介；三是下大力气改善景区接待条件。

在对"鄱阳湖"这一世界资源品牌的争抢大战中，鄱阳县借助"鄱阳湖湿地"这一国家级品牌，率先扛起"打造鄱阳湖旅游"的大旗，致力开启"鄱阳湖旅游时代"，精心打造集旅游、度假、科普、休闲、娱乐于一体的国内外著名湖泊休闲旅游目的地。鄱阳县2015年全年共接待游客365万人次，同比增长37.2%，门票收入6180万元，同比增长36.9%。首先，鄱阳旅游紧紧围绕保护鄱阳湖"一湖清水"，加快推进了鄱阳湖国家湿地公园建设，完善、提升鄱阳湖国家湿地公园生态水平和整体功能；其次，以建设鄱阳湖休闲度假示范园为重点，带动鄱阳湖国际度假村、鄱阳湖温泉度假村和世界华人协会永久会址等大型项目的建设；再次，全面实施鄱阳湖旅游产业园区建设，形成以旅游产业园区为核心的鄱阳湖产业发展大格局。促进鄱阳湖旅游产业不断升级与融合，推进旅游业集约化、规模化发展，形成独具鄱阳湖特色的旅游产品体系；最后，通过以品牌主题活动的举办来提高旅游品牌价值。如中华龙舟大赛、鄱阳湖湿地帐篷观鸟季、莲花山国家森林公园柿子文化节、舌尖上的鄱阳——美食探寻季、全国摄影摄像大赛、中外摄影家大 PK（鄱阳站）、世界湖泊大会、环鄱阳湖国际骑游大赛等一系列高规格、高水准的活动，升级旅游品牌价值，有效地推进了景区品牌升级，提升了景区的影响力。"十二五"是鄱阳县旅游经济增长最快、增幅最大、效益最好的五年。

## 第二节　江西旅游产业发展路径现状分析

### 一　总体表现为不完善的政府主导下的高速低效扩张型道路

总体来看，江西旅游产业发展路径特征主要表现为不完善的政府主导下的高速低效扩张型。高速即旅游产业发展速度高于国民经济总体发展速度。低效即经济效益不理想、旅游溢出效益不够。

旅游业初创时期，尤其是在市场经济欠发达的地区，政府主导下的旅游产业发展，其实就是政府启动并扶持旅游发展的方法，是普遍适用的旅游产业发展路径。虽然我们一再强调政府主导其实是政府引导，不是政府主宰，更不是政府包办，但在实际工作中，由于市场配置资源的功能不强，往往存在这样的现象。一是由长官意志代替企业行为，由行政命令代替市场规律，导致决策失误及资源浪费。二是误把政府主导理解为政府主干，各个行业、企业过多依赖政府而忽视市场调节机制，即由政府投资兴办并直接管理骨干旅游企业，造成事实上的垄断经营和不公平竞争或失去竞争动力等现象，由此容易产生政府在旅游产业发展过程中管理过紧、管理失范、管理绩效差等问题。三是由经济条件制约导致投资不足出现的产业发展低效扩张，现有的不少重点旅游景区都是在资金相当紧张情况下开发建设起来的，规划与建设起点较低、资源利用效率不高、设施布局不合理的现象普遍存在，景区城市化问题突出，一些地方在旅游资源开发中只顾眼前利益，搞粗放式开发和经营。

## 二　具体表现为县域旅游产业存在多元化发展路径

旅游产业发展路径主要体现在旅游开发的战略、体制、运营机制等方面。江西旅游产业发展路径总体上为政府主导型发展道路，但具体到以县（市）域旅游开发路径为基点进行分析时，我们发现县域旅游产业发展存在多元化路径的特征。

比如，前文所提到的婺源集团开发型、庐山景区带动型、鄱阳品牌拉动型、资溪政企联动型以及石城多元化路径等典型旅游产业发展路径案例，这些发展路径各具特色，均是依托所在区域的资源、人文、经济、社会等条件采取的适应当地发展情况的模式和路径。

## 三　业态表现为不断融合发展的趋势

2009 年 12 月 1 日，国务院印发了《关于加快发展旅游业的意见》，指出："培育新的旅游消费热点。大力推进旅游与文化、体育、农业、工业、林业、商业、水利、地质、海洋、环保、气象等相关产业和行业的融合发展。支持有条件地区发展生态旅游、森林旅游、商务旅游、体育旅游、工业旅游、医疗健康旅游、邮轮游艇旅游。"[1] 旅游产业融合可以促进产业结构优化、核心竞争力形成和产业组织创新。融合就是一种生产力，是旅游产业升级转型为现代服务业的重要途径。

近年来，随着我国旅游业的快速发展，旅游业态不断融合，呈现一些新的特征：乡村旅游和休闲度假成投资热点，海洋旅游和邮轮游艇旅游飞速增长，在线旅游投资升温，"旅游＋互联网"发展加快，生态旅游、文化旅游、休闲旅游、山地旅游等新型业态不断涌现。

笔者认为，"＋旅游"比"旅游＋"更为合理，这是因为"＋旅游"更能体现其他产业与旅游的联系效应，具有科学的产业经济学理论基础。"＋旅游"就是在各行各业中，将旅游联系起来，以满足人的多样化旅游需求为宗旨，通过相关产业与旅游业的实质性融合，以旅游新业态的形式实现相关产业与旅游业联动发展。

---

① 植草益：《信息通讯业的产业融合》，《中国工业经济》2001 年第 2 期。

以"＋旅游"为主导的产业融合，主要表现为以下几个方面的趋势。一是文化及文化创意产业与旅游业融合。文化旅游通过文化的深度挖掘，使旅游达到精神层面的最高层次，使旅游者更为深刻地体验旅游的乐趣。二是乡村、农业与旅游业融合。旅游业与农业融合，打造生态观光农业和乡村休闲农业；旅游业与乡村融合，促进乡村城镇化和特色新型农村社区的发展，乡村旅游同时也是定向精准扶贫的有效手段。三是地产业与旅游业融合。随着旅游发展由观光游进入休闲度假游阶段，以度假为目的的旅游地产成为其新业态。四是工业与旅游业融合。旅游业与工业融合对于产业结构的转型意义非同一般。五是"互联网＋旅游"融合。各种电子商务和在线旅游的迅速发展，让旅游选择的形式更具多样化。

最后，全域旅游是旅游产业融合的最高形式。全域旅游是指在一定区域内，以旅游业为优势产业，通过对区域内经济社会资源尤其是旅游资源、相关产业、生态环境、公共服务、体制机制、政策法规、文明素质等进行全方位、系统化的优化提升，实现区域资源有机整合、产业融合发展、社会共建共享，以旅游业带动和促进经济社会协调发展的一种新的区域协调发展理念和模式。全域旅游的表现在于：一是无景区旅游，将某一个地区看作一整个大旅游景区，实现无处不景，无处不游；二是旅游服务设施全覆盖，道路、公厕以及网络等公共服务和基础设施按照旅游业发展的要求规划建设，做到全区域覆盖；三是围绕旅游调整产业结构，在全域旅游发展模式下，按照"＋旅游"的发展理念，其工业、乡村和农业等发展规划应该围绕旅游进行布局。

## 第三节　江西旅游产业发展路径存在的问题

### 一　产业：政府主导路径依赖较为严重

政府主导型旅游产业发展路径，是各地在旅游发展初创期普遍采用的发展路径。但在经济欠发达尤其是市场经济观念相对落后的地区，往往容易造成过度依赖政府型发展路径的局面，出现政府主导的路径依赖症，产生诸多制约发展的问题。譬如，截至2015年，江西获批的8个国家5A级旅游景区，均是政府推动和投入创建的，这里市场与企业难觅踪影；旅游行业管理部门在旅游规划、行业管理、政企分开、宏观调控等方面完全是单打独斗，市场这只无形的手、企业这个市场经济的主体、行业协会这个桥梁机构的作用未能充分发挥；甚至出现景区及其旅游目的地建设得再好，但城市旅游集散地或主通道连接景区的最后一公里，必须由政府投资建设的现象。尤其在景区管理体制和经营机制改革方面特别滞后。又比如，一些景区由政府管理部门指导或出资编制旅游发展规划，政府的意志虽然得到了充分的体现，也考虑了区域内一盘棋的思想，但往往带有较强的计划经济色彩，没有考虑市场作用和经济效益。由于规划缺乏对目标市场的研究，对经济效益的关注，对投入－产出的分析，总体规划成为政府管理部门的一厢情愿和规划编制专家的自言自语。

## 二 业态：融合发展路径机制仍然不活

江西旅游产业发展的融合路径多样，尤其是旅游与文化、旅游与农业融合现象较为普遍，成就斐然。旅游与文化产业融合发展，是促进产业结构优化升级、延伸文化产业链、提升旅游文化产品附加值的有效途径，已经成为旅游界和文化界的共识。于光远教授也曾提出，旅游是一个文化性很强的经济行业，同时也是经济性较强的文化事业。一个景区，尽管有丰富的旅游资源和产品，但如果缺乏文化的支撑，就好像一个人只有躯壳没有灵魂一样。没有文化做主题的旅游区，注定是没有活力和生命力的。

旅游与多业态融合发展的体制机制还亟待理顺，仍然处于一种不活状态。由于涉及众多行业领域，相关旅游项目规划建设资源各有其主，而旅游等相关部门处于相对弱势地位，统筹协调有关方面往往有心无力。许多与旅游高度融合的重大产业项目未能做到决策、实施时充分考虑其旅游功能，重点景区管理主体较多、权责不够明晰，有待形成建设合力。政府相关的旅游、文化、体育、农业等部门之间的相互利用、共同发展、共同繁荣和沟通协作还不到位，相互支持、互动发展的工作机制未能充分发挥作用，融合仍需加强。

## 三 地方：创新发展路径经验推广不力

江西旅游产业发展地域很不均衡，各地对发展的路径探索也倚重倚轻。江西省旅游产业发展的优势地区主要集中在上饶、九江、鹰潭、景德镇等地以及婺源、井冈山、瑞金等一些知名的旅游景区。各地在发展的过程中,探索性地走出婺源集团开发型、庐山景区带动型、鄱阳品牌拉动型、资溪政企联动型以及石城多元化路径等典型旅游产业发展路径案例。但这些成功案例的经验,既没有得到有价值的总结,也没有在全省范围内开展适宜性研究,以供其他县市区借鉴与参考。

## 第四节　江西旅游产业发展路径问题成因

### 一　主观原因

#### 1. 管理理念存在误区

管理理念上,涉旅行政管理部门"管制"意识浓厚,"服务"意识相对淡薄。一些行政管理部门对旅游创业和旅游行业、旅游企业的行政审批和行政许可环节依然过多,行政管制现象仍然突出,个别部门受传统的计划经济体制思维定式影响,其"全能政府""包打天下""舍我其谁"的思想尚未根除,仍然乐于充当资源分配、经营管理、自我赋权的"家长"或"老大"角色。由于"神秘政府""任性政府""权力政府""利益政府"思维意识不同程度的存在,"服务政府""公开行政""诚信行政""责任政府"的工作方式和行为方式远未形成,加之政府间缺少合作,部门间协同配合提供服务的形式较为缺乏。

#### 2. 发展思路不甚清晰

江西旅游资源总量比较丰富,整体禀赋比较优异,受人关注和可供旅游的资源比较多,且分散在全省各地,导致在确定发展战略重点和主推旅游品牌时难以取舍,战略重点不够集中和突出,全省旅游景区开发与建设遍地开花,既分散了本身因经济欠发达而出现的相对弱小的经济力(投资能力),又造成处处是发展重点,处处又都未能形成发展中心的尴尬格局。

发展思路的不明晰、发展重点的不突出,直接导致旅游精品建设比较滞后,未能形成强有力的长期性品牌优势。江西旅游产品众多,但真正在国内外叫得响的精品和强势品牌较少。有的有"牌"无"品",如庐山被定位为山岳型国际会议中心，但山上山下缺少适宜召开国际会议的设施与设备，没有做出像样的国际会议产品来；井冈山"黄洋界保卫战遗址、朱毛会师旧址、十里杜鹃长廊"都是早已闻名天下的经典资源，但均未能够打造出适应现代旅游市场需求的精特旅游产品；鄱阳湖号称"珍禽王国"，但候鸟观赏游、科普科考游等专项旅游产品还只停留在概念上，游览道路、观赏点、考察线路及其安全设施等也不配套，根本就没有形成可推广经营的旅游线路。大多数情况下，要不就是团队游客被忽悠随便来到一个相对方便的地方，看一眼鄱阳湖；要不就是自驾散客凭着别人的经验指引或道听途说的印象，找到一个观赏点远远看看鄱阳湖；要不就是专家考察团队和领导视察小组，在当地领导陪同下，找到一条渔船，进湖游览一番。这样，游人对鄱阳湖的印象大打折扣，伤害的是鄱阳湖旅游的品牌。有的有"品"无"牌"，如一些新开发的旅游景区和线路产品，知名度不高，影响力不大，没有被市场广泛认知和认同。有的有"品"有"牌"，但经营方式不明，如"世界瓷都"景德镇，品质一流，品牌影响力广泛，但作为陶瓷文化旅游产品，其文化的表现力和产品的显示度，从某种程度上说，就是对于景德镇历史悠久、博大精深的陶瓷文化及其陶瓷产品，我们还没有形成系统、完善、科学、适应的旅游利用方式或旅游经营方式，与国际旅游要求和国内旅游市场需求还不相匹配。

## 二　客观制约

### 1. 经济欠发达导致的实力不够

现行旅游产业结构与建立适应市场需求的旅游运行机制之间存在矛盾。旅游企业是市场主体，但江西省旅游企业实力普遍偏弱，缺乏龙头企业拉动，更没有形成行业巨头，基本上处于争夺客源的低水平竞争。

根据江西旅游发展委员会公告，截至 2015 年，江西省共有二星级以上的旅游饭店 430 家，其中五星级 17 家、四星级 122 家、三星级 246 家、二星级 45 家；全省 670 多家注册旅行社中，只有一家南昌春秋旅行社进入全国百强社，能进入全国"百强"，还是因为它是上海春秋国际旅行社（全国百强社第一名）在江西的唯一分社。"散、小、弱、差"，经济效益低是目前江西旅游企业生存状况的真实写照。

　　旅游景区建设存在各自为战的状况，难免出现低水平重复建设的现象，缺乏个性特色。如对于九江柘林湖（庐山西海）和新余仙女湖，我们很难找出它们之间的差异。纵观依托江西旅游资源开发建设的旅游景区，多数以简单的"传统观光旅游"为主，而单一的观光旅游产品难以满足国内外游客的多种需求；加之观光游客在景点上停留时间相对较短，难以拓展除交通、门票、餐饮等刚性消费外的购物、娱乐等"软性"消费，严重影响景区综合消费。此外，观光旅游的经济效益不高，国家旅游局对来华旅游者曾做过抽样调查，海外游客在华花费按旅游目的地分组统计，"观光游览"组消费水平最低。江西入境旅游接待人数虽然有一定增长，但速度较为缓慢，人均停留时间短、过夜人次较少、消费水平低，其中大部分原因在于游客是观光客。如到"十二五"期末，江西省入境旅游人数 13383 万人次，同比增长 4.0%，其中：外国人 2599 万人次，下降 1.4%；香港同胞 7945 万人次，增长 4.4%；澳门同胞 2289 万人次，增长 10.9%；台湾同胞 550 万人次，增长 2.5%。但入境过夜旅游人数只有 5689 万人次，同比增长 2.3%，其中：外国人 2029 万人次，下降 2.5%；香港同胞 2709 万人次，增长 4.7%；澳门同胞 467 万人次，增长 10.9%；台湾同胞 484 万人次，增长 2.5%。国际旅游收入 1136.5 亿美元。

　　目前，很多地区和城市在全力发展旅游的同时，由于经济上欠发达，按照市场经济规律建设旅游业的机制欠缺，造成过分依赖政府投入，而政府投入总是捉襟见肘，因此，政府主导发展旅游产业的路径就受到很大的制约。政府的财政自主支配权缺失，自身造血功能匮乏，对于旅游需要的基础设施和公共设施建设方面投入有限，财力支撑严重不足。主要表现在以下几个方面。一是旅游业政府财政资金投入机制仍存在改进的空间，对于旅游业的财政投入量多、面广，财政支出较为分散，政府很多时候未能做到集中财力办大事，在资金分配重点方面还有待集中。二是旅游专项资金使用方式创新力度不够。目前，旅游财政专项资金使用方式较为单一，往往局限于项目直补或以奖代补方式，未能充分发挥财政专项资金的杠杆效用和放大效用。三是融资渠道较少。旅游业的金融融资能力较弱，金融促进方式相对滞后，致使很多旅游企业和项目过多依赖财政资金的帮扶。四是决策、考核机制不完善。在旅游业的财政政策制定主体中，政府具有很大的决定权，其他旅游企业法人及居民等利益相关者未能有效参与进来。

2. 涉旅行业相互掣肘未能形成合力

旅游产业其实是以旅游活动为中心而形成的连锁配置行业，一般由旅游目的地（含景区）经营业、旅行社业、饭店及餐饮业、交通运输业、娱乐业、零售业和保险业等构成。现行的旅游管理体制未能很好地适应旅游业作为关联性强的产业发展要求。同时，旅游活动所涉及的业务又是一个跨部门、跨行业的交叉业务，与其相关的行业和部门包括公安、工商、物价、交通、商业等部门，它们各自为政，彼此之间不仅不能相互配合、协调共担，而且甚至面对问题和矛盾必然相互推诿，指责诘难，真正的旅游行政管理部门束手无策。也就是说，现行的各地市、各行业、各部门之间条块分割的体制，导致旅游行政主管部门"人微言轻"，对涉旅业务的全面管理力不从心、鞭长莫及。各地创造性拓展出来的旅游产业成长与发展的路径，往往因受管理体制的制约只能萌芽于深闺中，或者说只能在一时一地的固定时空条件中发生与发展，不能在更广阔的地域与领域得到推广和成长。

由此可见，解决旅游业发展中的分头管理、政出多门、事权不分、职责不清的问题，需要进一步改变过去上下游间、地区间、部门间各自为政的状态，形成各部门、各地区间科学的协调管理机制，促进大旅游与大管理、全域旅游与全域管理发展格局的建立，旅游产业发展路径才能越来越宽，越来越多维。

3. 省际国际大交通格局欠缺

截至 2015 年底，随着县县通高速的目标基本实现和国内七大支线机场格局的形成以及出省主要通道的畅通，江西省域内交通体系基本完备，但在对接国内远程市场和国际市场的航班和高铁方面，江西出现了短腿，造成顺畅的省际、国际大交通格局远未形成，一定程度上制约了江西新兴旅游路径的拓展。

首先，因城市人口与经济规模偏小与商务活跃度不够，南昌昌北国际机场的国际航班开辟成为瓶颈，造成江西国际旅游促进战略的实施举步维艰，走国际旅游促进发展的路径受到制约。

其次，高速铁路建设严重滞后。截至 2015 年底，江西已成为高速铁路建设的洼地，周边六省皖、浙、闽、粤、湘、鄂皆已建成并开通多条高铁（350 公里每小时或 250 公里每小时的客专），而江西仅有东西向的沪昆客专、南北向的合福客专和向莆铁路通车、西北东南向的昌福高铁通车；南北向的昌吉赣客专几经波折才得以立项，建设竣工尚需年月。

再次，公路结构不尽合理，通达景区的深度不够。1989 年开始建设首条高速公路昌九高速公路，近年来，江西高速公路建设发展速度加快，截至 2015 年底，全省高速建成通车总里程突破了 5000 公里，随着"三纵四横"高速公路主骨架的建成，一个承东启西、贯通南北、便捷通达、快速高效的路网大格局已经形成。江西已经打通 24 个高速公路出省通道，实现了与周边省份快速对接，万载、安远两县结束了不通高速路的历史，全面实现 98 个县市区通高速。全省世界遗产地、国家级风景名胜区、国家 5A 级旅游景区都通了高速，但旅游公路结构尚未形成金字塔型，国道、省道、县道、乡道公路建设相对落后，高速通往一般旅游景区的公路等级较低、路况较差。同时，旅游客运规模小，难以取得规模效应。尽管以旅游客运为主的旅游交通在江西也悄然兴起，成为整个交通客运市场的一个新增长点，但从目前江西旅游交通企业规模和旅游汽车拥有量来看，均是超小型旅游交通企业。

最后，适应旅游市场需要的旅游线路单一，旅游线路组织与连接存在较多无序性。从江西旅游线路设计与推广的实践看，出现严重的盲目性和滞后性，尤其是旅游参观点的线路发展规划，缺乏明确的目标市场和发展方向。各地旅游产品严重趋同，缺乏差异性。以各地特色资源组合发展的路径未能充分被激活。

总之，通过交通这一旅游发展的支撑性基础设施建设与通过旅游交通企业这一配套产业发展，刺激和促进旅游产业发展的路径也是举步维艰。

**4. 民间资本市场未被激活**

旅游产业的发展正面临前所未有的契机。但旅游产业的软硬件条件与环境的改善，特别是交通、环保等配套设施建设，在相当程度上要依赖资金、技术的投入。由于江西旅游产业走的是政府主导发展的道路，而江西属于欠发达省份，财力极其有限，致使建设资金不足一直是制约江西省旅游业发展的重要因素，一些具旅游发展潜力的县市和具开发潜力的旅游资源坐失良机。在市场经济背景下，应彻底摒弃过去那种完全依靠政府的"等、靠、要"的思想，积极调动社会各方面的资源，发挥民间资本投资旅游产业的积极性。但江西在这方面的作为十分有限，显得较为滞后。以 2011 年为例，江西 2011 年全年旅游行业共正式签约引进 129 个内资旅游项目，合同金额达 639 亿元人民币，实际进资 157 亿元人民币；引进外资项目 6 个，合同金额达 13.7 亿美元，实际进资 4.3 亿美元。而与我省相邻的湖南省，2011 年民营资本、外资在全省旅游业的发展中的比重越来越大。据统计，2011 年，民营资本、外资对湖南省旅游业的投入总额在 100 亿元人民币以上。

2012 年国家旅游局正式对外颁布的《关于鼓励和引导民间资本投资旅游业的实施意见》指出：坚持旅游业向民间资本全方位开放，鼓励民间资本投资旅游业，提高民营旅游企业竞争力，为民间旅游投资创造良好环境，加强对民间投资的服务和管理。在国家鼓励制定民间资本投资旅游业的扶持与优惠政策的基础上，针对江西政府包揽过多，资本市场相对落后的现实，要拿出更加具体有效的鼓励措施，优化投资环境，消除顾虑，激发民间资本投资旅游业的积极性和社会力量投资旅游业的创造性，力求实现投资主体多元化。

# 第三章　国内外旅游产业发展
## 路径与启示

江西旅游产业在改革开放后，尤其是自 2004 年国家大力倡导发展红色旅游以来，抓住良好的政策机遇，进入快速、健康、稳定发展状态。进入"十二五"以来，随着 2012 年"江西风景独好"主题形象的确立和 2013 年旅游强省战略的实施，旅游产业更是取得突飞猛进的发展，不断进位赶超，取得骄人的业绩。但江西旅游经济与旅游发达地区相比，仍然有较大的差距，学习国外和兄弟省市的先进经验，将有益于推动江西旅游业进一步发展。

## 第一节　国外旅游产业发展路径与启示

### 一　以美国为代表的资本技术推动发展路径与启示

不同国家驱动旅游产业发展的动力机制各不相同，各有特点，美国是发达国家的典型代表，但在推动旅游产业发展的起始路径方面，美国不仅有政策保障，而且有高资本的现代信息技术的支持，是世界旅游业中资本与技术高投入的领先者。

1. 信息技术在美国旅游业的应用

（1）旅游预订系统的发展

计算机技术的应用、电子信息技术的推广、互联网的普及使美国的旅游业在预订、全球分销、消费者与旅游经营者的互动方面产生积极的示范效应。

在 20 世纪 70 年代，美国航空公司创建了 CRS（Computer Reservation System），突破了传统电话或人工预订系统的约束，数据的实时性和资源的可灵活调度大大活跃了旅游产品的销售，配合美国的全球旅游政策，无论是公共部门还是私营者都积极地加盟 CRS，美国的国际旅游业得到了快速发展。

（2）全球分销系统的发展

CRS 所带来的营销优势吸引了旅游、饭店、交通业等经营者纷纷加入，形成广泛的横向联合，促成 CRS 发展为 GDS（全球分销系统，Global Distribution System）。目前，GDS 主导系统有 Calileo、Amadeus（艾玛迪斯）、Sabre 和 Worldspan。其中 Amadeus 更具代表性，公司紧随 IT 技术的发展，为航空、旅游等合作伙伴提供先进的管理技术，形成完整的电子商务管理平台，经营解决方案对不同公司都独具特色，成为旅游（营销、分销）和软件世界最大公司之一，主营业务范围遍布了全球。20世纪 80 年代美国借助这类营销和分销系统，使入境旅游人数超过出境旅游人数，系统所带来的便捷与更优质的服务，在知名度上提高了美国国际旅游的地位。

（3）互联网在旅游业的应用

结合多种媒体技术的网络应用在 20 世纪 90 年代逐步普及，为 CRS 和 GDS 在更大范围的应用创造了条件，经营者与消费者不受距离和空间约束的互动简单而快捷，营销成为互动的、定制化服务约定的快速多赢过程，经营者的经营管理也可借助 GDS 提高管理水平和经济效应。

典型例子是美国运通与微软合作开发的 AEI Travel 系统，该系统具备网上互动预订旅行功能，起到了旅行商务电子化的示范作用，使旅游电子商务理念逐步普及，尤其是使用了网络技术的客户群体。到 2004年，运通的 AEI Travel 系统具备了个性化的航空、住宿、租赁汽车等预订服务，旅行者无须网上注册就可享受许多免费在线服务。该系统的发展是早期旅游预订系统和全球分销系统的替代，大大减少了原有系统的租赁费。

2. 主要启示

从美国的经验来看，信息技术的应用有力地促进了旅游供应链的发展，方便了游客的需求，减少了旅游企业运行成本，推动了旅游业的发展。近些年，江西旅游行业信息技术的应用取得了一定的成绩，从国内外旅游行业信息技术应用的发展趋势来看，江西的旅游信息技术应用在以下几个方面需要进一步改进。

（1）制定旅游信息化发展规划。旅游信息化发展规划往往是区域旅游发展总体规划与地方旅游产业发展五年规划纲要的组成部分，说明旅游信息化建设与应用在旅游产业发展过程中的牵动效应，但各地又常常以旅游规划团队来完成这一需要电子信息技术团队才能完成的规划任务，势必影响规划实施的可行性。由于信息化是全社会、全行业的追求，看似都在走信息化之路，但真正的信息化体系远远没有被统一建立起来，所以即使建设了信息平台，也难免会出现建设标准不确定不统一现象、多重建设与重复建设矛盾、数据平台孤立等问题。因此，旅游信息化建设专项规划的制定与实施就是区域一体化发展的重要工作。

（2）提升旅游信息化建设水平。信息化发展日新月异，但由于高端研发技术人才不足、作为欠发达地区必然出现的经济支撑能力欠缺以及难以避免的相对落后地区建设与管理理念的滞后，江西旅游信息化往往存在应用平台层次提升不及时、应用层次低、产业链条延伸还不够深入、基础设施和服务功能还不能满足游客和旅游管理的需求等现实状况。只有超常规地提升江西旅游信息化建设水平，才能更好地融合信息资源、促进软件开发、提高信息的共享性和应用层次。

（3）探讨商业化与公益性相结合的模式。旅游信息化建设需要较大资金支持，更需要市场营销、网络技术、旅游专业知识兼顾的复合型人才，资金和人才作为障碍因素影响江西旅游信息化建设层次与发展水平。从美国的经验看，旅游企业自身实施超常规、创新性的发展策略可以起到事半功倍的作用。目前，我省的旅游信息网还主要表现为宣传和商业策划功能，商业化与公益性相结合的功能还有较大的改进空间，以真正发挥互联网对旅游发展的促进作用。

例如，省内某旅游企业希望通过其发起的一项由高校学生参与的旅游网站建设竞赛，挖掘并发现实用人才。经与相关专业的院系联系，希望双方共同组织该竞赛活动，发动具有这方面创造潜力的学生积极制定方案参与竞赛。然而，活动的激励机制缺乏，仅限对前3名获奖者有细小的奖励，报名参赛的学生非常少。一些较有潜力的学生并没有参加该项竞赛，该企业通过活动发现与挖掘人才的计划落空。如果该企业能在尊重知识产权意识指导下，对有应用价值的方案给予较为丰厚的奖励，同时对有创意的方案给予鼓励性支持，即将商业化与公益性有机地结合起来，以商业化激励人才，以公益化发现人才，就可以取得事半功倍的效果。

## 二　以英法为代表的资源驱动发展路径与启示

英法两国都有丰富的文化历史遗产，这是它们旅游业发达的强大基础。同时，两国都充分挖掘旅游资源的内涵，以适当的形式把这些资源进行转化和开发，使旅游资源具有更强大的旅游发展驱动力和价值，形成资源的唯一性与功能的多样性结合。

1. 英国旅游资源驱动旅游发展的特点

（1）王室文化。在现今世界 27 个王室（不包括尼泊尔和希腊）中，典型代表是英国王室，对游客有强烈的吸引力。作为旅游资源，英国通过王室建筑、领地、故居、王宰生活等资源体和要素，以陈列展示、纪念收藏、历史回顾、侍从服务、换岗仪式、女王生日阅兵等形式和活动方式让游客体验王室文化。有实景配合，有皇权象征的英国文化在旅游开发中得到传播。作为王室文化的"尊严"，有关旅游资源的开放时间和方式，不是随游客的"好恶"确定，而是在时间、活动内容、节事安排等方面，保持王室一如既往的传统。如：8 月至 9 月女王休假间白金汉宫才开放，增添了王室的神圣和神秘感。

（2）博物馆文化。英国的博物馆数量庞大，仅伦敦就有 200 多个博物馆，这一个个博物馆就是一部部百科全书或专业（专题）全书。英国人珍视历史文化，他们把能收藏的有价值的历史物件都收进博物馆。有些博物馆还是"活的"，如：游客可在每年的 9 月、10 月开放间去威斯敏斯特国会大厦体验议员们的会议、办公、辩论等。游客也热衷到英国的全球名校（如剑桥、牛津）观光。英国博物馆是不收门票的，这种公益的性质方便了游客的游览，使全世界的旅游者驻足观摩、流连忘返。

（3）特色文化（剧院、音乐厅、艺术节、图书节）。英国可以说是个音乐国度，伦敦遍布的音乐厅和剧院（两者超过 100 个）上演着《歌剧院的幽灵》保留剧目或其他艺术表演，民间特色艺术节是经常性的节目（平均每天超过一场），这些每年吸引着大量游客。

（4）传统村镇。有传统特色的小村镇是英国大历史发展的遗产，这些小镇保留完好，居民传承了传统的文化习俗和生活情趣，镇区的绿化面积一般占小镇面积的1/3，小镇与人文氛围结合，构成美丽的人文生活画卷，对游客有较大的吸引力。

**2. 法国旅游发展的特点：旅游资源驱动**

为促进旅游业的发展，法国政府、社会组织和民间十分注重对旅游资源的研究，对挖掘旅游资源的潜力、提升资源的价值，更好地驱动旅游发展起到作用。

（1）把感观研究成果转向旅游消费市场。通过实例研究与实证分析旅游资源，确定其旅游利用价值，以提供给旅游规划者、投资者和建设者，将其推向旅游消费市场。典型成果是 Jean-Pierre Lozato-Gio-tard（1985）所著的《旅游地理学——从被观察的空间到被消费的空间》（法国）。

（2）把观念研究成果转向旅游资源利用。典型代表是对偏僻山区和海岛旅游观念转变的研究，这些地区在17世纪、18世纪还是"荒芜"的。如今，山水生态环境和海边渔民的渔猎活动成为城市居民旅游向往，这是欧洲人们旅游观念的重要转变。

（3）参与论。其以 Michel Crozier 的研究为代表，认为旅游的发展是社会各类群体共同参与的结果，包括游客个体、社区、政府、企业、居民、家庭等。不同参与者的动机可能不一致，正是这种多样性，才推动旅游创新发展。

**3. 主要启示**

从英国和法国的经验来看，以资源驱动旅游业的发展，江西还要着重从以下两个方面开展工作。

（1）文化内涵的深度挖掘。众所周知，江西特色的旅游资源是景德镇的陶瓷艺术、井冈山的红色文化、鄱阳湖的湿地与候鸟、庐山的文化景观、龙虎山的道教祖庭、三清山的峰林地貌等一大批优质旅游资源，且深度挖掘与研究还大有可为。例如，乐安的流坑古村可以从多方面进行深入的人文内涵挖掘，包括人文地理、建筑（含材料）、区域文化、乡村历史沿革、生活现状等。

（2）创新旅游资源研究。除了学习法国的旅游资源研究经验外，还应当注意避免旅游资源"高分低值"的现象出现。所谓"高分低值"，就是旅游资源的评价分值很高，而旅游市场的响应程度不尽如人意。例如，鄱阳湖国家湿地公园面积大、资源多，规划设计"全面"，投资量大、建设周期长，是4A级江西著名景区，但游客的接待量不尽如人意，与条件相近似的景区比较有较大的差距。作为后起的旅游区，说明鄱阳湖国家湿地公园资源的研究、评价，资源的观念与概念，资源的建设与利用，显然创新不足，体验研究不够深入，缺乏研究成果的转化，多方参与不足，导致景区回头客少，口碑传播面小，资源与产品的传播受众不足，影响到旅游市场的拓展和游客的增量。

### 三　以日韩为代表的政府主导发展路径及启示

#### 1. 日本的经验

日本政府在旅游发展的不同时期，协调立法、投资、产业、旅游推广、政策等，主导了旅游的建设与开发大环境。

（1）硬件建设。日本政府对旅游和休闲基础设施有大量投入，包括各类"村""基地""示范区"的建设，特点是政府的不同部门针对职能范围有重点的投入，如运输省的"汽车旅游据点"、环境厅的"自然体验生态村"、建设省的"都市公园"、厚生省的"年金保养基地"、国土厅的"过疏地区住宿设施建设示范区"等。这一系列的"硬件"建设，不仅满足了国内的旅游发展需要，也为奥运会、世博会等重大会展的举办提供了有力的保障。

（2）环境建设。日本政府在不同时期旅游投入的重点不同，继20世纪八九十年代前的旅游"硬件"建设高峰期后，政府的资金投入更多地关注资源的保护和改善软件环境。政府还积极加入环境保护国际合作，建立自然保护区等。

（3）财政支持。日本政府财政有"观光事业振兴助成交付金"专项财政支持，旅游企业融资可获得政策银行或金融机构支持。通过"硬件"和"软件"（申报世界遗产等）建设，促进了资源知名度的提高，扩大了日本文化的影响。

（4）政府主导促销活动。日本政府主导"访问日本运动"等多种形式的旅游促销活动，吸引境外游客产生了积极作用。日本政府主导"访问日本运动"以来（自2003年后），入境游客年均增长超过11.9%。

2012 年至 2016 年入境游客保持了较高的持续增长的态势，提升了旅游经济的贡献度（见表 3 – 1）。

表 3 – 1　日本政府主导"访问日本运动"以来入境游客数量[①]

单位：人次，%

| 年份 | 入境人数 | 增长率 |
|---|---|---|
| 2003 | 5211725 | – 0.5 |
| 2004 | 6137905 | 17.8 |
| 2005 | 6727926 | 9.6 |
| 2006 | 7334077 | 9.0 |
| 2007 | 8346969 | 13.8 |
| 2008 | 8350835 | 0.0 |
| 2009 | 6789658 | – 18.7 |
| 2010 | 8611175 | 26.8 |
| 2011 | 6218753 | – 27.8 |
| 2012 | 8358105 | 34.4 |
| 2013 | 10363904 | 24.0 |
| 2014 | 13413467 | 29.4 |
| 2015 | 19737409 | 47.1 |
| 2016 | 24039700 | 21.8 |

资料来源：日本政府观光局网站，http://www.jnto.go.jp/jpn/statistics/visitor_trends/。

日本促进旅游发展的举国体制，树立了国家旅游品牌形象，提升了国际竞争力，促进了旅游产业的全面发展。表 3 – 1 中 2009 年的入境游客大幅减少是因日本国内甲型 H1N1 流感爆发，2011 年入境游客大幅减少是受其国内发生严重地震并发生最严重的核泄漏事故影响。

2. 韩国的经验

在政府主导发展旅游方面，韩国的经验如下。

（1）立法与规划。韩国始终以立法形式保障旅游的发展，朝鲜战争结束后就逐步建立了保障旅游发展的基本法律框架，并随经济的发展逐步完善相关的法律，如"旅游促进法""观光振兴法""观光住宿设施支

---

① 田中景：《日本发展入境游的举措和成效研究》，《现代日本经济》2015 年第 4 期。

援有关特别法""观光振兴开发基金法"等。配合法律的制定，韩国还制定长期规划，有十年期的旅游资源开发规划，有五年期的地区规划。这些规划涵盖了资源的可持续开发、基础设施、文化资源的转化、旅游服务设施、地方特色、国内外旅游合作等。

（2）决策与组织实施。韩国文化观光部是韩国旅游发展决策制定与组织实施机构，它为国家的旅游产业竞争力、旅游福利的制定、建设基础设施、项目规划、产业环境等提出决策并组织实施。此外，韩国的观光公社协办韩国旅游的海外宣传、海外旅游组织、国际交流、国际会议、国内旅游的推进、信息服务、企业及地方团体的旅游活动、融资等。

（3）广泛参与国际合作。韩国政府与国际组织及会议有广泛的合作，如 APEC（亚太经合组织）、UNWTO（世界旅游组织）、PATA（亚太旅游协会）、OECD（经合组织）、ASTA（美国旅游代理商协会）等；"体育与旅游"、APEC 峰会、G20 峰会、首届世界休闲体育大会、第 17 届亚运会、韩国（大邱）国际健康健美长寿论坛暨健康产业博览会等。这些合作有力地提升了韩国旅游业的国际知名度。

（4）发展文化旅游产业。主要是通过上游产业链条中的电影、电视、体育赛事、国家或地区的文化交流活动、海外文化旅游产业促销等传播"韩流"文化元素，这些元素为旅游业的发展做了潜移默化的宣传，如美容、服装、风景、明星效应、饮食、人文氛围、地方文化特色、庆典、文化节等。这些元素通过影视等文化产品的包装而推广了韩国的旅游景点。

3. 主要启示

从韩国和日本的经验，江西需要借鉴的经验如下。

（1）加强旅游法规建设。江西的旅游业也是从改革开放后才得到迅速的发展。在相关法规方面，江西到 2017 年 11 月，只出台 11 个省内旅游法规，主要内容是管理与处罚、旅行社审批、省级生态旅游示范区评定等。在基金的建立、特别项目的法律法规、基础设施建设等方面还要加强法规的建设。如何通过法规的形式促进并规范旅游业的管理与发展，是江西旅游产业健康快速发展时期需要关注的问题。

（2）优化旅游产业结构。江西的旅游产业正在围绕鄱阳湖生态经济区、赣南等原中央苏区振兴规划和江西生态文明先行示范区等建设进行调整和发展。然而，相关的实践研究与理论探讨还比较滞后。比如，2007 年前后初步提出鄱阳湖生态经济区概念，国务院于 2009 年 12 月正式批复《鄱阳湖生态经济区规划》。与之不太相适应的是，相关的研究无论是视角还是层次，均难以形成理论和实践的导向。表 3 - 2 是 2008 年至 2016 年中国知网有关鄱阳湖生态经济区的研究文献检索结果（含旅游业的研究），该结果显示关于旅游产业结构调整的研究十分缺乏。

表 3 - 2　2008 年至 2016 年中国知网有关鄱阳湖生态经济区的研究文献分布

单位：篇

| 序号 | 主题 | 2016年 | 2015年 | 2014年 | 2013年 | 2012年 | 2011年 | 2010年 | 2009年 | 2008年 | 合计 |
|---|---|---|---|---|---|---|---|---|---|---|---|
| 1 | 地域、对策、比较 | 6 | 10 | 11 | 11 | 33 | 46 | 32 | 17 | 15 | 181 |
| 2 | 低碳、能源、资源 | 2 | 13 | 10 | 12 | 21 | 20 | 17 | 5 | — | 100 |
| 3 | 教育、人才 | 6 | 7 | 9 | 15 | 25 | 22 | 13 | 2 | — | 99 |
| 4 | 产业、产权 | 3 | 12 | 13 | 14 | 12 | 18 | 13 | 6 | 1 | 92 |
| 5 | 文化、宣传、信息 | 5 | 7 | 10 | 9 | 29 | 18 | 5 | 2 | 3 | 88 |
| 6 | 旅游、体育 | 5 | 4 | 9 | 6 | 14 | 19 | 16 | 4 | 1 | 78 |
| 7 | 农业、粮食、农产品 | — | 11 | 10 | 7 | 13 | 18 | 12 | 2 | — | 73 |
| 8 | 环保、生态补偿、湿地 | 3 | 9 | 9 | 9 | 12 | 14 | 10 | 3 | — | 69 |
| 9 | 金融、税、保险 | — | 1 | 6 | 1 | 13 | 16 | 4 | 3 | 7 | 51 |
| 10 | 法制、审计 | — | 2 | 3 | 3 | 10 | 16 | 9 | — | — | 43 |
| 11 | 耕地、土地、林业 | 6 | 4 | 8 | 1 | 11 | 9 | 1 | 1 | 2 | 43 |
| 12 | 经济、贸易、物流 | 3 | 5 | 11 | 4 | 2 | 7 | 9 | — | 1 | 42 |
| 13 | 基础设施、城镇 | 2 | 3 | 6 | 3 | 3 | 6 | 8 | 1 | 2 | 34 |
| 14 | 农村、农民、扶贫 | 2 | 4 | 5 | 4 | 6 | 3 | 5 | — | 1 | 30 |
| 15 | 工业、质监 | 2 | 2 | 2 | — | — | 5 | 6 | 1 | — | 18 |
| 16 | 水文、气象、水利 | 2 | 2 | 5 | 5 | — | 1 | 2 | — | — | 17 |
| | 合计 | 47 | 96 | 127 | 104 | 204 | 238 | 162 | 47 | 33 | 1058 |

（3）加强旅游促销。近 20 年，江西的旅游促销活动具有积极的影响，如确立了"江西风景独好"品牌形象，推出了"瓷都"专题片，拍摄了系列实景影视片，参与国家在海内外组织的大型旅游促销会，组织了国内外"江西风景独好"系列主题宣传活动等。但从韩国旅游宣传促

销经验来看，江西的旅游促销还要加大力度并改善策略，如选择国内外的主要客源或客源潜力城市，建设"江西风景独好"促销站，策划与制作"江西流"的文化产品。在江西自然景观得到观光利用的同时，积极策划江西重要文化资源（比如海昏侯国遗址）申报世界遗产工作，通过世界遗产的申报提高江西文化的知名度，从文化旅游的角度寻找江西旅游新的引爆点。

## 第二节 国内旅游产业发展路径与启示

### 一 部分省区优势旅游产品发展的经验

#### 1. 广西经验

广西以桂林山水旅游发展为重点，突出自然禀赋和本地旅游资源的特性，但在急于寻求旅游投资项目填充的时代，部分项目忽略了所投资建设的旅游项目与桂林的山水旅游定位的相融性。从桂林的实践来看，虽经历了一些曲折，但还是有很多经验值得借鉴。

（1）山水旅游。广西以山水旅游发展为龙头，形成"一头、二带、三大、四地"的区域旅游发展格局。

一头：以桂林的山水旅游资源为龙头，带动广西全域旅游发展。

二带：一是西江（东西）带，二是南北带。

图 3-1 是广西西江（东西）旅游带示意（双向箭头框内）：各旅游节点（市）的水系汇入梧州成西江（下游是广东），是西江旅游带的来由。这一带自然生态环境优美，经资源和特色产业整合，完善配套服务设施，形成了休闲产业集群和滨江生态休闲度假区。

南北带是黄金旅游带，包括桂林、柳州、来宾、北海、北部湾经济区、广西南北向的多条高速公路或城际高速铁路。构建了"多动"的旅游带：区域内城市和旅游区"山（山水）海（海洋）联动"、旅游地对接、旅游集散中心互动。

三大是指环广西首府、桂中、桂东南"三大生态旅游圈"，应加强桂中、桂东南等旅游的布局。

四地是指广西的四大旅游集散地，即南宁、梧州、桂林、北海四大集散地。集散地为游客提供交通、住宿、景点、专线游、主题活动、门票等集约服务，成为旅游中转站、宣传站、服务站、管理站。

（2）主要启示。江西山水旅游资源同样丰富，但在开发中发展不平衡，山岳型旅游地发展迅速，水域型旅游地发展缓慢；服务型收入偏差较大，门票和吃住消费比重偏高，购物、娱乐等"软"消费比重偏低；基础设施建设不足；管理体制与运营机制不顺等。广西的经验给我们的启示是：一要融合资源，如四大名山旅游资源与鄱阳湖湿地资源合成建设旅游带，使各自的旅游资源发挥倍增效应；二要统筹规划，形成旅游资源互补、旅游目的地对接、多元旅游联动的省内旅游全盘关联格局，促进旅游资源效益的提高。

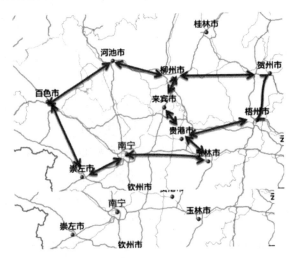

**图 3-1　广西西江（东西）旅游带示意**

注：图中的箭头是旅游带构成的示意。

2. 四川发展乡村旅游的经验借鉴①

四川是人口较多的农业大省，常住人口为 8262 万人，其中 4196.3 万人居住在乡村②。作为"中国农家乐旅游发源地"，四川是乡村旅游发展较好的地区，成为城乡发展、农业功能拓展、农村产业结构优化、农

---

① 《四川省农业旅游的主要特点》，中共四川省委农村工作委员会网站，http://www.snsc.gov.cn/oldsite/xcly/484.jhtml。

② 《四川省 2015 年全国 1% 人口抽样调查主要数据公报 ［1］》，四川省统计局网站，http://www.sc.stats.gov.cn/sjfb/tjgb/201605/t20160518_208395.html。

民增收重要载体。2017 年的上半年，全省休闲农业经营企业的收入达到了 541 亿元①，接待游客超过 1.6 亿人次，表明农民就业的本地化有一定的劳动市场和收入保障。

（1）四川的经验主要如下。

1）政府主导。把乡村旅游的发展纳入全省的旅游发展规划，内容包括民族村寨的特色化、农业园的可观赏化、郊区乡村旅游产业带化、（乡村）节庆活动国际化的数量和具体要求等。

2）产品多样。四川"农家乐"把全局与局部的特色相结合，既有"川味"田园风光、民俗、巴蜀文化，又有与自然条件和区位特色相适应的产品类型②。

农家园林。例如，成都郫县是"国家生态示范区"，农家园林，既是生产闻名全国的苗木、花卉、桩头、盆景的基地，也是游客休闲、品农家餐、购农副产品、体验乡俗的好去处。在成都农科村的中华盆景园（20 余亩的园林）中，形成银杏、金弹子、蜡梅、罗汉松桩头和精品盆景五个片区。各片区高低错落，风姿各显美妙，相互掩映生辉。园林布局严谨而不乏活跃，道路迂回可谓曲径通幽。麦草盖顶的餐厅，纯竹结构的茶廊，姿态各异的众多根雕精品，构成一幅生动的川西民俗画。

花果观赏。此类型以成片花园、果园、茶园为依托，以赏花摘果品茶、园艺习作为主题。成都市龙泉驿区是中国最大的水蜜桃生产基地，是国家八部委命名的"中国水蜜桃之乡"。全区盛产水蜜桃、樱桃、枇杷、葡萄、梨、柑橘、脐橙、草莓等，使游客在观赏、体验的同时，享受到农家生活的乐趣。

古迹民俗。其以自身的风土人情、人文古迹为依托，以民俗旅游为主题，为游人提供农家风味服务。这类乡村旅游以双流的黄龙溪古镇、龙泉的洛带镇、崇州的街子镇、浦江的西来镇和邛崃市的平乐镇五大古镇为代表。由小镇石板街巷、宅门、影壁、店铺、摊贩、风味小吃等构成的市井文化和民俗风情独具特色。在这里旅游，可以了解成都平原悠

---

① 《今年上半年　四川休闲农业综合经营性收入达 541 亿》，凤凰资讯，http：//news. ifeng. com/a/20170904/51863175_0. shtml。

② 《成都乡村旅游产品优化与升级新思路》，四川社会科学在线，http：//www. sss. net. cn/readnews. asp？ newsid = 20471。

久的农业生产历史和丰富的农耕文化内涵以及川西的风土民情。

特色饮食。其以成都市双流区的部分农家乐为代表。它们通过极富特色的餐饮来吸引游客。如部分农家乐推出的"一鸡五吃""一鱼四吃""一兔三吃"等菜式，吸引了很多游客前往品尝。而到黄甲镇吃麻羊，是不少成都人在冬至节的保留节目。黄甲镇的新皇城休闲庄，不仅做到了让游客吃到各种风味的羊肉，还以订单养殖形式连接100个麻羊养殖专业大户，吸纳了全县60%的麻羊，促进了当地养羊业的发展。

特色手工艺。此类旅游以传统手工业为依托，典型代表是眉山市青神县的中国竹艺城。中国竹艺城是在1984年竹编大师陈云华创建的"中岩竹编厂"的基础上投资600万元建成的，是一个集竹生态园林，竹编艺术品生产、展销与休闲娱乐于一体的农业旅游点，国家4A级旅游景区。竹艺城的创建者陈云华在不断更新技术、发展竹编艺术的同时，开始从事旅游接待，获得了较好的经济效益。与此同时，更加带动了周围农民的竹种植，促进了周边农民就业，带来了较明显的社会效益。

另外，还有自娱自乐型、农业科技游、特色主题型等农家乐。

3) 统筹城乡发展。在成都周边的郫县、温江、双流等地，近年来通过发展乡村旅游走出了一条极具本地特色的统筹城乡发展之路。景区带动型乡村旅游则以重点旅游景区为核心，引导周边乡村的农民参与旅游接待和服务。作为富民惠民的有力推手，景区带动型乡村旅游带动周边乡村的旅游住宿、餐饮、购物等服务产业，拉动农副产品、土特产品的销售，实现旅游景区和乡村旅游互补、互动发展，形成"开发一个景区，保护一方生态，带动一方经济"的良性循环。

4) 传承民族文化。四川省有着丰富的少数民族资源，特色村寨乡村游发展势头强劲。阿坝藏族羌族自治州的桃坪羌寨、甘孜藏族自治州的丹巴碉楼群、凉山彝族自治州的泸沽湖……少数民族聚居区乡村旅游特色非常鲜明。特色村寨的生产活动、生活方式、民情风俗、宗教信仰及各种传统节庆，每年都吸引了广大游客和研究者前来观光游览、康体娱乐、学习研究等。天府之国四川历史悠久，依托当地古蜀文化、巴蜀文化、三国文化、红色文化等历史文化资源，历史文化型乡村旅游独树一帜。在广安，邓小平故里牌坊新村就建成集"教育、观光、会议、休闲"于一体的红色旅游与现代农业旅游基地，吸引广大游客前来观光游览、学习研究。

5）不断拓展内涵外延，持续优化产业结构。依托地方产业基础，近年来，四川省深挖乡风民俗，利用花木、果木生长期，顺应节假日调整，整合资源，打造独具特色的四川乡村旅游品牌。

春赏花、夏避暑、秋采摘、冬年庆。从2011年起，四川每个季度都开展了主题鲜明、形式多样的乡村旅游节庆活动。据统计，2011年全省各地乡村旅游节庆活动共有150多个，做到月月有节庆，季季有主题，为乡村旅游发展营造了氛围，打造了品牌，吸引了客源，聚集了人气。

四川省乡村旅游已步入质量和数量并重、内涵和外延并重的发展新阶段。《四川省"十二五"旅游业发展规划》明确提出，到2015年，将结合新村建设、统筹城乡发展，创新乡村旅游开发模式，重点设1000个特色民族村寨、100个特色观光农业园、10个城郊型乡村旅游产业带，培育10大国际性的乡村旅游节庆活动。发挥其示范和引领作用，促进四川乡村旅游产业化发展，推动农村产业结构调整优化。

（2）主要启示。比较四川乡村旅游的发展，江西乡村旅游进一步发展需要解决的问题如下。①

1）强化乡村旅游行业管理、顶层设计，统一步调和布局。乡村旅游发展中普遍存在重效益、轻管理，重数量、轻质量的现象，许多地方没有制定具体的乡村旅游管理办法，这种无章可循、无法可依、自由发展的状况导致许多乡村旅游地处于自发、盲目、无序状态，一定程度上制约了乡村旅游的健康高效发展。一些乡村旅游区缺乏总体规划和统一调控，一哄而上、修路造房、重复建设、低层次开发、环境破坏现象严重，不仅造成资源、财力、人力、物力巨大浪费，也使乡村旅游产品品位不高、服务质量低劣、产品生命周期短，极大地影响了乡村旅游的可持续发展。

2）整合丰富的乡村旅游资源，开发高质量的乡村旅游产品。江西乡村旅游的深度发展，就是要充分整合丰富多彩的乡村资源，突出浓郁而真实的乡土气息，挖掘历史悠久、形态独特的农耕文化内涵，开发高质量具本土特色的江西乡村旅游产品，适应都市生活"新主张"需求，带动、引导市场需求向高品质发展。必须积极开发乡村观光休闲游、乡村

---

① 朱湘辉、张丹：《江西乡村旅游深度发展探析》，《农业考古》2008年第6期。

生活体验游、乡村民俗风情游、乡村文化互动游等一系列产品，展示江西独具魅力的古村古镇和乡村风情，依托中心城市南昌、九江、赣州，建设环城特色乡村、文化乡村、果业乡村、新型乡村旅游带；立足现代农业，大力发展南昌、井冈山等农业科技园现代农业观光旅游；整合特色规模果业资源，推出赣州－信丰－安远－寻乌脐橙观光农业旅游产品；挖掘名村名镇的文化内涵，重点建设婺源系列村镇、吴城、流坑、渼陂、钓源、瑶里、上清、安义古村群、汪山土库等一批在全国有影响的旅游名村名镇。

3）加大宣传，强化营销，积极开拓乡村旅游客源市场。加大国内、国际旅游客源市场的开拓力度，以"长珠闽"和沿京九线、浙赣线、长江带为重点，开拓国内客源市场，加强与周边省市的协作，形成开放、联动的旅游客源网络。继续巩固和大力拓展港澳台地区及东南亚、日本等传统国际市场，积极开发韩国和欧美等新兴市场。广泛开展营销活动，形成全方位、多媒体、多元化的区域联动促销，围绕乡村旅游营销，搭建政府推动平台、产品互动平台、信息共享平台以及形象共塑平台，进一步加大乡村旅游产品的对外宣传推介力度，大力开发国际和国内客源市场，拓展乡村旅游的市场。

4）做好培训工作，提高乡村旅游从业人员的素质。对从事乡村旅游工作的在岗人员进行专业培训，学习旅游政策、市场动态、经营和操作程序、环境教育等专业知识和相关知识，使他们真正能够承担开展乡村旅游的各项工作。培养高素质的专业管理人才，利用旅游院校培训班、专题讲座、学术会议等各种形式以及请进人才、派出学习等方法培养一批乡村旅游管理人才，注重旅游管理知识、文化、烹饪、接待礼节等方面的培训，提高乡村旅游的服务档次。从本地农民中培养一批导游人员，造就一批守法纪、有文化、懂技术、会经营、讲诚信的乡村旅游本土人才。

3. 湖南文化旅游发展路径与启示

湖南历史悠久，文化底蕴深厚，尤其是发轫于宋明兴盛于近代的湖湘文化和鼎盛于现代的红色文化，更是独领风骚，文化旅游资源有较强的品牌影响力，具有良好的发展文化旅游产业的资源条件。湖南省在发展文化旅游产业过程中，不断强化政府对文化旅游产业发展的宏观指导，努力提升旅游产业的文化品位，以历史文化名城为基地，构建全省文化旅游开发格局，精心打造精品旅游节会，加大对文化旅游资源的保护力度①。

（1）湖南文化旅游发展路径

1）塑造形象鲜明的主题。围绕"锦绣潇湘·快乐湖南"主题，创新宣传方式，拓宽宣传渠道，举办了"首届中国文化旅游节""中国湖南国际旅游节""中国（湖南）红色旅游文化节"等一系列大型主题宣传活动。通过举办节事型的文化主题活动，不断向世界展示历史悠久的湖湘文化和独领风骚的红色文化，提升了湖南文化的知名度，将文化旅游的进步根植于地方，成功打造出了一个古色、红色、快乐的湖南新旅游。此外，这一系列的宣传交流活动起到了走出去与引进来的作用，在不断向外界输出湖南文化、强化湖南形象的同时，也促进本土文化与优秀外来文化的融合，使湖南文化的中国范更浓、国际范更盛，给世人留下了鲜明的湖南印象。

2）不断完善产业体系。湖南大力实施项目带动文化旅游发展战略。自2009年起，每年推进大型文化旅游项目建设，把文化旅游项目与休闲度假、红色旅游、乡村旅游、温泉旅游、康体旅游等综合旅游项目结合，以历史文化名城为基地，拓展旅游空间，形成了"文化＋休闲度假""文化＋红色旅游""文化＋乡村旅游""文化＋温泉旅游""文化＋康体旅游"的大旅游格局，丰富了旅游产品，将文化旅游的产业体系延伸至相关行业，构建和完善了一个以文化为核心的旅游产业体系，显著提高了旅游效益。

3）发挥文化旅游产业投资基金的作用。2010年，由电广传媒旗下企业深圳市达晨创业投资有限公司为主进行投资管理、规模达30亿元的湖南文化旅游产业投资基金成立。该基金是由湖南省财政厅、省文化厅、省旅游局、长沙市人民政府等政府机构牵头，联合达晨创投、湖南高新投等机构共同组建的湖南省第一支文化旅游产业引导基金，采取定向私募运作模式募集，进行为期10年的封闭式管理。

湖南文化旅游产业投资基金将以湖南为中心点辐射全国②，利用金融平台进行收购兼并，不断提高文化旅游企业的规模和产业集中度。在

---

① 杨洪、邹家红：《湖南省文化旅游产业发展研究》，《产业与科技论坛》2008年第7期。

② 《30亿资金助推湖南文化旅游业快速发展》，中国投资咨询网，http://bm.ocn.com.cn/info/201012/wenhualvyou231346.htm。

政府的引导和支柱下，达晨创业投资有限公司可以充分利用其多年累积的管理经验以及专业投资优势，努力打造国内最大的专业文化旅游产业投资平台，加速湖南文化旅游产业的发展。湖南旅游产业具有很大的发展潜力，借助湖南文化产业的金字招牌，旅游业和文化的结合可以充分利用地区优势资源，凸显地方特色。该文化旅游产业投资基金的成立，为湖南文化旅游产业加速发展和进一步壮大提供了资金支持。该基金在2012 年度获得财政部 5000 万元的注资，并将获得更多的注资。在财政部的大力支持下，基金不仅扩大了融资渠道，充实了资本实力，还密切了与中央部门的协作关系，提升了基金的形象和品牌价值，扩大了基金在全国的影响力。

现阶段中国旅游业正处于转型时期[①]，文化和旅游两个产业的融合度日益提升，有条件的地区都在大力发展文化旅游业。和文化结合，能有效提升旅游产品的价值，延长旅游产品的盈利周期，未来我国各地文化旅游业仍有很大的发展空间。

（2）主要启示

1）设立江西文化旅游产业投资基金。湖南文化旅游发展的经验，特别是文化旅游产业投资基金的创立，值得江西学习与借鉴。

江西与湖南的人均 GDP 比较见表 3 - 3。

**表 3 - 3　江西与湖南的人均 GDP 比较**

单位：元

| 指标 | 2000 年 | 2005 年 | 2014 年 | 2015 年 |
|---|---|---|---|---|
| 江西人均 GDP | 4851 | 9440 | 34674 | 36724 |
| 湖南人均 GDP | 5425 | 10562 | 40271 | 42754 |

资料来源：湖南省统计局网站，http://data. hntj. gov. cn/sjfb/tjnj/16tjnj/indexch. htm；江西省统计局网站，http://www. jxstj. gov. cn/resource/nj/2016CD/indexch. htm。

表 3 - 3 的数据经统计学处理有显著差别（统计软件 SPSS 18 配对样本 $T$ 检验，Sig. =0.013），即湖南的历年人均 GDP 高于江西的历年人均 GDP，说明湖南省的经济总量在好于江西的情况下，仍然积极地采取多

---

① 《30 亿资金助推湖南文化旅游业快速发展》，新浪财经，http://finance. sina. com. cn/china/dfjj/20101224/09149157159. shtml。

渠道融资策略，为文化旅游的发展提供较好的资金保障。在人均 GDP 和经济总量与周边部分省份相比处于弱势的情况下，江西文化旅游产业想要破局，解决资金是一个重要且有效的方法。一方面，江西省财政厅、文化厅与省旅发委应当牵头募集首批文化旅游产业投资基金，将该基金委托江西省旅游集团运营管理，设立基金监管委员会，确保该基金的有效运用；另一方面，江西省应该积极借助相关国家政策，申请国家专项资金助力江西文化旅游事业的基础设施建设。

2）着力塑造具有本土特色的文化主题形象。江西自古以来就不缺文化①，浓厚的文化积淀使赣鄱大地一度成为中国南方的文化中心。对于博大精深的禅宗文化，源远流长的道教文化，名动中外的陶瓷文化，风骚绝代的才子文化，养生济世的中医药文化等，每个江西人都如数家珍。整合文化资源，凸显地方特色，塑造本土形象，是难点也是重点。首先，各地政府和相关文化旅游景区管委会要在原有的基础上对景区进行升级改造，突出文化味，在遍地开花的基础上做到遍地结果，形成一个个区域文化产业极核；其次，在此基础上，省旅发委进行顶层设计、高位推动，发挥文化旅游产业基金的作用，将各文化旅游产业极核连接成网络状发展模式；再次，向社会发布高额创意悬赏，广泛征集每种代表性文化的吉祥物，将江西文化融入各吉祥物之中，并申请专利，发展成文化旅游商品，将优秀精神文化进行物化。通过上述措施，形成具有江西特色的文化旅游发展模式和具有突出地方文化特征的各类吉祥物，具有江西本土特色的文化主题形象必将跃然于游客心中。

3）构建更加完善的文化旅游产业体系。发展文化旅游不是建造空中楼阁，在拥有文化资源的基础上，还要具备自身的造血功能，即优质的文化资源是完善的文化旅游产业的前提条件，更加完备的文化旅游产业体系是文化旅游发展的保障。首先，利用文化旅游产业投资基金引入大项目，以大项目为火种引爆文化旅游产业的发展；将重点文旅项目培育成区域增长极，形成产业发展的初级模式——极核模式，即初步的产业集聚。其次，利用极核的极化——涓滴效应向四周辐射，促进周边区域

---

① 《黄细嘉：怎样将海昏侯国遗址规划为世界级大遗址旅游目的地》，腾讯旅游，http://nanchang. ly. qq. com/a/20170828/087250. htm。

的文化旅游产业发展，并在它们之间构建产业联系，将产业体系发展成中级模式——点轴模式。最后，通过搭建产业通道，加强各区域之间的产业上下游联系和互补关系，将已经形成内部生态系统的各产业区域联系成一个整体，即产业发展的高级阶段——网状空间结构模式。江西已经培育出了若干文化旅游产业高地，如景德镇、龙虎山等，文旅产业正处于初级不平衡阶段，以大项目为引领，可以逐渐发展到高级网状平衡阶段。

4. 福建温泉旅游发展路径与启示

据福建省能源研究会地热专业委员会统计，福建高于 30℃ 以上的天然温泉出露点有 195 处，列西藏、云南、广东、四川之后，居全国第五位。为了更好地发展福建温泉旅游业，2010 年 12 月，《福建省温泉旅游发展规划》（以下简称《规划》）正式发布，规划范围为福建省全境。规划期限为 2011～2020 年。近期为 2011～2015 年，中远期为 2016～2020 年。几年来，福建的温泉旅游业已经得到长足的发展，给我们的启示如下。

（1）发挥区位优势。福建主要是打造海峡西岸多元化温泉产业集聚区，使福建温泉旅游成为海峡旅游品牌的重要支撑，把福建打造成为国际知名的温泉旅游目的地。江西温泉区位优势客观存在，温泉旅游地产品品牌影响力业已形成，但江西温泉及其旅游开发的研究，在中国知网能检索到的文献很少，说明温泉文化氛围不浓和温泉生活方式远未形成。如何发挥江西温泉的区位优势和倡导温泉生活方式，是江西温泉旅游业发展要关注的一个重要课题。所谓区位优势，通俗来说就是区位上的人无我有、人有我优，江西温泉旅游进一步开发需要因地制宜地发挥资源富集区的区位优势。九江、宜春、赣州是江西省内著名的温泉资源富集区，有着各自独特的区位优势。地理位置方面，九江位于赣北，是赣、鄂、皖、湘四省交界处，山江湖联动，旅游资源丰富；交通方面，扼长江主航道，京九线穿境而过；政策方面，既有省内的昌九一体化，也有国家级的鄱阳湖生态经济区和长江经济带等政策支持。九江的区位条件在各类要素中处于相对优势位置，这样就决定了九江适合发展市场型的温泉旅游。发展温泉旅游，发挥九江的区位优势，重点在于重视市场的作用，巩固一级市场，积极扩展二级市场，大打"客源牌"是九江发展温泉旅游的重要破局手段。宜春与赣州温泉资源的相同之处是都处于省际山区，资源优质，不同之处在于宜春温泉与明月山形成了良性互动。因此，宜春温泉旅游应该继续承接赣西旅游增长极——明月山的溢出效应，扩大与明月山形成的互补型旅游消费。综合来看，宜春温泉旅游适合发展寄生—互补型的温泉旅游。赣州的区位优势在于毗邻珠三角和海西地区，市场潜力巨大，区域内文化旅游资源和山地旅游资源丰富，能与温泉资源形成互补。因此，赣州适合发展市场—互补型温泉旅游。

（2）优先发展，突出重点。福建优先发展滨海温泉黄金休闲度假带[①]，包括福州、莆田、泉州、厦门、漳州沿海一带。这一带是福建温泉资源最为丰富的地带和福建经济最为繁荣的区域，是福建温泉旅游重点开发的地域，是打造世界知名的温泉旅游目的地的主要依托。突出的重点表现为：一是打造福州、厦门温泉旅游核心增长极；二是发挥功能性区位优势，打造四种不同功能的温泉旅游区，即闽中文化体验温泉旅游区（发展定位为文化体验，依托城市是福州、永泰、连江、闽侯、闽清、福清、莆田、仙游等）、闽南商务游憩温泉旅游区（发展定位为商务游憩，依托城市是厦门、漳州、漳浦、云霄、龙海、德化、南安等）、闽西客家风情温泉旅游区（发展定位为客家风情，依托城市是龙岩、永定、连城、上杭、长汀等）、闽西北生态养生温泉旅游区（发展定位为生态养生，依托城市是三明、清流、永安、大田、邵武等）。

江西优先发展的温泉黄金休闲带何在？江西温泉旅游资源较知名并形成一定规模的有：江西庐山温泉度假村、庐山龙湾温泉度假村、庐山国际阳光温泉度假村、庐山西海国际温泉度假村、江西明月山温泉度假村、东江源三百山温泉旅游度假区、安福武功山温泉度假村、汤湖温泉旅游度假村等。这些温泉旅游度假村（区）项目相对齐全，配套设施完善。显然，这些温泉所在的区域是江西温泉黄金休闲带需要优先发展的区域，江西将来重点发展"星月同辉"（九江市庐山市温泉镇和宜春市明月山温汤镇）、"八珠闪耀"（西海、石城县、安远县、新建县、临川区、铜鼓县、资溪县、安福县）、"十团互动"（商务休闲温泉、赣北时尚动感温泉、赣西名山度假温泉、赣西北生态休闲温泉、赣西南山水度假温泉、赣南南部客家

---

温泉、赣南东部丹霞古寨温泉组团、赣东文化体验温泉、龙虎山丹霞揽胜温泉、三清山名山观光温泉)、"六片共进"(北部片区的南昌市、九江市辖区及鄱阳县,特色产品是精致温泉休闲和时尚温泉会所;西部片区的宜春市、萍乡市、新余市辖区,特色产品是养生温泉;中部片区的井冈山市、吉安市所辖其他县,特色产品是溪谷温泉会所、红色风情温泉会所;南部片区的赣州市辖区,特色产品是客家温泉、山水温泉会所、围屋温泉会所、丹霞峡谷温泉会所、梯田温泉会所;东部片区的抚州市辖区,特色产品是临川文化温泉城、橘园温泉、古村温泉;东北片区的上饶市、景德镇市、鹰潭市辖区,特色产品是名山揽胜温泉、湖泊温泉)[①]。

5. 浙江森林旅游发展路径与启示

浙江省多山,森林资源相对丰富,在传承传统森林旅游同时,实施"一好二强三高"的促进森林旅游战略,使其森林旅游实现了更高质量的发展。

(1) 浙江的经验[②]

1) 强化森林旅游发展的协调性。浙江省森林旅游业发展和经济社会发展基本上是同步协调的,既没有明显的超前,也不存在明显的滞后。从旅游业占 GDP 的比重来看,是一个稳步上升的过程。

在协调方面,政府管理从"弱势部门"向"有为政府"跨越。通过集森林风景与旅游于一体的管理体制改革以及旅委会体制的探索等,浙江省在森林旅游管理体制上,形成了省、市两级行政管理相对统一规范,县级森林风景旅游一体化管理的格局。浙江省先后出台了《关于加快森林旅游业发展的若干意见》《浙江省森林旅游区质量评定管理办法》《浙江省森林旅游区质量等级划分与评定标准》等文件,明确了浙江省森林旅游发展的指导思想,规范了行业行为,协调了森林旅游发展的格局。

为了进一步提升森林旅游区服务管理水平,规范经营,在《浙江省森林旅游区质量评定管理办法》《浙江省森林旅游区质量等级划分与评定标准》等文件中,根据森林旅游的特殊性,引入空气质量、水体质量、噪声控制、空气负离子含量、土壤质量、舒适旅游期各项生态环境及保

---

① 邓燕萍:《江西温泉旅游资源深度开发策略研究——基于旅游转型升级的视角》,《求实》2011 年第 9 期。

② 中国旅游研究院编《旅游业发展的浙江模式》,中国旅游出版社,2011。

护指标，以展示生态环境的价值，把环境的价值上升到资源的角度。同时把森林作为主要的旅游吸引物，提高森林资源保护的要求，这一项目由森林防火、森林病虫害管理、植物多样性保护、野生动物保护、景观保护五大方面组成，体现了保护的重要性。在全省开展省级森林旅游区质量评定，设置星级森林旅游区，通过规范、申报、建设、评定，森林旅游区服务、管理等软件水平进一步提升。

2）内生性强和创新性强。在需求的内生性方面，2012年我国全年国内旅游接待人次占接待总人次近94%，国内旅游收入占旅游总收入约80%，而浙江省同一比例均超过90%，可见浙江省国内旅游发展速度总体上大幅领先于全国。在供给的内生性方面，浙江本地资本、人才构成浙江旅游业投资和经营管理的主体，和一些地区主要依赖外来资本和智力发展旅游业有明显不同。在创新性方面，如浙江建立的风景旅游一体化管理体制、旅委会体制，以及采取的客源地促销、产品多元化和转型、绿色饭店创建等举措，均在全国具有开创意义。

3）市场化程度高、融合度高和开放度高。活跃的市场经济是浙江省旅游产业发展的重要特征，特别体现在发达的民营经济在浙江省森林旅游业发展中具有举足轻重的地位；而且，即使是政府调控，浙江省也非常尊重市场规律，注重对市场需求的把握，更多的是通过制度创新来引导产业发展，以及运用经济杠杆来撬动市场，而不是以计划手段来取代市场。浙江省在推动森林旅游产业转型升级、发挥旅游产业综合功能方面也走在全国前列：一是注重旅游业发展和城乡建设的一体化；二是注重产业融合发展；三是注重集聚发展和集群发展。在开放度方面，浙江省不仅是我国旅游业国际化程度比较高的地区，也是我国旅游业发展中区域合作开展较早，最为成熟的地区之一。

（2）主要启示

江西的森林覆盖率达63.1%，在全国名列前茅。如何利用江西丰富的森林旅游资源，综观浙江森林旅游发展的路径经验，给江西发展森林旅游的启示如下。

1）加强协调管理。在江西森林旅游建设与发展中，政府管理层面，存在多头管理、行政主管与业务主管相分离、部门管理目标不一致等现象。如江西的某国家级森林公园，林业部门管森林保护（包括防火防虫管护等），旅游部门管旅游市场（包括收门票等），各主管部门分别在职责范围内出台了相应的管理规定。由于部门间的职责取向不同，存在开发与保护的冲突①。

2）加大旅游资源利用和基础设施建设力度。在自然保护区的实验区和各级森林公园，森林旅游资源简单利用，内涵建设和深度开发滞后，缺乏有地方特色的典型性旅游产品，基础设施简陋、接待设施简单、服务质量较低，"一流资源、二流开发、三流服务"现象比较普遍，不能有效协调生态环境保护和旅游资源开发的关系。在保护的前提下，发掘资源内涵，强化创意开发，加大旅游资源利用和基础设施建设力度，形成成熟的森林旅游区，势在必行。

6. 江苏休闲农业发展路径与启示

自 2005 年以来，江苏休闲农业发展迅速，截至 2013 年，江苏共建成 4150 个不同类型的休闲农业景点，创造了 7200 万人次的年客流量，综合收入达 230 亿元。到 2014 年，客流量同比增长 20%，约 8600 万人次，营业收入为 250 亿元以上②。截至 2015 年，江苏省已创建 13 个全国休闲农业与乡村旅游示范县和 24 个全国休闲农业与乡村旅游示范点。休闲农业点拥有量在国内各省份中位于前列。

（1）主要路径。一是注重政府引导和市场运作。开发休闲农业，政府的多方支持至关重要③。政府通过编制发展规划，制定服务规范，举办节庆活动宣传造势等，可以起到强力助推休闲农业快速发展的作用。同时必须考虑到休闲农业具有形式多样性，参与主体广泛性的特点，多方参与、市场化运作是休闲农业成功的关键。南京市在休闲农业发展初期，采取向社会公开招标的方式，启动市场化运作方式，以旅行社为依托，策划特色旅游线路，开展"休闲农业进社区"等一系列宣传促销活动，把休闲农业比较成功地推向了市场。事实证明，"政府 + 旅行社 + 景点 + 农户"合作发展休闲农业的模式是非常有效的，它将旅游目的地的旅游产品与旅游客源地紧密地联系起来，实现了企业、农户和游客之间

---

① 庄东泉：《推进江西森林旅游发展》，《中国旅游报》2012 年 8 月 8 日。

② 郭志海：《日本观光农业对江苏省现代农业发展的启示》，《江苏农业科学》2015 年第 12 期。

③ 《石阡县观光农业发展的调查报告》，豆丁网，http：//www. docin. com/p－727648563. html。

的良性循环，取得了"三赢"的效果。二是注重把握定位和理性开发。江苏在发展休闲农业中，遵循经济发展的客观规律，充分考虑区位、自然生态、民俗文化等条件以及投入能力、市场容量和环境承载能力等因素，因地制宜制定本地区休闲农业发展规划，明确发展方向和重点，合理布局产品和进行产业融合，做到量力而行，适度开发，分步实施，循序渐进。江苏以农业生产为基础，尽可能在农业现有开发基础上增加观光功能，帮助农民参与休闲农业建设，使休闲农业真正成为农民增收的新增长点；同时充分利用荒山、荒滩、荒地等后备资源，做好节约耕地、水土保持以及废弃物处理等环境治理工作，实现休闲农业与环境保护的协调发展。三是注重品牌创建和营销推介。大型的节庆促销活动，对于展示旅游目的地的形象，提高旅游目的地的名气，营造休闲农业的发展氛围，起到十分重要的作用。江苏每年举办近百个农事节庆（节会）活动，每个节会都以当地规模农产品和特有的农业资源为载体，通过主题鲜明、参与性娱乐性强、内容丰富的特色活动和旅游线路，拓展和挖掘农业旅游市场，使各地休闲农业提高了知名度，增强了吸引力。同时积极创造条件，组织申报和展示宣传全国农业旅游示范点、江苏省农业观光园、江苏省农家乐专业村，打造可信赖的休闲农业品牌，为全省休闲农业树立成功典型。

（2）重要启示。进入"十一五"时期，江西休闲农业逐渐起步；"十二五"启航，江西第一个全省休闲农业发展规划编制完成，在统一布局和重点扶持下，休闲农业呈现良好的发展态势，进一步转型提升发展，可以借鉴江苏的一些经验。一是要通过多种途径传导并普及休闲农业发展理念，说明江西具有发展休闲农业的优势条件与环境，宣传发展休闲农业是农业产业化和农业提质增效的有效途径，进一步激活休闲农业发展的资本市场，推动企业、农户和游客之间良性互动循环。二是要对休闲农业经营企业、农户和经营人员进行必要的培育，促进品牌建设并扶持休闲农业经济。三是要做好休闲农业经营风险的控制。在休闲农业迅速发展地区尤其是南昌市，存在的问题是经营点过于集中，或某些产品市场严重饱和（比如草莓采摘）。要通过优化布局结构，降低产品风险；推行"主导产业规模发展＋休闲农业精致经营"的模式，降低单一经营风险；注意经营细节，减小经营风险。

## 二　贵州旅游市场开拓路径与启示

贵州旅游资源富集、分布广、类型多、品位高、保护好，神奇的自然景观，浓郁的民族风情，深厚的历史文化，宜人的气候条件，构成了贵州省旅游发展的比较优势。近年来，贵州省强化旅游基础设施建设，深入实施精品战略，大力开拓客源市场，加强质量与管理，优化旅游消费环境，旅游业取得了长足发展。

（1）贵州旅游市场发展路径①

1）党政主导型战略得到进一步强化。在省委、省政府的领导下，贵州省形成了党委、政府分管领导和党委宣传部长共同抓旅游"三位一体"的领导体制；形成了宣传、文化、旅游、体育、农业"五位一体"发展旅游的推进机制；形成了发改、财政、国土、建设、林业、环保等部门各司其职、积极参与、密切配合的工作机制，在全社会形成了关注旅游、支持旅游、发展旅游的浓厚氛围。

2）牢牢抓好重大旅游项目招商与落地建设。把旅游项目建设作为促进旅游产业转型升级的有力抓手，高度重视旅游项目库储备、项目招商和落地建设工作。2015 年贵州省重大工程和重点项目中有 134 个文化旅游项目，占年度总项目数的 34.27%，年度投资额为 399 亿元，占总数的39.35%②。2016 年 5 月在深圳举办的"多彩贵州文化旅游专题招商推介暨签约仪式"上，涉及文化旅游、文化休闲娱乐等产业的 19 个项目签约成功，总投资额达 67.94 亿元③。

3）成功打造"多彩贵州"旅游文化品牌。深度挖掘贵州旅游资源、民族民间文化资源，开展"多彩贵州"歌唱大赛、舞蹈大赛、形象大使选拔大赛、小品大赛等一系列活动，组织大型民族歌舞诗《多彩贵州风》赴国内外巡回演出，开展"走遍大地神州·醉美多彩贵州"形象宣传，建立"深圳多彩贵州博览会"，筹建"多彩贵州"文化产业研发中

---

① 本案例主要由以下材料和最新数据整理形成：《贵州省旅游业发展情况》，浙江在线新闻网站，http://gotrip.zjol.com.cn/05gotrip/system/2012/11/27/018975221.shtml。

② 《134 个文化旅游项目被列入 2015 年贵州重大工程和重点项目名单》，网易旅游，http://travel.163.com/15/0227/14/AJFH261700064M2L.html。

③ 《贵州文化产业获重大进展　19 个贵州文化旅游项目签约成功》，贵阳网，http://www.gywb.cn/content/2016-05/13/content_4924504.htm。

心，注册"多彩贵州"商标，"多彩贵州"旅游文化品牌在全国的知名度和美誉度不断提高。

4）有效搭建旅发大会和"两赛一会"旅游发展平台。每年选择一个市（州）作为承办地，召开贵州省旅游产业发展大会，出台一个支持承办地加快发展的文件，集中力量推动承办地在旅游基础设施建设、生态环境建设、接待能力建设和旅游产业等方面提速发展。通过召开旅发大会，推动承办地精神面貌、城乡面貌、基础设施、接待条件发生根本变化。坚持每年举办旅游商品设计大赛、旅游商品能工巧匠选拔大赛和旅游商品展销大会，推动旅游商品发展，促进旅游发展方式转变。通过举办"两赛一会"活动，在全省培育了一大批企业、个体工商户从事旅游商品生产与销售，促进了旅游经济的繁荣和旅游购物收入的逐年增长。

5）持续开展"整脏治乱"专项行动和"满意在贵州"主题活动。通过"整脏治乱""满意在贵州"主题活动的持续开展，整治城乡卫生环境，优化旅游服务环境，对改善人民生活、改进机关作风、优化投资环境、提升贵州形象产生了积极而深远的影响。自2011年起，全面铺开旅游行业"十佳文明"创建评选活动，动真格、出重拳推进旅游企业准入退出机制和旅游星级饭店质量检查复核，旅游配套服务设施趋于多样化、规模化和品牌化，旅游品牌形象和服务质量得到明显提升。

6）始终把市场开拓作为旅游产业发展的首要任务。每年坚持由省领导带队赴环渤海、长三角、珠三角等重点客源地进行旅游文化推介，加强美国、加拿大、法国、新加坡、日本和中国香港、中国台湾等市场的宣传促销。推动开通贵阳至台北、台中旅游包机，加密航班班次，拓展境内外旅游市场。与央视、凤凰卫视、新浪等主流媒体及新兴媒体的密切合作，强力推介了"走遍大地神州·醉美多彩贵州"旅游品牌，促进了旅游与文化的深度融合，贵州旅游的知名度、美誉度持续攀升。

7）着力加强旅游基础设施和接待条件建设。以"全国七大旅游基地"和"十大旅游重点工程"为重点的旅游项目加快建设，逐步形成了休闲度假、文化体验、乡村旅游、康体运动、会展商务、科考探险、生态观光、自助自驾等多元化的旅游产品，涵盖全省的6条精品旅游线路，推出了"春赏花、夏避暑、秋风情、冬温泉"的四季旅游品牌。致力于改善以交通为重点的基础设施建设，特别是高速公路和支线航空建设步伐加快。2017 年全省高速公路通车总里程超过 5800 公里，"十三五"末高速公路里程或超过一万公里；全省铁路营运里程超过 4000 公里；航班与景区交通的条件显著改善。凯悦等一批国际知名品牌酒店入驻开业，港中旅、国旅等旅游集团落户贵州，全省旅游服务接待设施不断完善。据统计，截至 2015 年，全省有星级饭店 344 家，旅行社 270 家，A 级景区 124 家，旅游车辆突破 1000 辆。

8）高度重视旅游人才培养。建成贵州省旅游学校清镇校区，编制了"十二五"旅游人才发展规划，与贵州师大合作共建"贵州旅游管理学院"，与大专院校共同研究、建立旅游产学研和订单培养人才的新机制。组建"贵州导游研修中心"，创建"旅游论导"培训品牌。2011 年全年组织及指导培训各类旅游人才 6.6 万余人次，一批涉及旅游工作管理、旅游项目规划策划、旅游产品建设、旅游商品开发、旅游市场营销、旅游产业经营管理、导游讲解和旅游能工巧匠等领域的人才脱颖而出，成为大力推动旅游业发展的主力军，极大地激发了加快旅游强省建设的内生动力。

（2）主要启示

江西学习贵州开拓旅游市场的经验，给我们的启示如下。

强化"江西风景独好"旅游品牌影响力。各行各业无数的实践证明，品牌的力量是一种至关重要的文化软实力，增强江西旅游品牌影响力最重要的是刮好"江西风"。省旅发委应该继续组织好各地市旅游部门在我国主要中心城市和人口密集区举办"江西风景独好"推介会，同时也要更加利用好各大旅游展销会，让"江西风景独好"成为江西最广为人知的广告语。向国内主流媒体持续投放江西旅游宣传片，不断提升江西在媒体受众心中的存在感与好奇感。

更大程度上释放旅游市场活力。我国公休假期时间总量较多，这是国内旅游市场开拓的推动剂。随着高铁和动车组列车的逐渐普及，国内旅游交通已经十分便利，原先一些所谓中远程市场已纳入"半日行旅游经济圈"市场，争取国内假期游客和高铁客源这一巨大客源市场，是进一步拓展江西旅游市场的重要领域。为此，要在思想上高度重视国内大中城市市场的开拓，加强基础设施的改善和接待设施的优化，提高服务质量和水平。对内加强旅游经营主体和企业间的合作，对外加强区域合作，不断巩固老市场，开拓新市场，在江西红土地上释放大市场的活力。

实施江西旅游国际化战略。中国旅游发展的大趋势越来越显著地表明，旅游业正面临巨大的国际化机遇，在江西省出境旅游人数逐年增加的同时，入境游客量也在快速增加。江西应当顺应中国旅游发展趋势，承办有国际影响力的活动，加强与主要客源国的交流合作。此外，还可以在北京、上海、西安等国际旅游目的地举办针对外国游客的旅游推介活动，积极承接国际游客的溢出。

总之，通过各种途径把江西的旅游作为一个整体向外界推广，扩大旅游品牌的影响力；重视公休假期与高铁的市场因素，努力扩大旅游消费市场；通过加大宣传力度和国际交流合作、承办有国际影响力的活动、开展网络营销等，增强江西国际旅游的知名度，实施国际旅游促进战略。这些均是江西加快旅游强省建设的必要举措。

## 三　广东旅游企业培育路径与启示

这里所指的旅游企业是直接服务于旅游活动的企业，包括旅行社、饭店、餐馆、旅游景区购物场所（商店）、旅游交通公司、旅游景点、城市休闲区、娱乐场所等。

发达国家对企业的培育，主要通过自由发展和政府扶持两种模式，自由发展模式是指企业在市场竞争中靠自身力量不断壮大，形成强势企业。政府扶持模式是指在经济发展中，政府根据提高国际竞争力、产业政策等需要，通过法律、优惠政策等扶植一批企业。两种模式各有特点，前者周期较长，但主业系统性较好。后者周期较短，但主业的优势是能够较快形成市场需求。

2012年12月，中国旅游研究院武汉分院发布的《中国旅游业发展报告》显示，我国旅游业综合竞争力在地理空间上表现为东部最强、中部居中、西部相对较弱。广东省旅游业的综合竞争力、现实竞争力、发展环境竞争力排名均处于全国第一的位置。这些优势对广东旅游企业培育起到积极作用。

1. 综合竞争力与旅游企业的培育

关于综合竞争力的量化分析，黄宏亮（2003）在总结国内外学术成果的基础上，提出的计算方式是区域某项经济的产值与该区域经济总体产值的比值。关于旅游业综合竞争力，彭丽粉（2009）认为旅游收入、游客数量、旅行社的发展等是其主要因素。关于发展环境竞争力与旅游企业的培育，孙永龙、张华明（2006）也基本使用了上述要素进行研究，结果表明旅游企业的培育与综合竞争力（或称为外部环境竞争力）密切相关，表现在基础设施方面。因此，广东的旅游业综合竞争力强势与广东省的综合竞争力分不开，它为旅游企业的自我发展和政府的培育奠定了坚实的经营基础。表3-4说明，区域的经济发展与旅游经济的发展是并行的。这里采用广东省 GDP、旅游收入、旅行社数和星级宾馆（酒店）数、旅行社接待人数来反映旅游企业的发展。

**表 3-4　广东 GDP 与旅游企业发展关系**

| 指标 | 2000 年 | 2005 年 | 2010 年 | 2011 年 |
|---|---|---|---|---|
| 旅游收入（亿元） | 1149.95 | 1882.60 | 3809.44 | 4835.27 |
| GDP（亿元） | 10741.25 | 22557.37 | 46013.06 | 53210.28 |
| 旅行社数（个） | 504 | 884 | 1292 | 1394 |
| 星级宾馆（酒店）数（个） | 750 | 1128 | 1209 | 1156 |
| 旅行社接待人数（万人） | 653.41 | 1538.49 | 2409.36 | 2726.23 |

表 3-4 的数据经统计软件处理（SPSS 16）表明，旅游收入增长、旅行社数的增加、宾馆（酒店）接待能力的床位数与 GDP 的增长密切相关，相关系数分别为 0.993（Sig. = 0.007）、0.989（Sig. = 0.011），0.995（Sig. = 0.005）。星级宾馆（酒店）数的变化与 GDP 的增长没有显著关系（Sig. = 0.194），旅行社的发展与广东的旅行社接待人数相关系数为 0.999（Sig. = 0.001），两者几乎呈因果关系。

显然，广东旅游企业的发展在旅行社方面受 GDP 的增长影响较大，反映宾馆（酒店）接待能力的床位数与旅行社数同步发展。但这些变化还不足以说明广东对旅游企业质的培育变化，包括重点培育大型旅游企业、打造特色旅游产业集群。

2. 重点培育大型旅游企业

经济全球化对所有的企业都提出了一个如何在全球竞争中争取自己的生存和发展空间的问题。在全球化市场上，大企业无疑具有非常强大的竞争优势。大企业就是国家实力的表现。培育具有国际竞争力的大企业，既是我国产业组织结构调整的方向之一，也是推进产业升级、提升我国整体经济实力的重要依托。广东为了提高旅游企业质的发展，在"十一五"期间，就明确规划打造一批大型旅游企业，典型代表就是深圳华侨城、广州长隆、广东中旅等一批大型旅游企业。

（1）发挥国资委大型企业的优势。典型企业是深圳华侨城股份有限公司。该公司于1997年9月2日成立，由国务院国资委直属的华侨城集团公司独家发起募集设立。1997年9月10日，公司5000万社会公众股在深圳证券交易所挂牌上市。上市以来，公司通过IPO、配股、发行可转换公司债券、发行认股权证和发行限制性股票，为华侨城旅游事业的发展募集了大量资金。从2007年开始，为贯彻落实国务院国资委关于支持中央企业主业整体上市的指示精神，公司全力推进华侨城集团主营业务整体上市相关事宜，并最终于2009年宣告完成。完成整体上市后，公司总资产约310亿元，净资产约110亿元，总股本达31亿元。作为控股型集团公司，公司主要从事旅游及相关文化产业经营、房地产及酒店开发经营、纸包装和印刷等产业的投资经营。截止到2017年，华侨城集团公司官网（http://www.chinaoct.com/）显示其包括文化产业、旅游产业、新型城镇化、金融投资、电子产业五大运营中心。广东为其投资控股和参股深圳的旅游业提供了条件。以深圳华侨城为例，锦绣中华、世界之窗、欢乐谷等著名旅游企业都坐落在华侨城内。华侨城城区旅游项目现已超过20个，形成了以文化旅游景区为主体，其他旅游设施配套完善的旅游度假区。2016年，华侨城奋楫扬帆，主要经营指标均实现了较大提升。公司全年实现营业收入354.81亿元，同比增长10.07%；实现归属于上市公司股东的净利润68.88亿元，同比增长48.44%，基本每股收益0.84元，同比增长31.79%[①]。

（2）打造大型本地优秀民营旅游企业。典型企业是广东长隆集团。该集团创立于1989年，集主题公园、豪华酒店、商务会展、高档餐饮、娱乐休闲等营运于一体，是中国旅游行业的龙头集团企业。长隆集团坚持"高举高打，以世界眼光谋求企业自身发展"的经营战略，创造了无数世界第一和行业奇迹。目前，长隆集团旗下共拥有广州长隆旅游度假

---

① 《公司简介》，深圳华侨城股份有限公司网站，http://www.octholding.com/category.aspx?NodeID=7。

区与珠海长隆国际海洋度假区两大世界顶尖综合旅游度假区，依托粤港澳的国际性区位竞争优势，长隆集团珠海板块和广州板块联动发展，协同互补，组成了一个更加宏大和顶尖的中国长隆旅游目的地，标志着中国有了第一个跻身旅游产业规模化经营的世界级民族品牌。

该集团的培育历程是：2000 年从野生动物世界科普教育基地做起；2001 年发展国际大马戏作为重要的文化名片；2003 年成为优秀民营企业和广州市著名商标；2004 年建成文化产业示范基地；2005 年被评为广州最佳主题酒店（含广州市百强民营企业、百佳餐饮企业、十大最具魅力酒店）；2006 年长隆欢乐世界成为最佳旅游景区、年度中国广州最具竞争力旅游品牌、中国酒店星光奖最佳主题酒店，长隆国际大马戏成为中国广州最具竞争力文化品牌；2007 年被评为全国旅游系统先进集团，长隆欢乐世界被评为国家 5A 级景区；2008 年长隆欢乐世界成为广东先进游乐园（含广州长隆旅游休闲度假区被评为"广东自驾游十佳线路"、广东省百强民营企业；麒麟中餐厅获得"百佳餐饮"称号；白虎西餐厅获得"百佳餐饮"称号；长隆水上乐园 2008 年度获"全球必去水上乐园"大奖、行业创新奖等）；2009 年成为最佳休闲旅游景区（含长隆酒店"世界酒店五洲钻石奖十大特色精品酒店"称号等）；2010 年长隆酒店获"2009 - 2010 中国饭店金马奖"之"中国最佳生态主题酒店"及"中国最佳度假酒店"；2011 年长隆集团被评为"2011 中国·广东旅游总评榜"年度十大最受欢迎景区，获得年度最受欢迎旅游品牌大奖；2012 年长隆酒店获得第十二届中国饭店金马奖——最佳单体酒店奖；2013 年长隆酒店蝉联"中国最佳主题酒店"大奖。经不懈努力，长隆集团在所有员工的共同努力下，已经成为文化部的"文化产业示范基地"和广东省"科普教育基地"，并先后被省、市政府授予"优秀民营企业""先进民营企业""广东省文明风景旅游区示范点""大型优秀本地民营企业"称号。其下属企业有：广州香江野生动物世界、广州长隆夜间动物世界、广州鳄鱼公园、广州长隆酒店、香江大酒店、香江海鲜酒家、长隆高尔夫球练习基地（全球最大的高尔夫球练习场）等。

（3）培育用户满意服务明星企业。典型企业是广东省中国旅行社股份有限公司。该公司被誉为"华侨之家"，成立于 1956 年，是经国家旅游局批准的国际旅行社。其培育历程是：打造全国第一家专事旅行社资本运营的广东中旅旅行社管理有限公司（2002 年）；启动全国同行中规模最大的旅行社业务流程重组（2003 年）；成立广东省旅游业第一家航空包机公司——广东中旅航空服务有限公司（2003 年）；在广东省首先推出 6636888 手机短信服务，让消费者随时随地获取旅游资讯及预订服务（2003 年）。至 2004 年 4 月，广东中旅控股、参股海内外旅行社达 16 家，在广东省拥有最多控股、参股旅行社。2007 年 1 月，由广州市旅游局和广州地区旅行社协会共同组织的广州旅行社诚信测评中，广东中旅取得 56 家入围旅行社总分排名第一的成绩，取得"广州市诚信旅行社"光荣称号，并获得广州旅游业唯一"用户满意服务明星企业"称号。此外，广东推动实施旅游行业标准化，进一步促进了公司的规范经营和规范服务，配合公司的一系列"新、奇、特"大型旅游项目，如"千人游广州""丽星邮轮海上婚礼团""百人自驾粤北行""保卫母亲河——可可西里环保考察团"等，实现了旅游项目与文化内涵、经济效益与社会效益的成功结合，对推动"广东人游广东"，引导国内旅游市场起到了重要的示范作用。至 2010 年，该公司在全国百强旅行社中排名第一位，是出境游全国旅行社十强。此外还获得以下广东省行业最好成绩：2011 年度"全国利税十强旅行社"广东第一，2012 年度"全国百强旅行社"广东第一，2013 年度"全国旅行社百强名单"广东双项第一，"全国旅行社集团十强"广东第一，"全国旅行社税收十强"广东第一①。到 2017 年，集团拥有了涉及酒店、地产、旅游（娱乐）的 15 个企业。

3. 培育旅游产业园打造特色旅游产业集群

典型案例是梅州客天下旅游产业园。该园已创建了 1 个国家旅游产业集聚（实验）区和 5 个广东省旅游产业集聚示范区，产业集聚效应凸显。借鉴第二产业发展园区化、集聚化的经验，大力发展旅游产业集聚区，已成为当前广东省重大旅游投资的主要特征之一。

培育旅游产业园的做法主要如下。

（1）以产业转型升级为重要抓手。2005 年以前，广东旅游业还缺乏产业集聚，大部分产品严重依赖门票收入，产业链不够长，辐射力不够大，缺乏强大的市场竞争力。经多方考察论证，广东旅游人认识到，集

---

① 《关于我们》，广东中旅网站，http://www.gdcts.com/main/disInfo？infoid＝28。

聚发展是当今世界产业发展的主要形态之一，也是旅游业从传统产业迈向现代产业的现实路径。2006 年，广东把建设产业集聚区作为推动旅游产业转型升级的六大切入点之一。随后，梅州客天下旅游产业园、湛江东海岛旅游产业园、佛山南海旅游产业园等项目相继启动建设。2012年，广东中旅南海旅游产业园挂牌成立；2014 年广东组建旅游产业集聚发展协同创新中心，产业集聚与产业创新效应凸显。

经过数年建设，广东省旅游产业园项目初显成效。由广东中旅投资60 多亿元打造的佛山南海旅游产业园在 2010 年被国家旅游局授予全国首个"国家旅游产业集聚（实验）区"称号，并被广东省政府列入省现代产业 500 强和现代服务业 100 强项目。截至 2012 年，广东省已建成 1 个国家旅游产业集聚（实验）区和 5 个广东省旅游产业集聚示范区，广东省重大旅游投资逐渐向旅游产业集聚区转移。

与一般单个的旅游项目相比，旅游产业园最大的特点在于旅游项目与产品的集群。以往旅游产业的开发，基本采取逐个项目、逐个景点开发的方式，项目之间没有形成集群效应。就地方政府而言，发展旅游产业园能够很好地整合当地丰富多样的旅游资源，融合其他涉旅资源，组合建设旅游产品，甚至形成上下游产业链，避免旅游资源的无序开发。与工业园相比，旅游产业园基本没有污染，还能制造较大的带动效益，这对于正处于寻求经济发展转型升级的地方政府来说，无疑是受欢迎的绿色经济发展模式。

佛山市南海区西岸村生态资源优良，曾有很多房地产开发商对这里颇感兴趣，三番五次前来洽谈开发西岸村，但当地政府不为所动，20 多年坚守不放。直到广东中旅提出要在此投资建设旅游项目，并提交了《南海西岸旅游产业园项目规划》后，当地政府才同意立项开发西岸村。根据规划，南海区政府算了一笔账，等旅游产业园建成后，每年将给当地带来 130 亿元的收入，这远比短期的房地产开发划算①。

（2）综合举措促进旅游产业集聚建设。旅游产业集聚区是创新型旅游产业发展形态，它以高标准规划、高端化运作、集群式发展、密集型资金投入为依托，构建面向大区域全时空的多样化、现代化、品牌化旅

---

① 郭光明、张侗：《广东：旅游产业集聚效应凸显》，《中国旅游报》2012 年 10 月 19 日。

游产品、活动和项目，形成主题形象鲜明、文化概念突出、产业服务链完备的综合型旅游产业集群区域。实施旅游产业集聚，绝不是简单"多上项目，造大景区"，而是推进旅游产业转型升级与提质增效，创新发展模式的新实践。关键在体制、政策、管理、人才等方面有所突破，提供保障，协调推进。

在旅游产业园建设过程中，广东也遇到了不少难题，如集聚区公共基础设施配套投入大，需要政府公共财政的大力支持；旅游集聚区是新的产业业态，需要政府出台类似高新技术产业开发区、产业转移园区等综合配套支持政策；集聚区旅游用地规模大，建设用地和非建设景观功能用地同时并存，用地模式、类别、机制、管理等与其他产业园区有明显差异，现有的土地管理方式导致集聚区旅游用地报批依据不清、与法定规划协调难、综合用地成本高、后续关涉问题多等问题，需要政府在旅游产业用地管理上以与现行政策相衔接、可解释的方式予以解决；有关集聚区的学术理论研究少，需要结合旅游产业特点，开展旅游产业集聚的前期研究和政策指导。

由于全国旅游产业集聚发展的范例很少，广东是在探索中前行。近年来广东旅游业以转型升级谋发展，以发展促转型升级，推动旅游产业集聚，进行了有益探索，取得了一定成效，形成了集聚效应。以江门市新会区旅游产业集聚发展为例，新会打造了"古兜温泉—银湖湾—银洲湖—圭峰山旅游产业集聚区"。目前，该聚集区已形成了旅游大项目、大企业的集聚效应，引进了银湖湾游艇休闲度假村等大项目，同时吸引了香港和记黄埔集团等名牌企业入驻。香港和记黄埔集团投资 21 亿元打造的银湖湾游艇旅游度假区，建成包括滨海酒店、游艇度假区、会展中心在内的高端旅游度假区，该度假区拉动了区域内旅游制造业、房地产业、现代服务业的发展，特别是游艇制造企业、服装制造企业、食品制造企业已颇具规模。

（3）打造特色旅游产业集群①。在政府引导、业界实践的基础上，广东省旅游业正在大步向"大规模、大项目、大产出、大效应"方向迈进，形成了一批旅游产业集聚发展的成熟业态，如深圳华侨城—东部华

---

① 郭光明、张偶：《广东：旅游产业集聚效应凸显》，《中国旅游报》2012 年 10 月 19 日。

侨城、广州长隆旅游度假区、珠江江口西翼温泉产业带（含海泉湾）、深圳观澜—东莞塘厦高尔夫产业带、梅州雁洋—客天下主题产业带等。

尤为值得一提的是，深圳华侨城—东部华侨城这一区域已构筑非常完善的产业链，不仅融合了旅游的六要素，同时还吸引了不少相关企业在周边集聚，如华侨城医院、暨南大学深圳旅游学院等公共资源以及万科东海岸等地产项目。华侨城建立之初便将目标投向了旅游业。当别人忙着盖楼时，华侨城却忙着种树、种草，改造周边的环境。深圳华侨城内的产业活动单位涉及 16 个行业，如餐饮、住宿、创意、零售、教育、医疗等行业，产业部门结构具有覆盖面广、成长性高和关联性强的特征，表明华侨城的产业结构已由 20 年前单一型产业结构，转变为多产业发展的混合型产业结构。

除此之外，长隆集团投资 100 多亿元的珠海横琴岛海洋世界项目、深圳龙岗旅游产业园项目、河源的东江·巴登城项目、湛江东海岛产业园等，也都逐步发展成为旅游产业集聚区。

2012 年初，广东省财政安排 12 亿元专项资金，重点扶持 2 个广东省滨海旅游产业园和 2 个广东省生态旅游产业园，旅游产业园建设再掀高潮，为广东省旅游产业再创辉煌提供强大推动力。

4. 对江西旅游企业培育的启示

江西旅游企业与广东比较，不但数量少，而且规模小。学习广东的经验要根据江西的实际情况，创新有江西特点的旅游企业培育路径，促进江西旅游企业的发展。

（1）规模化旅游企业的培育路径。受整体经济发展水平相对落后的约束，江西的规模化旅游企业要得到较大资本的支持，有一定的困难，其培育路径有两种方式可供选择。一是利用自有资金和风险投资，对其他企业授权、许可，进而合资与合作，在条件成熟时进行并购或扩张，最终形成核心企业。这一路径适应产品品牌较为坚挺、竞争对手较少的企业。二是利用自有资金和风险投资，全部利用自有产品经营和发展，企业的独立性较牢固地掌握在自己手中，不授权其他企业，在发展中逐渐形成自己的核心产品。这一路径适应自有资金能够满足自身发展需要，营销网络相对完整，并随产品的延伸逐渐得到发展的企业。例如，由江西宾馆、青山湖宾馆、江西省海外旅游总公司、江西省中国国际旅行社等多家江西省内重量级旅游企业重组而成的赣旅集团，是江西省首屈一指的强势旅游企业，初期建立时，年营业收入就达到 10 亿元规模。

（2）培育特色产业集群。在现有条件下，培育更多的江西大型酒店、旅行社型旅游企业不现实。因此，江西旅游企业的培育重点，应放在江西特有的资源型旅游产业集群上，包括鄱阳湖生态旅游产业集群和红色经典旅游产业集群等。在 2015 年全国旅游工作会议上，时任江西省副省长朱虹提出要在江西规划建设 35 个旅游重点产业集群，促进江西旅游产业集群由点—轴模式发展为网络模式。例如，宜春市明月山、樟树、靖安、禅宗文化四大旅游产业集群新引进了中源国际滑雪场、三爪仑旅游小镇等极具市场竞争力的特色新业态旅游项目 10 个，在建旅游项目 93 个，其中超 10 亿元的有 14 个。宜春四大旅游产业集群的建设将开发本地特色资源重点，培育特色产业集群，形成网状发展模式。

时至今日，我国的经济实力和国际影响力都有很大的增强，江西旅游产业的发展要随着消费结构的升级、旅游产品功能的升级、旅游产业链的升级、旅游营销策略的升级而进一步推进江西"风景"独好的旅游产业，增强江西旅游产业的魅力和实力。

# 第四章　江西旅游产业发展战略思路与模式

政府主导是我国旅游产业发展普遍采用的战略。学者们普遍认为，以政府为主导的旅游产业发展战略，就是以旅游产业特色为基础，在以市场为导向开展旅游经济活动时，积极发挥各级政府的主观能动性，争取旅游产业更快更好发展。其实，在当代旅游产业快速发展的背景下，政府主导意味着，一方面，既要通过政府的正确引导和政策、资源的倾斜，使得旅游业能快速、持续发展；另一方面，更要依托政府的宏观调控，使得旅游业发挥其社会经济效益，带动其他产业发展，与其他产业同步发展，一起调动社会能动性，促进社会积极、正面发展。我国旅游产业发展战略是建立在对国内外政府管理经验的借鉴基础上，始终坚持政府主导型的一种发展战略。在以市场为基础配置资源的前提下，充分、合理地发挥政府的领导能力，积极引导、规范各旅游市场主体的行为，以实现旅游资源的配置达到或接近最优状态。江西旅游产业从一开始，就坚持政府主导型战略，并在实践中不断创新发展思路和模式。

## 第一节　指导思想

在新时期的发展机遇下，把培育富有特色和竞争力的旅游产业，作为促进江西基础设施建设、生态环境建设和产业经济结构升级的重要途径和切入点，以实现江西从资源大省向产业大省的转变，并实现产业结构转型升级。

旅游产业的发展，要以政府的旅游经济理论为指导，进一步发挥政府主导作用，挖掘社会各方面的积极性，实施"旅游强省"战略，注重经济效益、生态效益和社会效益三者的共赢。在以市场为导向的基础上，依托省内各种资源，深度发掘旅游产品，抓效益，促改革，完善旅游产业结构和功能的转型升级，大力开发省内旅游精品，努力开拓多方客源市场，提高旅游队伍素质，加强生态保护，促进旅游业快速、健康、持续发展；使旅游产业成为促进国民经济健康发展的先导产业、促进江西生态文明先行示范区建设的支撑产业、江西绿色崛起的文明产业、脱贫致富和改善民生的幸福产业，为促进国民经济和社会发展做出更大贡献。在旅游资源开发与旅游产业建设上，必须解放思想，转变观念，树立旅游富民强省的全新发展观，要有大气魄，下大力气，实施大举措，走多维业态融合之路，真正把2013年确定的旅游强省战略落到实处。

根据上述指导思想，江西旅游产业发展要努力做到如下内容。

1. 坚持可持续发展理念。丰富独特的旅游资源是江西旅游产业发展的重要条件和基础。旅游资源开发，必须以不牺牲子孙后代利益为出发点，按照生态环境的承受力和旅游资源的可持续发展，在严格保护的前提下，适度开发利用，禁止一切破坏性的短视行为，依法合理开发，积极促进旅游产业与经济、社会文化和生态资源的协调发展，最终达到人与人之间、人与自然之间和谐共进。

2. 坚持突出资源特色并注重培育旅游精品名牌的原则。一方面，江西现有自然资源和人文资源具有种类多样性、品质优良性、结构明晰性、地域代表性、形式美观性和内涵典型性等显著特色。各地旅游开发要充分反映当地自然景观、人文景观的地域特色，深刻发掘旅游资源的独特意蕴，从整体上促进江西旅游产业合理布局。旅游项目的建设应力求以市场为导向，以文化为灵魂，以产品为抓手，积极引导各类社会资源向优势点和"瓶颈区"聚集，着力开发建设一批品牌形象突出、服务档次高、创收创汇能力强的旅游精品，特别是重点开发符合21世纪发展潮流的生态旅游产品、高档次和高品位的专题旅游产品，从根本上改变旅游资源粗放式开发状况。另一方面，在坚持"红色、绿色、古色"等传统旅游产品的同时，应该以江西特有自然山水资源为基础，积极培育新兴休闲度假旅游。目前国内已有多个城市确定了以休闲产业促进第三产业的发展，进而带动国民经济的全面发展的方式。例如成都、杭州等著名旅游城市已将自身发展定位为"休闲之都"，以休闲为目的的旅游形式也正在成为对当代人旅游出行的主要吸引力。21世纪初，江西就提出打造成为沿海先进发达地区休闲度假旅游"后花园"的发展目标，江西山青水秀，生态优良，大气、水体、土壤、阳光等均未受到过度工业化、粗放农业产业化的污染，所以省委、省政府在把脉江西优势时，充分认识到生态环境是江西第一资源、第一优势、第一品牌。这足以说明江西具有无法替代的休闲旅游资源优势。应该充分利用这一得天独厚的优势条件，打造和培育一批休闲度假精品旅游区，促进旅游产业转型升级。

3. 坚持旅游产业内部结构优化合理的原则。江西各地旅游项目的建设，必须树立大旅游市场观、资源观和发展观，建设大产业，在食、住、行、游、购、娱六大部门之间构建合理的产业互补关系，提高整体产业素质，以保证旅游服务产品结构的最优化和旅游服务能力的最大化。在明确旅游产品与客源市场定位格局的前提下，根据各个不同时期旅游需求结构的动态变化趋势，结合环境容量指标，配置相应的旅游接待服务设施和基础设施，最大限度地发挥各种投入资源的效能，充分地满足市场需求，极大地创造应有的效益。

4. 坚持旅游开发与扶贫富民相结合的原则。2014 年 2 月，江西省旅游发展委员会成立后，就把旅游扶贫写进了"三定"方案，使之成为省旅发委职能转型的重要内容。在一系列强有力的举措之下，应该遵循因地制宜的原则，结合贫困乡村的各自特点，精准扶贫。既要输血，也要造血。通过旅游产业发展，资源优势转化为优势资源、生态效益转化为经济效益。同时，结合新形势下的新要求，不光要做到旅游产业扶贫，还应该做到生态扶贫、精神扶贫，使旅游扶贫成为江西扶贫富民攻坚的"主力军"。

## 第二节　战略思路

### 一　多产业融合发展战略

江西旅游产业底蕴深厚，红色、绿色、古色交相辉映，这种独具特色且丰富多彩的资源为旅游产业的融合发展奠定了基础。在当今大区域旅游的背景下，除了传统旅游产业之间的通力合作、共同开发之外，旅游产业的发展更离不开其他产业的参与和配合。旅游与体育、节庆、会议、电影等其他行业的互相融合，延伸了产业链，也使得各种资源产生叠加效应，优势互补，相互促进，提高旅游经济的综合效益。

## 二　生态旅游优先战略

作为农业大省，江西有着丰富的农业旅游资源和保护完好的自然风光。截至 2015 年，江西省完成植树造林 214.7 万亩，森林覆盖率居全国第二位，全省森林蓄积量达到 4.45 亿立方米，居全国第九位，全省已建成国家级自然保护区 14 处、省级 38 处，国家森林公园 46 处、省级 120 处，这些都为江西生态旅游的发展奠定了坚实的基础。2016年，习近平主席以高屋建瓴的姿态提出了"守着绿水青山，一定能收获金山银山"，阐述了环境对经济的影响，为江西旅游产业的发展指明了道路。江西具有良好的生态环境，优先开发生态旅游，不光可以创造出更多、更好的环境优美的生态旅游景点，还可以不断强化、提高公众生态意识，提高环保的自觉性。以樟树的药材种植业、南丰的蜜橘种植业为代表的观光农业生态旅游业已经初具规模。下一步应该在尊重自然规律的基础上，以市场为导向，加大生态产品的开发力度。为迎合当今寓教于乐的消费理念，应大力开展具有观赏性的农业科技推广示范区、现代化的养殖园、农副产品加工基地等旅游项目，设计出高质量、适销对路的生态旅游产品。

## 三　红色旅游升级战略

作为"红色摇篮"，江西是红色旅游资源的聚集地。经过多年的发展，江西的红色旅游产业已经在全国红色旅游产业中占有了一席之地。面对新时代的发展要求，红色旅游仅凭政府扶持、门票经济和数量模式难以实现可持续发展，江西红色旅游产业应该与时俱进，加快产业升级。要以市场为导向、效益为中心，实施产业化，通过红色旅游产品的提质、服务设施的完善、产业结构的优化和管理制度的改革，全面建设以红色旅游为中心的综合化产业体系，促进江西省红色旅游从数量扩张向质量效益转变。为实现这一目标，江西应该创新红色旅游发展理念，借助现代科技手段，实现差异化，突出自己与国内其他省份红色旅游的不同。同时立足市场，将当今流行的消遣娱乐方式与传统的参观留念相结合，吸引更多青少年自愿加入红色旅游的行列。

## 四　城景村一体化建设战略

城乡统筹发展是党的十八大提出的重要战略思想，是从根本上解决"三农问题"、突破城乡二元结构的重要战略举措。实现"美丽中国""全面建设小康社会"的口号为旅游业提出了全新的发展方向。传统旅游产品开发已经不适合现代社会发现的需要，旅游资源不仅包括各类旅游景点，像气候优势、区位因素、城市建设及地方特色产业等因素也都是旅游业发展的依托。城景村一体化建设就是对全部有利于旅游业发展的资源进行重新整合，将能够利用的优势、能够培育的产业要素整合在一起，突破传统界限，实现全域旅游。①

## 五　无景点旅游发展战略

无景点旅游作为休闲旅游产品的代表，正是旅游市场从以景点为导向的观光旅游向以心情为导向的休闲旅游转变的鲜明写照。目前主要的无景点旅游以城市休闲旅游为主，很少出现以自然资源、现代农业资源为依托的成熟路线，而这些正是江西旅游资源的优势所在。所以为避免重复竞争，江西旅游应该凭借瑰玮绝特的山水，大力发展独有的无景点休闲旅游。例如，南昌可通过整合辖区内军山湖、青山湖、象湖、艾溪湖等诸多内湖开展垂钓、划船、环湖骑行等娱乐项目，并结合有特色的湿地资源，形成由点及面的旅游带，吸引越来越多的休闲旅游者参与其中。

## 六　国际旅游促进战略

江西拥有丰富的旅游资源，这是江西迈向国际的"厚重资本"。就目前而言，虽然江西国际旅游发展迅速，但在全国排名仍然比较靠后。一方面过去由于江西经济长期以来的相对落后，另一方面政府应该具备国际视野和国际胸襟，实施"走出去，拉进来"的战略。走出去就是要加强与国际的交流和合作；拉进来就是要通过多种渠道，包括宣传、营销、管理、服务等措施，有目的地吸引国际游客。在把握消费者心理，满足市场需求的同时，应该积极发挥政府的旅游服务职能，如加强江西

---

① 吕俊芳：《城乡统筹视阈下中国全域旅游发展范式研究》，《河南科学》2014 年第 1 期。

与别国旅游部门的交流与合作，在经贸合作部门往来合作的基础上积极向对方推介自己。另外，还可以加强文化合作，加强学术交流，加强双方在文化心理上的沟通。

# 第三节　发展模式

## 一　旅游产业发展的一般模式

旅游产业发展模式是指一个国家或地区，在某一特定时期内旅游产业发展的总体方式。从世界旅游产业发展的历史来看，由于不同的国家或地区的经济发达程度存在差异，其旅游经济发展模式也呈现一种差异性。按照美国学者查尔斯·R.戈尔德耐等人的观点，旅游发展的模式可分为"价值驱动型"和"市场驱动型"。价值驱动型发展模式即政府主导型发展模式，市场驱动型发展模式即是人们常说的市场调节型发展模式。①

1. 政府主导型发展模式

政府主导型发展模式是政府以所制定的规划和相关政策为基础，来调控旅游产业发展的一种模式。由于历史传统和短期内快速推动旅游产业发展的需要，在经济发展相对落后的国家或地区，它们的经济发展长期受控于政府，或政府对经济干预较多，常常扮演着旅游发展主角或主持人的角色，市场的自我调节机制往往被放在次要位置。同时，由于本国居民的生活水平相对低下，国内旅游发展停滞，旅游收益主要来自国际（境外）游客。所以，这些国家或地区（比如意大利、韩国等）的旅游业，是按照入境旅游—国内旅游—出境旅游的逻辑来发展的。

政府主导型旅游发展模式的优点在于，它不仅能够为国家的经济发展与社会进步提供巨大的资金收入，还能借助国外资金和先进经验来提升旅游产业管理水平，加速本国市场与世界并轨。但是，这种模式也有一定的缺点，主要是忽视了旅游产业发展的自身规律，在目标和利益的驱动下，容易造成对旅游资源的破坏，影响国家或地区旅游产业的可持续发展。

---

① 宁泽群主编《旅游经济、产业与政策》，中国旅游出版社，2005。

2. 市场调节型发展模式

市场调节型发展模式是以市场为导向，利用市场规律，推动旅游产业发展的一种模式。政府在旅游业成长的过程中，很少或不施加任何影响，完全由市场来自动调节旅游产业的资源配置和发展过程，最终影响旅游产业的变动趋势。通常来说，这一模式主要发生在经济发达的国家或地区，因为这些国家以市场调节为经济发展基础，机制健全，注重市场规律在旅游产业发展中的主导作用，而政府则主要关注发展方向的制定、协调和监督。因此，这一模式并不一味注重旅游经济的快速增长，而在于追求满足游客的需求。就这些国家和地区旅游发展轨迹而言，一般按照国内旅游—邻国出境旅游—远程出境旅游来深入和延展。由此可见，市场调节型旅游发展模式使得市场发挥了重要作用，政府和相关部门在其中只扮演协调者和调度者角色。

## 二　江西旅游产业发展的具体模式

1. "三位一体"旅游管理模式

在当今高度旋转的经济生活中，"慢"的理念正在深入社会的各个角落。作为内陆省份，江西的经济发展和沿海经济发达地区相比差距甚大，但江西的自然环境保护良好，休闲旅游资源丰富，这对江西旅游产业的转型是一个优势条件。通过完善基础设施，提升接待服务水平，建设特色休闲旅游产品，倡导绿色生活方式，提供绿色旅游模式，让游客在江西的脚步慢下来，生活闲下来，创造人与自然高度和谐的氛围，引导人们从经济发展的"仆人"变为享受经济发展成果的"主人"，既符合现代人的心愿，也是旅游产业未来发展的商机。

当前正处于全球经济一体化迅猛发展的新时代，全球化的动力来自知识及其创新能力。为此，各个国家各个产业都在不断吸引资本和知识，积极整合各种要素，努力扩大市场份额。一方面，这意味着，新的国际竞争优势将很大程度上体现在政府的管理职能与效率方面。其核心在于还权于企业、还权于社会，实现政企分开，营造小政府、大社会的行政管理体系。过去依靠政府，政府全权代办的管理形式，已经无法适应新的发展要求。另一方面，作为国民经济的支柱行业，旅游产业直接面对知识经济、信息技术和经济一体化的挑战。小、散、弱的中国旅游企业在不断提高自身能力的同时，更应以积极的姿态，紧密地团结起来，以整体力量迎接全球化挑战。在市场经济环境下，企业团结和力量整合的最有效途径就是行业协会。但相比于国外，受一系列深层次问题的影响，我国各类旅游行业协会的发展长期以来受到局限，无法发挥其应有的专业性作用。而新时期随着政府对企业和社会规制方式的转变，为行业协会的发展提供了新的机遇，能够充分发挥其服务、维权、协调、监督和自律五大功能，实现企业自主经营、行业协调监督、政府宏观管理"三位一体"的协调发展（见图4-1）。

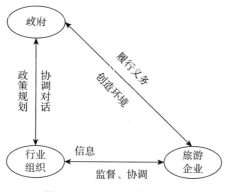

**图4-1　"三位一体"管理**

为了实现江西旅游产业的全面升级，应该把握时代的脉搏，感知未来的方向，积极实施政府主导下的"三位一体"的管理模式，即在政府主导下完善政府职能，同时发挥行业组织的桥梁纽带作用，促进江西旅游产业快速、健康发展的一种模式。

实现政府主导下的"三位一体"发展模式，主要从以下几个方面入手。

（1）完善政府职能。旅游行政管理是国家意志的体现，是政府行政管理的重要组成部分。通过对法律制度、道德规范以及产权制度等的完善，政府可以为社会提供良好的发展环境，也可以明确界定各旅游主体的权责，同时保护各旅游企业的合法利益。具体如下。

首先，完善基础设施建设，保护生态环境。水、电、交通等基础设施不光是社会经济发展的重要基础，也是旅游产业发展的先决条件，而这些基础建设都是单个旅游企业无法完成的。除政府投入之外，可以允许民间资本投向航空、水路、公路和公用基础设施等建设之中。加大对经济落后区域，尤其是赣中、赣东南区域的基础设施建设，主动补齐相关的发展短板，解决当地旅游产业发展中的"最后一公里"问题。

其次，制定发展旅游产业的政策。政府每一个政策的施行，都关系到国计民生，都会受到相关个人或群体的关注，进而影响社会发展的方向和趋势。为符合国家可持续发展战略，江西旅游产业未来发展的方向依然是凭借独特的青山绿水走生态发展的必由之路。应积极大胆地探索生态旅游发展模式，政策制定上应有所倾斜，鼓励生态旅游蓬勃发展。为此，要以一系列相关政策，破除地方保护主义，加大招商力度，吸引国内外资金参与本地旅游项目的建设与经营。同时，也应制定相应的限制政策，对开发建设中的环境保护问题起到监督、规范作用。

最后，做好市场信息的收集与传递工作。在"三位一体"发展模式下，政府扮演的是为企业服务的信息收集与传递者的角色。就目前而言，我国的行业组织还不能完全胜任旅游企业发展的工作需要，许多工作还是由政府来开展，比如市场营销和推广、旅游发展趋势分析等。同时，当今已进入信息化时代，为做到信息传递的及时、公开，江西应推动旅游产业及管理部门的信息化建设，以信息化带动旅游服务的转型升级。而且为保证信息的准确、有效，要制定一套旅游信息收集、编制与传递的质量标准，通过云计算，真正做到为企业、为市场服务。

（2）充分发挥行业组织的中介作用。目前，我国旅游行业组织的工作主要局限于一般的信息交流、技术咨询等行业服务，但行业管理职能，如行检行评、资格认定、行业监督等职能都没有成为行业协会职能。其职能的局限性严重影响了行业协会的权威，难以真正面向市场发挥作用。而作为非政府组织，行业组织本应该定位于企业与政府间的"桥梁"，一方面其本身就需要政府的扶持，另一方面其也依赖企业的支持和参与。因为行业组织作为专业机构不仅熟悉国内外发展情况，与国外相关机构也有密切联系，而且与国内企业联系紧密，能够成为旅游产业发展和旅游活动的组织和策划者之一。为了更好地适应未来发展的需要，江西应打破惯有的行业协会结构体系，以宽松方式管理，坚持"会员导向"的功能定位，学习先进经验，例如由地方财政支付行业组织代为实施管理所需的费用，并通过税费等一系列优惠措施给予支持，让行业组织在履行职责和服务过程中得到充分的资金保障。进而充分发挥旅游行业组织的职能，使之当好政府的参谋助手，通过调研、收集、统计，将有关情况、数据、信息及时反映给政府有关部门，提供决策依据；代政府履行行业管理职能；同时为企业提供国内外最新信息和研究成果。

（3）促进旅游企业健康发展。作为旅游市场活动中最基本的元素，旅游企业的健康发展离不开政府部门履行好自身的职能和旅游行业组织的监督协调。除了本身作为经济实体而应该具有的自身发展因素之外，旅游企业的健康发展更需要一个良好的发展环境。不光要有政府部门为企业创造的外部环境，旅游企业还需要在行业组织的配合下，加强内部人才的储备，做好从业人员的培训，提升旅游服务人员整体素质。

在市场机制下，实施政府主导下的"三位一体"模式，可以说是一个全方位、多层面的发展模式，只有从以上三个方面开展好工作，才能形成旅游发展的合力。①

2. 绿色旅游发展模式

绿色旅游是一种全新的旅游形式，具有观光、度假、休养、科学考察、探险和科普教育等多种功能，对旅游者来说具有寓教于乐的作用。在旅游活动中，旅游者以敬畏感和环保意识亲近自然，了解自然，进而深化了人们对生活的理解。

江西实行绿色旅游发展模式，要从以下几个方面开展工作。

（1）培养绿色理念。党的十八大吹响了建设"美丽中国"的集结号。可以预见，未来在引领中国社会发展和中华民族伟大复兴进程中，绿色发展理念是不可或缺的元素。绿色生态是江西最大的财富、优势和品牌。在未来的发展中，应该坚持"生态立省"战略，自上而下培养绿色理念，贯彻抓生态建设就是抓经济建设的思路，使之成为一种常态性战略思想要求。让每一个人认识新常态、适应新常态将是当前和今后一个时期江西经济发展的重要任务。

（2）推行绿色标准。绿色旅游发展模式离不开相关标准的规范与评估。以"绿色环保21"为代表的国际性可持续发展达标评估与认证项目的相关标准，可以作为江西绿色旅游发展的参考体系。通过实施资源节

① 陈祎波：《旅游行业协会：向国际惯例靠拢》，《今日海南》2011年第9期。

约和环境保护，强调企业的社会责任，规范政府的行为。同时注重引导消费者转变消费观念，倡导绿色消费。

（3）实行绿色营销。从目前绿色营销的国内发展现状来看，政府、消费者的推动作用较弱，如果想加快绿色营销的发展速度，企业就不能等待绿色消费者上门，应该承担起推动绿色营销发展的责任，实现绿色营销。在现实中，企业往往是潮流的引领者，引导市场，教育消费者，这本身也为企业发展提供了新的市场方向。江西作为生态绿色大省，应该营造绿色消费的外部环境。一方面从各个层面大力宣传绿色消费、绿色营销，培养绿色消费意识；另一方面，还应该支持绿色企业发展，这样既可以帮助企业发展转型，满足利益需求，又可以让企业通过正面形式积极宣传环保理念，使企业愿意生产绿色产品，消费者也愿意购买环保产品，最终形成以绿色需求—绿色研发—绿色生产—绿色产品—绿色价格—绿色市场开发—绿色消费为主线的消费链条。

（4）开发绿色产品。旅游产品是宣传绿色旅游的最好手段。一方面，江西应集中力量宣传推广以鄱阳湖为代表的省内主要绿色资源，将其作为拳头产品，在国内外扩大影响，吸引消费者；另一方面，积极挖掘和开发纯天然、对环境无害或危害极小、有利于资源再生和回收的旅游商品。这样既能诱导消费者自觉地进行绿色消费，增加环保意识，也是很好宣传江西旅游形象的直接方式。目前，以煌上煌、绿滋肴为代表的江西绿色旅游商品已经广为人知了。下一步应该大力推广森林旅游、温泉旅游等生态旅游产品，并加强相互合作，使之成为系列品牌。同时，加强旅游产品管理。不具备绿色要素知识的人员或代理商销售是不可想象的。销售绿色旅游产品，销售策略、渠道、手段方法等也应该绿色化，做到表里如一。

（5）倡导绿色消费。倡导绿色消费就是要倡导旅游者进行文明旅游、环保旅游、理性旅游、低影响旅游等。除了必要的宣传之外，还可以激励旅游者签署绿色旅游倡议书。可以对选择绿色交通工具，不随意破坏自然环境，采取绿色安全消费方式的旅游者给予相应的优惠和奖励，以促进绿色旅游发展模式的顺利开展。具体而言，提倡绿色消费可以从提倡购买可循环使用的产品、使用二手或翻新的物品、购买散装产品、减少包装浪费等方面入手，改变消费观念，提升江西旅游品位。

（6）突出特色主题。旅游资源的吸引力来自稀缺程度，其价值的高低在很大程度上取决于其与众不同的程度，这是对旅游者产生吸引力的根本所在。人无我有，人有我特是旅游资源开发原则，更是旅游业生存的根本，所以江西旅游资源的开发应找准定位，体现特色，从而增加竞争力。就江西而言，旅游资源与外省有许多重叠或相似之处，但这并不影响旅游产品的特色创新。以森林公园为例，截至2015年1月，江西拥有各类森林公园总数达到177个，位居全国前列。这些森林公园资源内涵丰富，景色宜人，种类繁多，珍稀动植物保存良好，很多景区自然景观与人文景观并存，交相辉映，各具特色。但是，江西大多数的森林公园都以所谓"天然氧吧""清新怡人"为宣传推广口号，不只是与外省，即使在本省内部也会造成形象重叠、主题重复、产品雷同，导致相互排挤，造成恶性竞争局面，发挥不了各自资源的特色和优势。突出江西各个森林公园的主题特色，能够使省内不同区域产生差异，表现各自特点，既能避免资源浪费和重复建设，又能组合森林旅游项目产品，有利于增强江西森林旅游产品的综合吸引力。

# 第四节　运营机制

旅游产业运营机制是指旅游产业的产品及服务的立项、投资、建设、运营、管理较为固定的方式和方法。依照市场规律是我国经济社会转型的必然选择，这就需要江西尽快建立与我国经济社会发展相适应的旅游产业运营机制。结合江西旅游产业现实发展情况，为适应未来市场环境下的运行趋势，江西旅游产业的运营机制要在改革中逐步形成稳定有效的方式，具体表现如下。

1. 完善市场化的旅游经济运行机制。当前，江西旅游产业各要素和行业、部门、区域等发展水平并不平衡，比如旅行社行业，还存在很多诸如宰客欺客、不规范操作等问题，影响到了市场的正常运营，不利于产品和服务质量的提高。与此同时，现今旅游市场进入了细分时代，旅游市场的成熟，传统的"上车睡觉，下车拍照"的旅游形式，已经无法满足消费者日益个性化的旅游需求，要从以大众观光为主的旅游产品发展到包括深度体验游、休闲度假游、个性探险游等方式在内的多样化旅游产品。这是市场的必然趋势，也是前景所在。江西要加快完善旅游产业市场运营机制，建立以市场需求为目的、以技术革新为抓手的新型旅游产业经济运行机制，保证市场公平、运营有序。

2. 促进旅游业的规模化发展。进入"十二五"以来，在"江西风景独好"主题形象和旅游强省战略的导引下，政府对江西旅游产业的扶持力度不断加大，全省性的统一布局和整体推广得以贯彻落实，在整体经济增长普遍放缓的条件下，实现了旅游产业的高速增长，但在进一步发展的过程中，面临产业总体规模尚小，行业离散度较大的尴尬局面。鉴于此，一方面，在制定未来江西旅游产业发展政策时，应以充分调动旅游企业市场积极性，充分利用减税、补贴、奖励等激励措施，对旅游产业进行鼓励和支持，引导中小型企业向专业化、集约化方向发展，利用控股或参股的产权整合形式将处于不同产业环节的企业整合起来。增大企业量和单个企业经济总量以实现江西旅游产业规模化经营和规模化效益，在2014年组建江西旅游集团的基础上，还要集中优势资源和优质资产，盘活存量资源，挖掘潜力资源，培育组建一批具有地方特色，打破传统大型旅游集团的局限，帮助一批有代表性的旅游企业，转型整合成为新型发展模式下的旅游企业集团。

另一方面，江西应逐步倡导和建设时尚化、休闲化、国际化旅游城市。香格里拉、喜来登等一批国内外知名酒店企业先后入驻江西，提高了江西旅游接待水平，但与此不相符的是，江西与国外对接的直航班机，特别是与国外旅游热点城市的直飞航班缺乏，无形中制约了江西国际旅游接待和输出的能力，进而对江西旅游产业的发展产生负面影响。所以要实现规模化发展，未来江西应加速实现国际航班常态化和多元化，为旅游产业快速发展提供远程交通保障。同时，在扩大城市建设，改善基础设施的基础上，应该未雨绸缪，积极与国际对接，例如在公共区域增加外语指引、提高城市的外语接待能力等。

3. 选准旅游产业的发展方向。旅游产业综合性比较强，往往涉及众多行业和部门，如果没有一个完整的、宏观的产业发展方向，就将导致旅游产业各自为政、重复建设，乱象横生。因此应该根据江西旅游资源特点、旅游产业禀赋等确定正确的产业发展方向。红色、绿色、古色是江西固有的旅游产业名片。在过去，这为江西旅游产业发展奠定了坚实的基础和根本的基调。在未来的发展中，还应该坚持这一特色路线，同时为了适应当今市场休闲旅游的主基调，未来应从休闲、度假、养生等领域深度挖掘江西旅游产品。目前，江西省已经开始围绕南昌、九江、赣州积极培育建设南昌大都市区、九江都市区和赣州都市区，区内各城市应该抓住这一机遇，进行城市升级。例如宜春的温汤镇，围绕温泉做文章，城市发展较以前已焕然一新，每年省内外游客络绎不绝。所以，江西拥有极其丰富的生态资源，不能再延续简单粗犷的参观游览方式，应该立足于建设休闲宜居城市，打造度假养生天堂。

4. 促进产业融合和结构合理化。产业融合是为了促进产业增长而发生的产业边界收缩或消失。产业融合促成了两个或两个以上的产业合作，并逐步形成新的产业形式。旅游业作为综合性很强的产业，正好体现了多部门、多领域、多行业的相互融合、渗透，带动了产业升级与技术改造。21世纪是网络的世纪，传统的明信片、宣传册已不能适应时代的要求。就江西而言，旅游产品的网络化营销明显落后。如何实现江西旅游产品的网络销售推广将决定江西旅游发展的后劲。所以，旅游业在发展过程中，应充分发挥其综合性特点，通过旅游产业对其他产业部门的渗透、融合、优化等手段加快旅游产业与其他产业部门的融合，同时积极与工业、农业、市政等方面合作，在促进旅游业快速发展的同时，也带动其他产业同步发展。

产业结构合理化是指利用当前我国所面临的经济结构调整有利时机，整合旅游产业链，引导中小型企业向专业化、集约化方向发展，突出精品景区和精品线路，实现旅游产业的产品与服务改造和升级。政府应该通过政策引导，发展休闲农业、保健旅游、体育旅游、奖励旅游等新兴旅游业态，培育一批新的旅游增长点，满足"健、闲、体"等现代旅游需求。最终形成"吃、住、行、游、购、娱、健、闲、体"九位一体的产业体系。

5. 建立完善的投融资机制。自加入世贸组织以来，我国对于外国投资进入中国市场的限制在逐渐放宽，但在旅游行业中，除去酒店行业外，在其他领域的投资中，由于政策原因，外资仍无法进行正常投资，外加民间资本的有限，所以旅游行业也不能引起投资者的兴趣，导致江西旅游产业发展远不能满足经济转型的需要，因此需要加快江西旅游业投融资体制改革和制度创新。政府方面，应该成立专门的旅游发展基金，鼓励旅游企业发展并促进环境保护，或者通过税收减免等间接方法扶持省内旅游业发展。同时，鼓励旅游企业之间以各种形式进行资产重组和资本运营，例如通过金融机构贷款、企业债券融资、股权融资等方式拓宽融资渠道。另外，也可以通过制定投资旅游产业的优惠政策，尤其是用地政策等方式来吸引社会资金投入旅游产业中来，加快旅游企业的资本扩张和旅游产业的资本聚集。利用境外上市与国际金融组织的优惠贷款等方式，积极吸引国外资本投资江西旅游业，扩大直接利用外资的规模和范围，真正做到投资多元化、融资社会化，尽快建立适合江西的旅游产业投融资机制。以山东省泰安市为例，以往泰安市的融资主要为政府财政拨款、银行贷款、景区收入积累等传统方式，在对社会资金利用上，较多依靠资金市场，而非资本市场。而要实现景区今后长期发展，这些较为传统的融资方式是远远不够的。在这种现状下，需要通过融资方式的创新来疏通融资渠道，实现资源和资金有效合理对接。旅游业潜在的融资渠道是金融机构以及非公有经济，因此融资方式的创新方向在于引导当地资金参与到旅游业的融资活动中。通过畅通的融资渠道和创新的金融工具，盘活旅游发展资金存量，增强其流动性，实现融资风险的合理转移，从而满足泰安市乃至山东省旅游业发展的融资需求。近年来，泰安市进行了多元化融资渠道的探索。从运行的效果来看，贷款融资、上市融资、旅游基金、债券融资和 BOT 等融资模式都在泰安市旅游产业融资中发挥了重要的作用，也是目前泰安市常用的旅游产业融资模式。①

6. 建立健全的激励机制。正如前面所言，江西旅游产业的发展未来需要建立"三位一体"的管理机制。作为管理手段之一的激励机制也需要多方参与，共同努力。首先，从企业角度来说，激励机制更多地表现在经济激励方面，经济激励机制可以由环境税、责任制、政府采购等经济手段构成。例如环境税是对资源破坏程度高、环境污染程度大的旅游企业通过收税或罚款等手段来提高其生产成本，并对节能环保企业进行减免税收或补贴等措施来促使高消耗、高污染的旅游企业走到绿色、可持续发展道路上来。其次，为避免地方政府过度追求旅游经济效益，忽

---

① 宁璇：《山东省旅游产业融资策略研究》，西北师范大学硕士学位论文，2014。

视旅游资源保护的倾向,需要对地方政府片面追求经济收入的倾向建立起一种约束机制和激励机制。应当转变仅仅以旅游经济指标作为对地方政府考核的唯一选择,推行旅游资源保护责任制,看重绿色 GDP,以此对地方官员进行综合考核,层层相扣,形成考核监督体系,对各级政府产生激励和约束。最后,景区内的居民是旅游产业发展的重要主体,一方面,培育居民保护旅游资源的意识,建立合理的利益分配机制,另一方面,改变现今大多数旅游开发项目缺乏与当地居民讨论和协议的现状,提升当地居民参与旅游产业发展的积极性,以此激励居民对其自身资源保护与合理开发,实现旅游产业的可持续发展。[1]

---

[1]　段永亮:《我国节能环保产业运营机制创新研究》,《安徽农业科学》2011 年第 6 期。

# 第五章 江西旅游产业发展评价及演化

作为全球最大产业，旅游产业被誉为"黄金产业"，为经济发展做出了巨大贡献，在江西省也不例外，旅游产业对江西经济的推动作用越来越明显。作为包括饭店（含餐饮）、旅行社、旅游交通运输企业、农家乐与农宿业、旅游景区（点）、从事旅游经营与投资的公司等多个部门和行业的第三产业，旅游产业发展迅速，成为经济增长的一大支柱，对江西省的经济增长贡献也越来越大。然而，伴随着旅游产业的快速发展，由于规划缺乏执行力与过分追求经济效益，一些旅游目的地或景区的旅游资源受到某种程度的破坏，环境承载力和可持续发展能力受到威胁，这在一定程度上影响旅游产业的健康发展。

为了保证旅游产业的良性发展，继续保持其作为江西经济发展先导产业的地位，对江西旅游产业发展状况做出正确的评价能够有助于客观认识江西经济发展的状况，这就需要对旅游产业发展建立一定的评价指标体系。如何建立旅游发展评价指标体系，不少学者已经从不同的角度做了相关研究。

王兆峰[1]（2009），黄钟浩等[2]（2011），马勇、陈慧英[3]（2012），章尚正、赵磊[4]（2012），张守信[5]（2014），文红、袁尧清[6]（2014），刘欣[7]

① 王兆峰：《区域旅游产业竞争力评价指标体系的构建》，《经济管理》2009年第8期。
② 黄钟浩等：《生态旅游目的地竞争力评价指标体系研究》，《重庆师范大学学报》（自然科学版）2011年第2期。
③ 马勇、陈慧英：《旅游文化产业竞争力综合评价指标体系构建研究》，《中南林业科技大学学报》（社会科学版）2012年第1期。
④ 章尚正、赵磊：《区域旅游国际化发展竞争力评价指标体系研究——以皖南国际旅游文化示范区为例》，《安徽农业大学学报》（社会科学版）2012年第2期。
⑤ 张守信：《滑雪旅游目的地竞争力评价指标体系研究》，《冰雪运动》2014年第6期。
⑥ 文红、袁尧清：《区域旅游产业安全影响因素、评价指标体系及旅游安全实现路径》，《商业经济》2014年第5期，第57~59页。
⑦ 刘欣：《区域旅游产业竞争力评价指标体系研究》，《价值工程》2015年第18期。

（2015），胡宇娜等①（2015）从旅游竞争力方面建立发展评价指标体系。

王兆峰②（2007），彭润华、阳震青③（2011），张润清等④（2011），张侨等⑤（2012），金宝鹏⑥（2012），张侨⑦（2013），姚延波等⑧（2013），高亚芳、李艳萍⑨（2014），田佳⑩（2015），阮英花⑪（2015）从旅游企业方面建立相应的评价指标体系。

马国强等⑫（2011），赵媛、涂建华⑬（2012），林燕等⑭（2012），丁蕾、吴小根⑮（2013），邓凤莲⑯（2014），陈永生、李莹莹⑰（2014），

---

① 胡宇娜等：《县域乡村旅游竞争力评价指标体系构建及类型区划研究——以烟台市12个县域单元为例》，《山东农业大学学报》（社会科学版）2015年第3期。

② 干兆峰：《区域旅游产业品牌竞争力评价指标体系构建研究》，《当代财经》2007年第10期。

③ 彭润华、阳震青：《旅游移动电子商务服务质量评价指标体系构建》，《企业经济》2011年第5期。

④ 张润清等：《我国休闲农业与乡村旅游星级企业（园区）评价指标体系的构建》，《统计与管理》2011年第6期。

⑤ 张侨等：《国际化旅游人才评价指标体系构建研究》，《科技和产业》2012年第3期。

⑥ 金宝鹏：《论旅游服务企业经济与社会效益评价指标体系的改革》，《琼州学院学报》2012年第5期。

⑦ 张侨：《旅游企业博客营销能力评价指标体系构建研究》，《科技和产业》2013年第12期。

⑧ 姚延波等：《我国旅游企业诚信评价指标体系的构建》，《天津师范大学学报》（社会科学版）2013年第6期。

⑨ 高亚芳、李艳萍：《旅游从业人员职业道德评价指标体系建构》，《资源开发与市场》2014年第3期。

⑩ 田佳：《浙江省旅游企业人才安全评价指标体系研究》，《旅游纵览月刊》2015年第3期。

⑪ 阮英花：《基于消费者视角的在线旅游企业声誉评价指标体系构建》，《旅游纵览月刊》2015年第3期。

⑫ 马国强等：《国家公园生态旅游野生动植物资源评价指标体系初步研究》，《林业调查规划》2011年第4期。

⑬ 赵媛、涂建华·《基于旅游者需求的旅游资源评价指标体系初探》，《资源开发与市场》2012年第11期。

⑭ 林燕等：《滨海旅游资源评价指标体系的构建及应用——以厦门为例》，《海南师范大学学报》（自然科学版）2012年第4期。

⑮ 丁蕾、吴小根：《水体旅游资源评价指标体系的构建与应用研究》，《经济地理》2013年第8期。

⑯ 邓凤莲：《中国体育旅游人文资源评价指标体系与评价量表研制》，《北京体育大学学报》2014年第1期。

⑰ 陈永生、李莹莹：《基于旅游功能导向的绿道资源评价指标体系构建及应用》，《中国农业大学学报》2014年第6期。

杨懿等①（2015），陈璇②（2015）从旅游资源方面建立评价指标体系。

赵安周等③（2011），贺晓慧等④（2011），李晓琴、银元⑤（2012），郭剑英⑥（2013），王方等⑦（2013），马勇、陈慧英⑧（2014）从旅游目的地方面建立相应的评价指标体系。

王友明⑨（2011），赵多平、陶红⑩（2011），葛新、唐孝中⑪（2012），吴净⑫（2013），徐婧璇等⑬（2013），侯丽娟⑭（2014），丁黎明⑮（2014），申倩琳、董凤丽⑯（2015），付向阳、黄涛珍⑰（2015）从可持续发展方面建立相应的评价指标体系。

① 杨懿等：《养生旅游资源分类与评价指标体系研究》，《生态经济》2015 年第 8 期。
② 陈璇：《滨海体育旅游资源评价指标体系的构建——基于 AHP 层次分析法》，《湖南科技学院学报》2015 年第 10 期。
③ 赵安周等：《入境旅游目的地城市的旅游意象评价指标体系研究——以北京和上海为例》，《旅游科学》2011 年第 1 期。
④ 贺晓慧等：《基于 WE-GCM 的入境旅游城市意象评价指标体系研究——以北京和上海为例》，《旅游论坛》2011 年第 6 期。
⑤ 李晓琴、银元：《低碳旅游景区概念模型及评价指标体系构建》，《旅游学刊》2012 年第 3 期。
⑥ 郭剑英：《旅游景区解说系统评价指标体系研究》，《南京林业大学学报》（人文社会科学版）2013 年第 4 期。
⑦ 王方等：《旅游景区无形资产评价指标体系研究》，《浙江学刊》2013 年第 2 期。
⑧ 马勇、陈慧英：《乡村旅游目的地评价综合指标体系研究》，《湖北大学学报》（哲学社会科学版）2014 年第 3 期。
⑨ 王友明：《城市旅游可持续发展评价指标体系的构建与实证分析——以苏南五市为例》，《南京师大学报》（自然科学版）2011 年第 2 期。
⑩ 赵多平、陶红：《典型旅游景区循环经济评价指标体系构建研究——以宁夏沙湖与沙坡头旅游景区为例》，《中国沙漠》2011 年第 6 期。
⑪ 葛新、唐孝中：《乡村旅游可持续发展评价指标体系的构建》，《沈阳工业大学学报》（社会科学版）2012 年第 1 期。
⑫ 吴净：《旅游可持续发展的指标体系构建及其评价——以青岛为例的实证研究》，《经济问题探索》2013 年第 10 期。
⑬ 徐婧璇等：《国内旅游可持续发展评价指标体系研究综述》，《旅游论坛》2013 年第 5 期。
⑭ 侯丽娟：《区域生态旅游可持续发展评价指标体系研究——以"山、水、圣人"生态旅游区为例》，《泰山学院学报》2014 年第 6 期。
⑮ 丁黎明：《旅游可持续发展系统构想及指标评价体系》，《文教资料》2014 年第 23 期。
⑯ 申倩琳、董凤丽：《乡村旅游景区可持续发展评价指标体系研究》，《沈阳农业大学学报》（社会科学版）2015 年第 2 期。
⑰ 付向阳、黄涛珍：《草原生态旅游可持续发展评价指标体系的构建》，《统计与决策》2015 年第 12 期。

　　杨娟、何秉宇①（2012），朱国兴等②（2013），陈秋华、郑小敏③（2013），马建林④（2013），李亚男⑤（2014），廖元琨等⑥（2015）从低碳旅游方面建立相应的评价指标体系。

　　还有赵永峰⑦（2011），冯超等⑧（2012），范高明⑨（2012），张敏等⑩（2012），李文博等⑪（2013），魏嵩、夏佐铎⑫（2013），王磊等⑬（2014），陈钰、耿小娟⑭（2014）从旅游环境方面建立相应的评价指标体系。

　　从不同学者建立的关于旅游发展的评价指标体系来看，大多包括旅游法规、旅游资源、旅游景点、相关企业、旅游人才、社会环境、经济因素等相关指标。

## 第一节　江西旅游产业发展评价指标体系的构建原则

　　为使构建评价指标体系所考虑的因素具有充分的实用性，能够在实

---

①　杨娟、何秉宇：《低碳旅游及其评价指标体系研究》，《旅游纵览月刊》2012年第1期。

②　朱国兴等：《山岳型景区低碳旅游评价指标体系的构建——以黄山风景区为例》，《地理研究》2013年第12期。

③　陈秋华、郑小敏：《森林旅游低碳化评价指标体系构建研究》，《福建论坛》（人文社会科学版）2013年第1期。

④　马建林：《低碳旅游景区概念模型及评价指标体系构建》，《商业时代》2013年第23期。

⑤　李亚男：《尧山景区低碳旅游评价指标体系构建》，《科技致富向导》2014年第20期。

⑥　廖元琨等：《上海国际旅游度假区低碳旅游评价指标体系及实施路径分析》，《四川环境》2015年第1期，第85～92页。

⑦　赵永峰：《内蒙古旅游环境预警评价指标体系构建研究》，《云南地理环境研究》2011年第3期，第80～84页。

⑧　冯超等：《珠海市赤花山森林公园旅游环境质量评价指标体系研究》，《林业调查规划》2012年第2期，第23～27页。

⑨　范高明：《旅游景区低碳环境评价指标体系构建》，《亚热带资源与环境学报》2012年第3期，第67～74页。

⑩　张敏等：《珠峰自然保护区旅游环境承载力评价指标体系研究》，《四川林勘设计》2012年第3期，第13～16、21页。

⑪　李文博等：《珠穆朗玛峰景区旅游环境承载力评价指标体系构建》，《四川林勘设计》2013年第1期，第50～54、60页。

⑫　魏嵩、夏佐铎：《旅游投资环境评价指标体系探讨》，《中国集体经济》2013年第6期，第85～86页。

⑬　王磊等：《精品旅游景区环境评价指标体系研究》，《地域研究与开发》2014年第6期，第92～96页。

⑭　陈钰、耿小娟：《生态文明视角下湿地生态旅游环境承载力评价指标体系构建——以张掖市国家湿地公园为例》，《甘肃科技纵横》2014年第4期。

际工作和行业实践中得到应用，在建立旅游发展评价指标体系的过程中
应当遵循一定的原则。

有些学者认为这些基本原则包括：完整性，指评价指标要全面考虑
各方面因素，使得评价结果具有较好的解释性；针对性，指要突出评价
对象的特色，结合评价对象的特点进行评价；可行性，指选择指标的过
程中尽量避免主观因素的影响，尽可能地选取客观因素，使得指标有一
定的量化数据，具有可操作性；定性和定量相结合，指评价指标体系中
很多因素难以定量化描述，因此需要定性与定量相结合。

考虑到生态环境是江西的"第一优势、第一品牌、第一资源"，旅
游资源中又以自然景观最为盛名，如龙虎山、三清山和庐山等。但从旅
游产业发展现状来看，过分追求旅游经济效益，忽视了旅游资源的可持
续性利用，导致不少旅游资源有环境恶化的趋势。同时，旅游产业具有
结构复杂、覆盖广泛、系统性强等特点，在建立相关的发展评价指标体
系时更要综合性地考虑各方面因素。

因此，结合其他学者的研究成果，考虑环境保护的需要以及江西省
旅游行业发展的要求，江西旅游产业发展评价指标体系的构建，应该遵
循全面性、科学性、定性和定量相结合、引导性及综合性① 5 个基本
原则。

### 1. 全面性原则

指标体系应全面涵盖旅游产业可持续发展的各个部分，而不能有所
偏废。例如，联合国可持续发展委员会提出的可持续发展指标体系，包
括社会、经济、环境、制度四大部分。英国政府对可持续发展指标体系
采取目标分解的方法，即把可持续发展作为总目标，在总目标下分解为
四个二级目标：经济的健康发展既要有利于继续提高所有人的生活质量，
也要有利于保持人类健康和赖以生存的环境；不可再生资源优化利用；
可再生资源持续利用；把经济活动对人类健康的危害和对环境承载力的
破坏减少到最低限度。美国政府把可持续发展的目标确定为十个，即健
康与环境、经济与繁荣、平等、保护自然、资源管理、持续发展的社会、

---

① 陶表红：《生态旅游产业可持续发展研究——以江西为例》，武汉理工大学博士学位论
文，2012。

公众参与、人口、国际责任、教育①。产业可持续发展具有很强的针对性，一个国家和地区都应该结合自身实际情况，确定产业可持续发展的内涵和目标，指导产业可持续发展的行为，而产业可持续发展评价指标体系应该涵盖目标的全部，在这方面，旅游产业也不例外。

2. 科学性原则

科学性原则要求指标的定义、测算方法、信息来源、权数确定、计算口径都必须有科学依据。首先，旅游产业发展目标一定要结合一个国家或地区的实际情况科学制定；其次，旅游产业发展指标的选择和设计必须以经济理论、环境资源理论、生态理论以及统计理论为依据，以保证指标设计的稳定性和科学性；最后，遵循科学性原则，也是保证评价指标体系规范、统一的基础。

3. 定性和定量相结合原则

旅游产业发展评价指标体系涉及面非常广泛。有的指标是可以量化的，如反映旅游经济发展速度，可以用旅游人次、旅游总收入和旅游收入增长率，以及旅游总收入占国内生产总值（GDP）的比例；有的指标在目前还难以通过数量来反映，因此，需要设计一些定性的指标，有的甚至只能通过定性调查，用是或否来反映。一个国家或地区旅游产业发展评价指标体系，应该由定量指标和定性指标构成，并且以定量指标为主。

4. 引导性原则

旅游产业发展评价指标体系在用来评价旅游经济、社会文化、旅游资源、旅游环境态势的同时，还应该结合旅游产业发展的战略目标，用指标权重变化适当跟踪旅游产业发展的政策，用指标权重变化引导旅游产业发展战略目标的逐步优化。

5. 综合性原则

旅游产业发展问题可以由多维角度来反映，如果每一个角度都确定指标是不现实的，那么只能根据战略目标中的关键问题，选择有代表性的综合指标。指标必须简捷、通俗，且资料容易搜集或容易从已有的信息资源中进行类推。同时，由于每个指标只能反映旅游产业发展的一个方面，为了得到评价的统一量纲，还必须用各种科学方法对多个指标进

---

① 陈年红：《我国可持续发展评价指标体系研究》，《技术经济》2000年第3期。

行综合处理。

## 第二节　影响江西旅游产业发展的因素分析

影响旅游产业发展的基本因素主要有五个，即自然环境因素、产业政策因素、经济能力因素、社会文化因素和科学技术因素。下面主要从江西省区域层面逐个分析上述因素，以了解其对旅游产业发展的影响。

### 一　自然环境因素

自然环境因素是影响旅游产业发展的首要因素。优美壮丽的自然山水是旅游活动的重要依托载体，可以说具典型自然景观的森林公园、风景名胜区、湿地公园等优质自然资源是旅游产业赖以发展的主要客观条件。

江西地处我国腹地，与其他省区市相比，自然资源更为丰富，具有号称"中国第一大淡水湖"的鄱阳湖及由赣江、信江、抚河、饶河、修河等汇成的鄱阳湖水系，形成了江西最主要的水体和湿地旅游资源系统；三清山、龙虎山、庐山、井冈山、武功山、武夷山、龟峰等兼具自然和人文属性的名山构成了江西省独有的山地旅游资源体系。江西森林资源丰富，2006 年森林覆盖率突破 60%，到 2015 年达 63.1%，活立木蓄积量为 4.45 亿立方米，活立竹总株数 19 亿根，均居全国前列。全省现有林业自然保护区 220 个（其中，国家级 11 个），森林公园 177 个（其中国家级 46 个，居全国前列），湿地公园 77 处（其中国家级 23 处，省级 54 处）[①]。生态公益林面积达到 340 万公顷；城市绿地率达到 33%，人均公共绿地面积接近 9 平方米。婺源率先将生态农业与文化旅游业结合，建设了一系列生态农业主题公园，形成了集龙头辐射、农业示范、旅游观光于一体的有机农产品生产基地。江西具备如此丰富的生态资源，为发展特色旅游产业提供了得天独厚的条件。

### 二　产业政策因素

产业政策因素是旅游产业发展的重要影响因素，强有力的政策支持

---

① 《自然资源》，江西省人民政府网站，http://www.jiangxi.gov.cn/lsq/jxgk/201507/t20150701_1174693.html。

是旅游产业可持续发展的有力保障。

从 2001 年起，江西省委、省政府提出了"三个基地，一个后花园"，实现江西在中部地区崛起的战略。2010 年，为深入贯彻落实党中央、国务院"保增长、保民生、保稳定和弘扬井冈山精神"与"加快发展旅游休闲消费"的重要指示精神，尽快把江西建设成为旅游产业大省，中共江西省委、江西省人民政府出台了《关于加快旅游产业大省建设的若干意见》。2012 年，江西省人民政府办公厅印发了《江西省旅游产业发展"十二五"规划》，规划纲要明确提出"十二五"时期是江西旅游产业全面转型升级，形成完善的旅游产业体系，顺利实现建设旅游产业大省宏伟战略目标，并为建设旅游强省奠定坚实基础的重要时期。要把旅游业培育成为全省国民经济和社会发展的战略性重要支柱产业和人民群众更加满意的现代服务业，带动第二产业快速发展，促进经济社会融合发展。2013 年 10 月，江西省委、省政府印发实施《关于推进旅游强省建设的意见》，吹响了我省旅游强省建设的号角，配套出台了旅游强省建设的一系列政策措施。

近年来，江西省大力实施旅游强省战略，把旅游业作为江西"最大特色、最大优势、最大亮点"和绿色崛起的"第一窗口、第一名片、第一品牌"进行打造，成效显著。2012 年江西旅游接待人次 2.05 亿人次，2014 年 3.13 人次；2015 年江西省旅游接待人次 3.86 亿人次，为"十一五"末的 3.6 倍；旅游总收入方面，2015 年达 3637.65 亿元，为"十一五"末的 4.45 倍。全省旅游业增加值占 GDP 的比重达 10.48%，高出全国 5.6 个百分点，标志着旅游业已成为江西重要支柱产业。2015 年，瑞金"共和国摇篮"、明月山旅游区成功升级为 5A 级景区，至此，江西全省 5A 级景区由原来的 6 个增至 8 个。此外，江西省旅游改革走在全国前列。11 个设区市、50 个县旅游局升格为旅发委，旅游发展实现了从单一部门推动向部门综合联动转变，打造了全国瞩目的"旅游强省建设的江西模式"①。

## 三　经济能力因素

经济社会发展水平和经济能力是发展旅游产业的坚强后盾，是保护

---

① 《2016 江西省旅游产业发展大会在龙虎山成功举办》，搜狐旅游，http://travel.sohu.com/20160428/n446670835.shtml。

自然环境，发展旅游产业的重要支撑。它包含两个方面：一是政府是否有能力、有多大能力、能够投入多少资金加强生态环境保护，以保证旅游产业能够可持续发展；二是民众的收入水平及其生活条件是否允许其参加旅游活动。

江西是一个经济欠发达省份，虽然经过30多年的改革发展，经济得到了长足的发展，但由于底子薄，江西省的经济总量和人均GDP均处于国内较低水平。从目前的情况来看，第一产业农业仍以种植业为主，颇具发展潜力的生态农业、休闲农业的既具粮食生产功能，又具旅游休闲功能的"二代产业"所占比例还不高；服务业的产业集群化发展虽已初现雏形，但总体规模较小。另外，江西是个石油、煤炭等主体能源资源较为匮乏的省份，基础设施等方面的建设也不具备支撑经济快速发展的能力，在一定程度上阻碍了江西生态优势的发挥。在发展的过程中，省委、省政府逐步确立起绿色崛起之路。在发展生态经济、美化生活环境的同时，为可持续发展储存了环境资本。如今，绿色发展成就显著，江西经济进入了发展的快车道。

"十二五"是江西省改革开放和全面建成小康社会取得重大进展的五年，是综合实力和区域竞争力明显提高的五年，是城乡面貌发生深刻变化的五年，是人民群众得到更多实惠的五年。部分经济指标实现"总量翻番、位次前移"。财政总收入、一般公共预算收入、规模以上工业增加值、500万元以上项目固定资产投资、外贸出口实现总量翻番；生产总值在全国排位前移1位，一般公共预算收入由全国的第21位前移至第15位，城镇居民人均可支配收入由第22位前移至第15位，农村居民人均可支配收入由第14位前移至第12位。

经过五年的发展，全省经济实力明显增强，产业结构进一步优化。全省生产总值由9451亿元提高到1.67万亿元，年均增长10.5%。一般公共预算收入年均增长22.7%。千亿元产业由4个增加到10个。三次产业比重由12.8∶54.2∶33.0调整为10.6∶50.8∶38.6。基础设施逐步完善，城乡发展协调推进。高速公路通车里程突破5000公里，净增2000公里，实现县县通高速；铁路运营里程突破4000公里，净增1235公里；高速铁路从无到有，达到867公里。城市轨道交通实现零突破。统调电力装机达1800万千瓦，净增537万千瓦。4G移动电话和光纤宽带覆盖均突破 1000 万户。主电网输电线路长度突破 3 万公里，净增 9300 公里。城镇化率累计提高 7.5 个百分点，完成 4.2 万个新农村建设点建设，城乡生产生活条件显著改善。生产力布局更趋合理，区域经济发展活跃。龙头昂起、两翼齐飞、苏区振兴、绿色崛起展现勃勃生机。财政总收入过 10 亿元的县（市、区）由 22 个增加到 85 个，过 50 亿元的达到 5 个，南昌县率先突破 100 亿元，区域经济呈现多极支撑、多元发展新格局。

环境建设扎实开展，生态优势稳步提升。全省空气环境质量保持优良，地表水监测断面水质达标率保持在 80.6% 以上，生态环境质量居全国前列。万元 GDP 能耗累计下降 17%。全境纳入国家首批生态文明先行示范区建设，生态优势进一步凸显。

社会事业全面发展，人民生活水平提高。社会保障能力增强，城乡居民养老保险、低保、医保实现全覆盖。累计新增城镇就业人口 270.4 万人，贫困人口由 2011 年的 438 万人下降到 2015 年末的 204 万人。覆盖城乡的医疗卫生服务体系基本建成。各类教育普及程度快速提升。全省城镇居民和农村居民人均可支配收入各由 15660 元、5987 元提高到 26500 元、11139 元，年均分别增长 11.1%、13.2%。累计完成城镇保障性安居工程 142.88 万套，改造农村危房 86 万户，发展成果更多惠及广大群众。①

经济的增长，居民收入的提高，加上居民消费观念的更新，使休闲成为一种新时尚，随着"双休日"及节假日时间的延长，以及调节身心的休闲慢生活理念的倡导，较高收入者的出境游趋热，一般城市居民的周边游和乡村游兴起。尤其是周末短线游、乡村旅游产品受到居民的普遍欢迎。

## 四　社会文化因素

社会文化因素对于旅游产业发展来说是一个有直接影响的主观因素。随着全球气候变暖，人们也在呼吁绿色消费理念，积极营造人与自然和谐发展的环境。

江西是一个生态大省，孕育着浓厚丰富的生态文化精神底蕴和独具

---

① 《发展概况》，江西省人民政府网站，http://www.jiangxi.gov.cn/lsq/jxgk/201507/t20150702_1174985.html。

特色的生态文明发展模式。首先，环境孕育文化，江西省奇秀险峻的自然景观、优美的生态环境孕育着源远流长的人文历史，积累了丰厚的生态文化底蕴，造就了竹文化、茶文化、田园文化、山水文化、盆景花卉文化、古树名木文化、湿地文化、野生动物文化等一批极富江西特色的生态文化。这种独特的生态文化主要体现在：一是对山水的热爱、向往与依傍；二是对自然的敬畏、斗争与顺应；三是对生态的保育、珍惜与尊重；四是对资源环境的节约、友好以及对实务的注重。其次，江西人，特别江西商人（赣商），长期以来秉承"自强不息、创业致富，敢闯市场、敢担风险，吃苦耐劳、注重实干，和谐宽容、大气精致，合作共赢、讲求信用，富而不奢、富而思进"的经济文化。还有，"历史红，山林好"的中国革命摇篮井冈山，集苏区红色文化、赣南客家文化、乡村田园风光于一体的人民共和国摇篮瑞金，无不体现自然山水风光、乡村田园风光等和谐统一于火热的革命斗争生活中。正是这些充满"和谐"的生态文化，为江西旅游产业的发展提供了独特的社会文化优势。

## 五　科学技术因素

科学技术因素是旅游产业发展的推进器。世界各国生态产业的发展都离不开科学技术的支持，旅游产业的发展也不例外。

对比先进发达省份来说，江西科学技术发展具有相对滞后性特征，尤其是投入少导致的高层次人才和高端的实验设备聚集不足造成的自主创新能力不够强，核心技术缺乏，以及经济发展滞后、市场需求不旺导致的成果转化慢、转化率低等现象较为突出。但江西地理位置的优越性，决定其具承东启西、贯通南北的优势，它处于长江经济带和海西经济区、"珠三角"的"腹地"，随着"泛珠江三角区域合作框架协议"的实施，特别是沿海地区产业结构优化升级及其资源、能源限制问题日益突出，其产业向中西部的梯度转移不可避免，江西经济将日益融入"长三角"和"珠三角"经济圈。随着江西省十大战略性新兴产业布局的确立，江西省高新技术产业集约化程度有所提高，以产业关联而形成的产业族群聚集也逐步显现，光机电一体、生物医药与医疗器械、新材料领域，构成江西高新技术产业的三大优势领域。高新技术产业北强南弱的局面逐渐被打破，初步形成了以南昌市为中心，赣北、赣南共同发展的新格局。

2010 年江西省通过围绕推进鄱阳湖生态经济区科技创新，深入实施科技创新"六个一"工程和科技入园入村入企等一系列重大举措，加快推动一批重大科技项目、科研平台、高新技术产业特色基地、创新型企业、创新人才队伍建设，带动全省高新技术产业多项指标实现新跨越。全省高新技术企业总量和规模不断扩大，质量效益持续提升，产业结构日益优化，成为全省工业和国民经济发展的重要推动力，为推进江西旅游产业的发展注入了新的活力。此外，逐步完善的旅游基础设施为江西发展旅游提供基本保障。

2015 年 11 月，国家发改委与交通运输部联合公布的《城镇化地区综合交通网规划》中，南昌被定位为长江中游地区综合交通核心城市。在《城镇化地区综合交通网规划》之长江中游地区规划重点交通工程中，涉及我省的有 10 多项。铁路方面建设八安经景德镇至鹰潭、鹰潭至梅州、常德经岳阳至九江等铁路；公路方面建设莆炎高速广昌至吉安段等，推进福银高速南昌至九江段改扩建工程；水路方面建设长江干线航道，以及赣江、信江和鄱阳湖支流等航道；铁路枢纽方面建设南昌北站等客站；在港口枢纽方面建设南昌港龙头岗、樵舍、东新港区，以及九江港彭泽、城西港区；目前正在规划之中的抚州机场被列为枢纽机场。按照国家确定的目标，到 2020 年，城镇化地区要初步形成城际交通网络骨架，大部分核心城市之间、核心城市与周边节点城市之间实现 1 ~ 2 小时通达；到 2030 年，核心城市之间、核心城市与周边节点城市之间实现 1 小时通达。这些工程的建成，将极大改善江西旅游可进入的条件。同时，旅游接待能力明显增强，截止到 2015 年底，江西省共有星级饭店 430 家（其中五星级 17 家、四星级 122 家），旅行社 768 家（其中出境旅游组团社 52 家）；新增注册的高档旅游汽车近千辆。这些旅游基础条件的改善，为江西旅游产业的发展提供了强有力的保障。

## 第三节　江西旅游产业发展评价指标体系的构建

### 一　指标体系的评价方法和步骤

#### （一）层次分析法

层次分析法（AHP）是美国运筹学家萨迪（Saaty）在 20 世纪 70 年

代中期提出的一种定性、定量相结合的，系统化、层次化的分析方法，它将一个复杂的多目标决策问题作为一个系统，将目标分解为多个目标或准则，进而分解为多指标（或准则、约束）的若干层次，通过定性指标模糊量化方法算出层次单排序（权数）和总排序，以作为目标（多指标）、多方案优化决策的系统方法。而书中所构建的江西旅游产业发展评价指标体系是将决策目标分层形成不同的子指标的评价体系，符合层次分析法的基本特征。此外，在一般的发展评价指标体系的计算中，层次分析法是使用频率最高的方法。

因此，课题组在江西省旅游产业发展评价指标体系构建中，对相关指标的评价也采用层次分析法。其主要优点表现如下。

1. 系统性。层次分析法把研究对象作为一个系统，每一层的权重设置都会直接或间接影响到结果，并且每个层次中每个因素的影响程度都是量化的，符合系统不割断各个因素对结果的影响的基本思想。江西旅游产业发展作为一个整体，需要一种系统性的评价，因为只有这样才能更好地判断发展现状及相关的影响因素的重要程度。

2. 简洁实用。层次分析法不单纯地追求高深难懂的数学概念，也不是片面地关注逻辑或推理，而是将定性与定量相结合的一种决策方法，将复杂的系统分解成不同的层次，从而变得简单易懂，使人们便于理解和接受；并且层次分析法将多目标和难以量化的决策问题简化成多层次、单目标，可以量化的决策问题使得评价具有很强的可操作性。这正好符合旅游产业发展的特点，旅游产业中企业与企业之间的关系复杂，影响因素多样化，需要运用某一种方法将这些问题简单化，从而利于决策判断。

3. 所需定量数据信息较少。层次分析法主要从评价者对评价问题的本质、要素的理解出发，比一般的定量方法更讲求定性的分析和判断。由于层次分析法是一种模拟人们决策过程的思维方式的一种方法，把判断各要素的相对重要性的步骤留给了大脑，只保留人脑对要素的印象，并化为简单的权重进行计算。这种思想能处理许多用传统的最优化技术无法着手的实际问题。在江西旅游产业发展评价体系中，有不少因素是难以用数据定量化的，层次分析法恰好能够解决这个问题。

层次分析法在应用过程中，常常伴随着模糊综合评价矩阵的运用，两者往往是相结合的、不分离的。层次分析法主要分为三个层次，即目标层、准则层、指标层，对每一层次上的因素进行两两比较，从而得到层次因素间的重要性比较，建立判断矩阵，得出各因素的权重。基本步骤如下。

1. 确定阶梯层次评价指标体系，即将目标进行层次化解剖，分解成不同的因素，按照各因素相互间的关系，构造出相应的层次模型。

2. 构造目标层与准则层，准则层与指标层之间的两两判断矩阵，确定层次因素间的权重。设 $U_n$ 对 $U$ 的权重分别为 $W_1$、$W_2$、$W_3$，则对应的权重矩阵为：$W = （W_1，W_2，W_3）$。采用 1～9 标度法，相对重要性标度见表 5－1。

表 5－1    相对重要性标度

| 标度 | 含义 |
| --- | --- |
| 1，1 | $U_i$ 与 $U_j$ 比较，同样重要，则 $b_{ij} = 1$，$b_{ji} = 1$ |
| 3，1/3 | $U_i$ 与 $U_j$ 比较，稍微重要，则 $b_{ij} = 1$，$b_{ji} = 1/3$ |
| 5，1/5 | $U_i$ 与 $U_j$ 比较，明显重要，则 $b_{ij} = 1$，$b_{ji} = 1/5$ |
| 7，1/7 | $U_i$ 与 $U_j$ 比较，重要很多，则 $b_{ij} = 1$，$b_{ji} = 1/7$ |
| 9，1/9 | $U_i$ 与 $U_j$ 比较，绝对重要，则 $b_{ij} = 1$，$b_{ji} = 1/9$ |
| 2，4，6，8，1/2，1/4，1/6，1/8，则表示属于上数之间 | |

3. 判断矩阵的一致性检验。判断矩阵中的矩阵元素值是通过判断确定的，但是人的主观判断存在一定的片面性，因此需要对层次排序进行一致检验性。可以分为以下几个步骤。

（1）运用方根法求解判断矩阵的特征向量，对特征向量进行归一化处理得到各指标的权重，即下一层对于上一层的重要性的相对比例。

①首先计算矩阵每一行元素的乘积：$m_i = \prod\limits_{j=1}^{n} a_{ij}$ （$j = 1,2,3,\cdots,n$）。

②计算 $m_i$ 的 $n$ 次方根 $w_i$，$w_i = \sqrt[n]{m_i}$ （$i = 1,2,3,\cdots,n$）。

③对 $n$ 次方根 $w_i$ 进行向量归一化，公式为：

$$w_i = \overline{w_i} / \sum\limits_{i=1}^{n} \overline{w_i} \quad （i = 1,2,3,\cdots,n）$$

从而得到排序权重的特征向量：

$$W = [W_1 W_2 \cdots W_n]^T$$

（2）计算判断矩阵的最大特征根 $\lambda_{\max}$ ，公式为：

$$\lambda_{\max} = \frac{1}{n} \sum_{i=1}^{n} \frac{(AW)_i}{w_i} \quad (i = 1,2,3,\cdots,n)$$

（3）计算判断矩阵一致性指标 $CI$ ： $CI = (\lambda_{\max} - n)/(n-1)$ 。计算判断矩阵一致性比例 $CR$ ： $CR = CI/RI$ 。

从表找出对应的平均随机一致性指标 $RI$ 。 $RI$ 的值见表 5 - 2 。

表 5 - 2　*RI* 的值

| $n$ | 1 | 2 | 3 | 4 | 5 | 6 | 7 | 8 | 9 |
|---|---|---|---|---|---|---|---|---|---|
| $RI$ | 0 | 0 | 0.58 | 0.90 | 1.12 | 1.24 | 1.32 | 1.41 | 1.45 |

（4）对层次进行总排序，计算权重总排序的一致性比例 $CR$ ：

$$CR = \frac{\sum_{j=1}^{m} CI(j) b_j}{\sum_{j=1}^{m} RI(j) b_j} \text{。}$$

在实际应用当中，当 $CR < 0.10$ 或在 $0.10$ 左右时，则认为判断矩阵通过一致性检验，否则需要对判断矩阵做出相应调整。当 $CR = 0$ 时，表示完全一致。

4. 对方案层进行选择。依据第 3 步得到的符合一致性的排序权重的特征向量：

$$W = \begin{bmatrix} W_1 W_2 \cdots W_n \end{bmatrix}^T$$

其为方案层在总目标下各方案的排序权重，权重较大者为最优。

## （二）模糊综合评价法

模糊综合评价法在 1965 年由美国自动控制专家查德（L. A. Zadeh）教授提出，根据模糊数学的隶属度理论把定性评价转化为定量评价的用以表达实务不确定性的方法，即用模糊数学对受到多种因素制约的事物或对象做出一个总体的评价。本课题中层次分析法构建的评价体系可以运用模糊综合评价法进行量化处理，模糊综合评价的计算步骤一般有：评价指标值、评语集、模糊评价矩阵、模糊综合评价向量。例如，评价某品牌服装，评价指标集为：

$$U = \{X_1 \text{（舒适）}、X_2 \text{（价格）}、X_3 \text{（质量）}\}$$

隶属评语集为：

$$V = \{Y_1 \text{（满意）}、Y_2 \text{（一般）}、Y_3 \text{（不满意）}\}$$

从指标集 $U$ 到评语集 $V$ 的模糊映射是 $f$，由 $f$ 可以导出一个模糊单因素评价矩阵 $B_n$，那么 $B_n = (b_{ij})_{i \cdot j}$，这里 $b_{ij}$ 表示指标 $X_i$ 对评语 $Y_i$ 的隶属程度，在应用中可以根据实际问题建立。用各指标的权重 $W_n$ 与矩阵相乘，则得出指标层的评价结果 $E_n$，即单因素评价向量结果为：$E_n = W_n \cdot B_n$。

那么，综合评价判断矩阵为 $E = [E_1、E_2、\cdots E_n]$，准则层的各因素权重为 $W$，则综合评价向量 $R = W \cdot E$，向量结果表示各准则层的因素隶属于评语集的所占比重。

最终的评价结果可由评价等级的量化向量 $V$（$V = [V_1、V_2、\cdots V_n]$）与综合评价向量相乘得出，即最终结果 $G = R \cdot V$，结果表示评价测定处于评价等级的某一水平上。

**（三）方法与模型的运用思路**

在层次分析法和模糊综合评价模型的指导下，江西旅游产业发展评价可以按照以下思路进行。

1. 运用专家访问法、德尔菲法、主成分分析法等方法确定评价指标，将重要的、有代表性的以及具有可行性、可操作性的指标等留下，剔除相关性不强的指标。

2. 确定发展评价指标后，针对各个指标展开相关的调查，尽可能地查阅可靠资料以及官方的统计数据，确保数据的可靠性。

3. 运用专家座谈法等对不同指标的重要性赋予相关的权重，根据模糊综合评价矩阵计算各指标对于上一层的权重以及在所有指标当中的总权重。

4. 根据调查结果设立评价集，并根据模糊综合评价模型计算最终的结果，即各因素的权重及其在总体中的影响程度。

5. 根据计算结果分析江西旅游产业发展现状，并针对现状分析今后的发展路径和发展模式的选择，提出江西旅游产业发展的相关措施或建议。

**二　指标体系的内容**

旅游产业的可持续发展涉及自然科学、社会科学的多个学科门类，涉及政治、经济、社会各个领域，其范围十分广泛。由于涉及的指标较多，把指标分为五个子系统，即社会子系统、资源子系统、环境子系统、区域经济子系统、智力支持子系统[①]。在每个大类下设具体的评价指标，以期建立一套较为适用，针对性较强，同时具有一定可操作性的旅游产业发展框架性评价指标体系。

社会子系统：社会发展是产业发展的目的。只有社会发展，不同国家、不同地区人群发展权利才能得到公平对待，人类生活质量才能不断提高，人类社会才能全面进步。

资源子系统：资源的利用是产业发展的基础。而对于旅游景区来说，旅游资源就是旅游吸引物，是开展旅游的前提和基础，包括景区所在地的自然资源，也包括旅游资源，如景区的地理位置、各种生存支持能源的供给能力、各种景区资源的独特性和差异性。

环境子系统：生态环境的发展也是旅游产业发展的前提。环境在旅游产业发展过程中对资源的利用和废弃物的排放所具有的允许容量或承载能力，主要是指人们在发展旅游活动对环境的利用或所排放的废弃物不得超过环境容量。

区域经济子系统：区域经济的发展是旅游产业发展的条件，只有经济持续发展，才能缩小人类财富不均的差距，才能为科学技术的发展、旅游产业的发展提供必要的经济基础，进而提高资源利用率，实现人与自然的协同发展，人类持续发展方有可能。

智力支持子系统：智力支持子系统是推动旅游产业发展的动力系统，由一个国家或地区的教育能力、科技能力、管理和决策能力组成，其中教育能力是智力支持子系统的基础，科技能力是智力支持子系统的核心，管理和决策能力是智力支持子系统的灵魂。

这五个子系统构成了旅游产业发展评价体系，本课题也从这五个子系统中选择旅游产业发展的评价指标。

### 三　指标体系的框架

指标体系的框架是指标体系组织的概念模式，它有助于选择和管理

---

①　陶表红：《生态旅游产业可持续发展研究》，武汉理工大学博士学位论文，2012。

指标所要测量的问题，即使它没有抓住现实世界的本质，它也提供了一种便于研究真实世界的机制。不同的指标体系框架之间的区别在于它们鉴别可以测量的问题、选择并组织要测量问题的方法和途径，以及证明这种鉴别和选择程序的概念。

目前，产业可持续发展指标体系主要框架模式可以归纳为 5 种，即压力—响应模式、基于经济的模式、社会—经济—环境三分量模式或主题模式、人类—生态系统福利模式和多种资本模式。由于旅游产业发展是一个复杂的巨系统，用以上的模式不能完全来评价，但基本上可以说明问题。

基于以上分析，根据产业发展评价指标体系内容，本课题采用资源—社会—经济—环境—智力支持五分量评价模式来构建江西旅游产业发展评价指标体系。

利用德尔菲法对评价指标进行筛选，再对指标进行专家咨询，各评价指标经过专家"意见集中度"和"意见协调度"的两轮筛选，最后得出江西旅游产业发展的评价指标体系，具体见表 5 - 3。

表 5 - 3　江西旅游产业发展评价指标体系

| 目标层 A | 准则层 B | 要素层 C | 指标层 D |
|---|---|---|---|
| 江西旅游产业发展指标体系 A | 资源环境 $B_1$ | 资源禀赋 $C_1$ | $D_{11}$ 森林覆盖率 |
| | | | $D_{12}$ 生物物种多样性 |
| | | | $D_{13}$ 珍稀物种或濒危物种种类 |
| | | | $D_{14}$ 人文景观与自然景观相融性 |
| | | | $D_{15}$ 自然景观丰富度 |
| | | | $D_{16}$ 优良级旅游资源数量 |
| | | 生态环境指数 $C_2$ | $D_{21}$ 生态承载能力 |
| | | | $D_{22}$ 景区空气质量 |
| | | | $D_{23}$ 景区噪声分贝 |
| | | | $D_{24}$ 景区绿化覆盖率 |
| | | | $D_{25}$ 景区地表水环境质量 |
| | | 环境建设指数 $C_3$ | $D_{31}$ 建筑物与周围环境协调性 |
| | | | $D_{32}$ 游步道建设生态化比例 |

| 目标层 A | 准则层 B | 要素层 C | 指标层 D |
|---|---|---|---|
| 江西旅游产业发展指标体系 A | 资料环境 B₁ | 社会文化环境 C₄ | $D_{41}$ 当地居民的生态环境保护意识 |
| | | | $D_{42}$ 当地居民对旅游者容忍度 |
| | | | $D_{43}$ 当地政府对环境的保护力度 |
| | | | $D_{44}$ 景区规划与当地人文风情融合程度 |
| | 经济因素 B₂ | 社会经济指数 C₅ | $D_{51}$ 旅游建设资金的年投入量 |
| | | 旅游经济效益指数 C₆ | $D_{61}$ 旅游业总收入占旅游地 GDP 比重 |
| | | | $D_{62}$ 年接待旅游者人数 |
| | | | $D_{63}$ 酒店、宾馆接待能力 |
| | | | $D_{64}$ 旅行社接待能力 |
| | | | $D_{65}$ 旅游业在第三产业中的比重 |
| | 可持续发展潜力 B₃ | 政府支持 C₇ | $D_{71}$ 当地政府对旅游的支持力度 |
| | | | $D_{72}$ 当地法律法规保障 |
| | | 环保投入 C₈ | $D_{81}$ 环保专职人员密度（人/平方公里） |
| | | | $D_{82}$ 游客流量监控机制 |
| | | | $D_{83}$ 制定环境管理体系（EMS） |
| | | | $D_{84}$ 生态环境质量监测分析 |
| | | 资源利用 C₉ | $D_{91}$ 使用无公害清洁剂 |
| | | | $D_{92}$ 使用节能设施 |
| | | | $D_{93}$ 选用生态性建筑材料 |
| | | 废弃物处理 C₁₀ | $D_{101}$ 垃圾无害化处理 |
| | | | $D_{102}$ 污水排放量 |
| | | | $D_{103}$ 旅游者参加废弃物回收 |
| | | | $D_{104}$ 污水的回收利用率 |
| | | 交通与商品 C₁₁ | $D_{111}$ 旅游商品原材料不含濒危物种或珍稀物种 |
| | | | $D_{112}$ 使用低污染娱乐设施 |
| | | | $D_{113}$ 使用低污染交通工具 |
| | | 行为引导 C₁₂ | $D_{121}$ 员工生态环境保护培训次数 |
| | | | $D_{122}$ 生态知识宣传教育 |
| | | 教育培训 C₁₃ | $D_{131}$ 旅游业员工上岗培训率 |
| | | | $D_{132}$ 教育培训经费占 GDP 比重 |

　　从最后得到的评价指标体系可以看出，专家认为旅游产业发展的关键因素表现在三个方面。首先是生态化的资源环境、良性的经济发展、强劲的可持续发展潜力。在可持续发展潜力中，专家认为政府支持是旅游产业发展的至关重要的因素。其次是法律法规的执行。最后，环境的治理也是专家们认为比较重要的一环。

　　指标的量化采用统一赋值的方法，每个指标根据不同的标准统一划分A、B、C、D、E五个等级，每个等级分别赋值100、80、60、40、20。

## 第四节　江西旅游产业发展的综合评价

### 一　江西旅游产业发展的评价指标权重

　　把筛选下来的指标体系的每项指标进行专家打分，再计算其判断矩阵，从而确定指标的权重：

　　各指标权重 $= W_A \times W_B \times W_C$

　　式中，$W_A$、$W_B$、$W_C$分别为目标层$A$、准则层$B$、要素层$C$权重。计算结果如表5－4。

表5－4　江西旅游产业发展评价指标权重总排序

| 目标层 $A$ | 准则层 $B$ | 要素层 $C$ | 指标层 $D$ | 总权重 |
|---|---|---|---|---|
| 江西旅游产业发展指标体系 $A$ | 资源环境 $B_1$ | 资源禀赋 $C_1$ | $D_{11}$森林覆盖率 | 0.0832 |
| | | | $D_{12}$生物物种多样性 | 0.0245 |
| | | | $D_{13}$珍稀物种或濒危物种种类 | 0.0126 |
| | | | $D_{14}$人文景观与自然景观相融性 | 0.0390 |
| | | | $D_{15}$自然景观丰富度 | 0.0102 |
| | | | $D_{16}$优良级旅游资源数量 | 0.0595 |
| | | 生态环境指数 $C_2$ | $D_{21}$生态承载能力 | 0.0626 |
| | | | $D_{22}$景区空气质量 | 0.0136 |
| | | | $D_{23}$景区噪声分贝 | 0.0075 |
| | | | $D_{24}$景区绿化覆盖率 | 0.0341 |
| | | | $D_{25}$景区地表水环境质量 | 0.0128 |
| | | 环境建设指数 $C_3$ | $D_{31}$建筑物与周围环境协调性 | 0.0215 |
| | | | $D_{32}$游步道建设生态化比例 | 0.0072 |

| 目标层 $A$ | 准则层 $B$ | 要素层 $C$ | 指标层 $D$ | 总权重 |
|---|---|---|---|---|
| 江西旅游产业发展指标体系 $A$ | 资源环境 $B_1$ | 社会文化环境 $C_4$ | $D_{41}$ 当地居民的生态环境保护意识 | 0.0230 |
| | | | $D_{42}$ 当地居民对旅游者容忍度 | 0.0026 |
| | | | $D_{43}$ 当地政府对环境的保护力度 | 0.0097 |
| | | | $D_{44}$ 景区规划与当地人文风情融合程度 | 0.0050 |
| | 经济因素 $B_2$ | 社会经济指数 $C_5$ | $D_{51}$ 旅游建设资金的年投入量 | 0.1072 |
| | | 旅游经济效益指数 $C_6$ | $D_{61}$ 旅游业总收入占旅游地 GDP 比重 | 0.0166 |
| | | | $D_{62}$ 年接待旅游者人数 | 0.0016 |
| | | | $D_{63}$ 酒店、宾馆接待能力 | 0.0048 |
| | | | $D_{64}$ 旅行社接待能力 | 0.0028 |
| | | | $D_{65}$ 旅游业在第三产业中的比重 | 0.0100 |
| | 可持续发展潜力 $B_3$ | 政府支持 $C_7$ | $D_{71}$ 当地政府对旅游的支持力度 | 0.1135 |
| | | | $D_{72}$ 当地法律法规保障 | 0.0378 |
| | | 环保投入 $C_8$ | $D_{81}$ 环保专职人员密度（人/平方公里） | 0.0027 |
| | | | $D_{82}$ 游客流量监控机制 | 0.0058 |
| | | | $D_{83}$ 制定环境管理体系（EMS） | 0.0129 |
| | | | $D_{84}$ 生态环境质量监测分析 | 0.0278 |
| | | 资源利用 $C_9$ | $D_{91}$ 使用无公害清洁剂 | 0.0059 |
| | | | $D_{92}$ 使用节能设施 | 0.0037 |
| | | | $D_{93}$ 选用生态性建筑材料 | 0.0141 |
| | | 废弃物处理 $C_{10}$ | $D_{101}$ 垃圾无害化处理 | 0.0597 |
| | | | $D_{102}$ 污水排放量 | 0.0297 |
| | | | $D_{103}$ 旅游者参加废弃物回收 | 0.0070 |
| | | | $D_{104}$ 污水的回收利用率 | 0.0134 |
| | | 交通与商品 $C_{11}$ | $D_{111}$ 旅游商品原材料不含濒危物种或珍稀物种 | 0.0111 |
| | | | $D_{112}$ 使用低污染娱乐设施 | 0.0029 |
| | | | $D_{113}$ 使用低污染交通工具 | 0.0070 |
| | | 行为引导 $C_{12}$ | $D_{121}$ 员工生态环境保护培训次数 | 0.0028 |
| | | | $D_{122}$ 生态知识宣传教育 | 0.0139 |
| | | 教育培训 $C_{13}$ | $D_{131}$ 旅游业员工上岗培训率 | 0.0474 |
| | | | $D_{132}$ 教育培训经费占 GDP 比重 | 0.0095 |

上述的评价指标权重总排序的一致性为：

$$CR_{总} = \frac{\sum_{i=1}^{n} W_A CI_i}{\sum_{i=1}^{n} W_A RI_i} = 0.079955 < 0.1$$

江西旅游产业发展评价指标权重总排序满足一致性。

## 二　评价模型

采用多目标线性加权评价模型对江西旅游产业发展进行综合评价：

$$I = \sum^{l} \left[ \sum^{m} \left( \sum^{n} S_k W_k \right) W_j \right] W_i$$

式中：$I$ 为总得分值；

$\quad\quad W_i$ 为准则层第 $i$ 个指标权重；

$\quad\quad W_j$ 为准则层第 $j$ 个指标权重；

$\quad\quad W_k$ 为准则层第 $k$ 个指标权重；

$\quad\quad l$ 为准则层指标个数，本模型取 3；

$\quad\quad m$ 为准则层指标个数，本模型取 13；

$\quad\quad n$ 为准则层指标个数，本模型取 43。

## 三　江西省各地旅游产业发展综合评价

通过对江西各地旅游产业发展情况的具体研究发现，不同地区的旅游产业发展模式不一样，为了方便对旅游产业的发展进行评价，本课题对江西省各地区进行了分类。

本课题根据江西旅游资源分布与聚集特征和社会经济发展状况，将各设区市进行排列比较，并得出相对性结论。把江西省各设区市分为四类。

第一类：旅游资源较为缺乏、地区经济相对发达：南昌市、新余市、鹰潭市。

第二类：旅游资源非常丰富、地区经济相对发达：九江市、景德镇市、萍乡市。

　　第三类：旅游资源非常丰富、地区经济相对落后：赣州市、吉安市、上饶市。

　　第四类：旅游资源较为缺乏、地区经济相对落后：宜春市、抚州市。

　　因此，本课题在各类设区市选择一个城市作为代表进行评价，分别是：南昌市、九江市、赣州市和宜春市。

　　本课题邀请了江西省内专家对以上四个城市的定性指标进行评价打分，利用诸位专家分值的算术平均值作为该项指标的评价得分值。而对于定量性指标，查阅《江西省统计年鉴》和《江西省旅游年鉴》及相关政府网站获取相关数据进行打分。

### （一）南昌市

　　南昌市旅游产业发展综合评价得分见表 5 – 5。

#### 表 5 – 5　南昌市旅游产业发展综合评价得分

单位：分

| 目标层 $A$ | 准则层 $B$ | 得分 | 要素层 $C$ | 得分 | 指标层 $D$ | 评价得分 |
|---|---|---|---|---|---|---|
| 江西旅游产业发展指标体系 $A$ | 资源环境 $B_1$ | 65.50 | 资源禀赋 $C_1$ | 62.59 | $D_{11}$ 森林覆盖率 | 20 |
| | | | | | $D_{12}$ 生物物种多样性 | 80 |
| | | | | | $D_{13}$ 珍稀物种或濒危物种种类 | 65 |
| | | | | | $D_{14}$ 人文景观与自然景观相融性 | 80 |
| | | | | | $D_{15}$ 自然景观丰富度 | 80 |
| | | | | | $D_{16}$ 优良级旅游资源数量 | 100 |
| | | | 生态环境指数 $C_2$ | 67.22 | $D_{21}$ 生态承载能力 | 60 |
| | | | | | $D_{22}$ 景区空气质量 | 80 |
| | | | | | $D_{23}$ 景区噪声分贝 | 70 |
| | | | | | $D_{24}$ 景区绿化覆盖率 | 70 |
| | | | | | $D_{25}$ 景区地表水环境质量 | 80 |
| | | | 环境建设指数 $C_3$ | 80 | $D_{31}$ 建筑物与周围环境协调性 | 80 |
| | | | | | $D_{32}$ 游步道建设生态化比例 | 80 |
| | | | 社会文化环境 $C_4$ | 66.11 | $D_{41}$ 当地居民的生态环境保护意识 | 60 |
| | | | | | $D_{42}$ 当地居民对旅游者容忍度 | 80 |
| | | | | | $D_{43}$ 当地政府对环境的保护力度 | 80 |
| | | | | | $D_{44}$ 景区规划与当地人文风情融合程度 | 60 |

续表

| 目标层 A | 准则层 B | 得分 | 要素层 C | 得分 | 指标层 D | 评价得分 |
|---|---|---|---|---|---|---|
| 江西旅游产业发展指标体系 A | 经济因素 B₂ | 78.51 | 社会经济指数 C₅ | 80 | D₅₁ 旅游建设资金的年投入量 | 80 |
| | | | 旅游经济效益指数 C₆ | 74.03 | D₆₁ 旅游业总收入占旅游地 GDP 比重 | 70 |
| | | | | | D₆₂ 年接待旅游者人数 | 80 |
| | | | | | D₆₃ 酒店、宾馆接待能力 | 100 |
| | | | | | D₆₄ 旅行社接待能力 | 100 |
| | | | | | D₆₅ 旅游业在第三产业中的比重 | 60 |
| | 可持续发展潜力 B₃ | 84 | 政府支持 C₇ | 91.25 | D₇₁ 当地政府对旅游的支持力度 | 100 |
| | | | | | D₇₂ 当地法律法规保障 | 65 |
| | | | 环保投入 C₈ | 93.65 | D₈₁ 环保专职人员密度（人/平方公里） | 80 |
| | | | | | D₈₂ 游客流量监控机制 | 100 |
| | | | | | D₈₃ 制定环境管理体系（EMS） | 80 |
| | | | | | D₈₄ 生态环境质量监测分析 | 100 |
| | | | 资源利用 C₉ | 88.13 | D₉₁ 使用无公害清洁剂 | 100 |
| | | | | | D₉₂ 使用节能设施 | 100 |
| | | | | | D₉₃ 选用生态性建筑材料 | 80 |
| | | | 废弃物处理 C₁₀ | 73.52 | D₁₀₁ 垃圾无害化处理 | 100 |
| | | | | | D₁₀₂ 污水排放量 | 20 |
| | | | | | D₁₀₃ 旅游者参加废弃物回收 | 70 |
| | | | | | D₁₀₄ 污水的回收利用率 | 76 |
| | | | 交通与商品 C₁₁ | 82.78 | D₁₁₁ 旅游商品原材料不含濒危物种或珍稀物种 | 80 |
| | | | | | D₁₁₂ 使用低污染娱乐设施 | 100 |
| | | | | | D₁₁₃ 使用低污染交通工具 | 80 |
| | | | 行为引导 C₁₂ | 68.33 | D₁₂₁ 员工生态环境保护培训次数 | 80 |
| | | | | | D₁₂₂ 生态知识宣传教育 | 66 |
| | | | 教育培训 C₁₃ | 80 | D₁₃₁ 旅游业员工上岗培训率 | 80 |
| | | | | | D₁₃₂ 教育培训经费占 GDP 比重 | 80 |

南昌市旅游产业发展综合得分为：

$$I = 65.5 \times 0.4286 + 78.51 \times 0.1429 + 84 \times 0.4286 = 75.30$$

从表5-5中还可以看出，资源环境是南昌市旅游产业发展的短板，但是较高的可持续发展潜力使南昌市旅游产业发展具有强有力的后续潜力。为此，南昌市旅游产业发展的最有力的措施，就是增强乡村美观度、提高城乡森林覆盖率，加大城市旅游化建设。

### (二) 九江市

九江市旅游产业发展综合评价得分见表5-6。

**表5-6　九江市旅游产业发展综合评价得分**

单位：分

| 目标层 $A$ | 准则层 $B$ | 得分 | 要素层 $C$ | 得分 | 指标层 $D$ | 评价得分 |
|---|---|---|---|---|---|---|
| 江西旅游产业发展指标体系 $A$ | 资源环境 $B_1$ | 86.60 | 资源禀赋 $C_1$ | 87.34 | $D_{11}$ 森林覆盖率 | 80 |
| | | | | | $D_{12}$ 生物物种多样性 | 100 |
| | | | | | $D_{13}$ 珍稀物种或濒危物种种类 | 80 |
| | | | | | $D_{14}$ 人文景观与自然景观相融性 | 80 |
| | | | | | $D_{15}$ 自然景观丰富度 | 80 |
| | | | | | $D_{16}$ 优良级旅游资源数量 | 100 |
| | | | 生态环境指数 $C_2$ | 87.3 | $D_{21}$ 生态承载能力 | 80 |
| | | | | | $D_{22}$ 景区空气质量 | 100 |
| | | | | | $D_{23}$ 景区噪声分贝 | 80 |
| | | | | | $D_{24}$ 景区绿化覆盖率 | 100 |
| | | | | | $D_{25}$ 景区地表水环境质量 | 80 |
| | | | 环境建设指数 $C_3$ | 80 | $D_{31}$ 建筑物与周围环境协调性 | 80 |
| | | | | | $D_{32}$ 游步道建设生态化比例 | 80 |
| | | | 社会文化环境 $C_4$ | 84.81 | $D_{41}$ 当地居民的生态环境保护意识 | 80 |
| | | | | | $D_{42}$ 当地居民对旅游者容忍度 | 80 |
| | | | | | $D_{43}$ 当地政府对环境的保护力度 | 100 |
| | | | | | $D_{44}$ 景区规划与当地人文风情融合程度 | 80 |
| | 经济因素 $B_2$ | 84.32 | 社会经济指数 $C_5$ | 80 | $D_{51}$ 旅游建设资金的年投入量 | 80 |
| | | | 旅游经济效益指数 $C_6$ | 97.29 | $D_{61}$ 旅游业总收入占旅游地 GDP 比重 | 100 |
| | | | | | $D_{62}$ 年接待旅游者人数 | 100 |
| | | | | | $D_{63}$ 酒店、宾馆接待能力 | 80 |
| | | | | | $D_{64}$ 旅行社接待能力 | 100 |
| | | | | | $D_{65}$ 旅游业在第三产业中的比重 | 100 |

| 目标层 A | 准则层 B | 得分 | 要素层 C | 得分 | 指标层 D | 评价得分 |
|---|---|---|---|---|---|---|
| 江西旅游产业发展指标体系 A | 可持续发展潜力 $B_3$ | 83.91 | 政府支持 $C_7$ | 95 | $D_{71}$ 当地政府对旅游的支持力度 | 100 |
| | | | | | $D_{72}$ 当地法律法规保障 | 80 |
| | | | 环保投入 $C_8$ | 88.41 | $D_{81}$ 环保专职人员密度（人/平方公里） | 80 |
| | | | | | $D_{82}$ 游客流量监控机制 | 100 |
| | | | | | $D_{83}$ 制定环境管理体系（EMS） | 60 |
| | | | | | $D_{84}$ 生态环境质量监测分析 | 100 |
| | | | 资源利用 $C_9$ | 71.54 | $D_{91}$ 使用无公害清洁剂 | 100 |
| | | | | | $D_{92}$ 使用节能设施 | 70 |
| | | | | | $D_{93}$ 选用生态性建筑材料 | 60 |
| | | | 废弃物处理 $C_{10}$ | 76.28 | $D_{101}$ 垃圾无害化处理 | 80 |
| | | | | | $D_{102}$ 污水排放量 | 80 |
| | | | | | $D_{103}$ 旅游者参加废弃物回收 | 60 |
| | | | | | $D_{104}$ 污水的回收利用率 | 60 |
| | | | 交通与商品 $C_{11}$ | 79.46 | $D_{111}$ 旅游商品原材料不含濒危物种或珍稀物种 | 80 |
| | | | | | $D_{112}$ 使用低污染娱乐设施 | 100 |
| | | | | | $D_{113}$ 使用低污染交通工具 | 70 |
| | | | 行为引导 $C_{12}$ | 68.33 | $D_{121}$ 员工生态环境保护培训次数 | 60 |
| | | | | | $D_{122}$ 生态知识宣传教育 | 70 |
| | | | 教育培训 $C_{13}$ | 76.67 | $D_{131}$ 旅游业员工上岗培训率 | 80 |
| | | | | | $D_{132}$ 教育培训经费占 GDP 比重 | 60 |

九江市旅游产业发展综合得分为：

$$I = 86.60 \times 0.4286 + 84.32 \times 0.1429 + 83.91 \times 0.4286 = 85.13$$

从表 5-6 得知，九江市各项指标都比较均衡，其中旅游经济是九江市国民经济的主要支柱。九江市在以优越的资源环境和经济环境为发展旅游产业强大后盾的同时，也要加强旅游产业可持续发展潜力的培育，其中行为引导是促进旅游产业转型升级和实现提质增效的重要工作。

### （三）赣州市

赣州市旅游产业发展综合评价得分见表5-7。

**表5-7 赣州市旅游产业发展综合评价得分**

单位：分

| 目标层 A | 准则层 B | 得分 | 要素层 C | 得分 | 指标层 D | 评价得分 |
|---|---|---|---|---|---|---|
| 江西旅游产业发展指标体系 A | 资源环境 $B_1$ | 86.49 | 资源禀赋 $C_1$ | 90.3 | $D_{11}$ 森林覆盖率 | 100 |
| | | | | | $D_{12}$ 生物物种多样性 | 100 |
| | | | | | $D_{13}$ 珍稀物种或濒危物种种类 | 80 |
| | | | | | $D_{14}$ 人文景观与自然景观相融性 | 80 |
| | | | | | $D_{15}$ 自然景观丰富度 | 100 |
| | | | | | $D_{16}$ 优良级旅游资源数量 | 80 |
| | | | 生态环境指数 $C_2$ | 87.3 | $D_{21}$ 生态承载能力 | 80 |
| | | | | | $D_{22}$ 景区空气质量 | 100 |
| | | | | | $D_{23}$ 景区噪声分贝 | 80 |
| | | | | | $D_{24}$ 景区绿化覆盖率 | 100 |
| | | | | | $D_{25}$ 景区地表水环境质量 | 80 |
| | | | 环境建设指数 $C_3$ | 75 | $D_{31}$ 建筑物与周围环境协调性 | 80 |
| | | | | | $D_{32}$ 游步道建设生态化比例 | 60 |
| | | | 社会文化环境 $C_4$ | 70.4 | $D_{41}$ 当地居民的生态环境保护意识 | 60 |
| | | | | | $D_{42}$ 当地居民对旅游者容忍度 | 90 |
| | | | | | $D_{43}$ 当地政府对环境的保护力度 | 90 |
| | | | | | $D_{44}$ 景区规划与当地人文风情融合程度 | 70 |
| | 经济因素 $B_2$ | 79.92 | 社会经济指数 $C_5$ | 80 | $D_{51}$ 旅游建设资金的年投入量 | 80 |
| | | | 旅游经济效益指数 $C_6$ | 79.67 | $D_{61}$ 旅游业总收入占旅游地 GDP 比重 | 80 |
| | | | | | $D_{62}$ 年接待旅游者人数 | 90 |
| | | | | | $D_{63}$ 酒店、宾馆接待能力 | 80 |
| | | | | | $D_{64}$ 旅行社接待能力 | 70 |
| | | | | | $D_{65}$ 旅游业在第三产业中的比重 | 80 |
| | 可持续发展潜力 $B_3$ | 80.95 | 政府支持 $C_7$ | 95 | $D_{71}$ 当地政府对旅游的支持力度 | 100 |
| | | | | | $D_{72}$ 当地法律法规保障 | 80 |
| | | | 环保投入 $C_8$ | 74.48 | $D_{81}$ 环保专职人员密度（人/平方公里） | 80 |
| | | | | | $D_{82}$ 游客流量监控机制 | 100 |

续表

| 目标层 A | 准则层 B | 得分 | 要素层 C | 得分 | 指标层 D | 评价得分 |
|---|---|---|---|---|---|---|
| 江西旅游产业发展指标体系 A | 可持续发展潜力 $B_3$ | 80.95 | 环保投入 $C_8$ | 74.48 | $D_{83}$ 制定环境管理体系（EMS） | 50 |
| | | | | | $D_{84}$ 生态环境质量监测分析 | 80 |
| | | | 资源利用 $C_9$ | 84.99 | $D_{91}$ 使用无公害清洁剂 | 100 |
| | | | | | $D_{92}$ 使用节能设施 | 80 |
| | | | | | $D_{93}$ 选用生态性建筑材料 | 80 |
| | | | 废弃物处理 $C_{10}$ | 70.24 | $D_{101}$ 垃圾无害化处理 | 80 |
| | | | | | $D_{102}$ 污水排放量 | 60 |
| | | | | | $D_{103}$ 旅游者参加废弃物回收 | 50 |
| | | | | | $D_{104}$ 污水的回收利用率 | 60 |
| | | | 交通与商品 $C_{11}$ | 83.9 | $D_{111}$ 旅游商品原材料不含濒危物种或珍稀物种 | 100 |
| | | | | | $D_{112}$ 使用低污染娱乐设施 | 80 |
| | | | | | $D_{113}$ 使用低污染交通工具 | 60 |
| | | | 行为引导 $C_{12}$ | 76.67 | $D_{121}$ 员工生态环境保护培训次数 | 60 |
| | | | | | $D_{122}$ 生态知识宣传教育 | 80 |
| | | | 教育培训 $C_{13}$ | 68.33 | $D_{131}$ 旅游业员工上岗培训率 | 70 |
| | | | | | $D_{132}$ 教育培训经费占 GDP 比重 | 60 |

赣州市旅游产业发展综合得分为：

$$I = 86.49 \times 0.4286 + 79.92 \times 0.1429 + 80.95 \times 0.4286 = 83.19$$

赣州市森林覆盖率高达 76.24%，居全省首位。优越的资源环境条件是赣州市发展旅游产业的资源基础。加强生态环境保护，继续保持生态环境优势是赣州市旅游产业发展的首要任务，同时，提高旅游从业人员的生态环境保护培训次数，加强与高等旅游院校之间的合作交流，加快旅游专业人才培养速度，为赣州市旅游产业发展提供智力保障，是今后工作的重点。

## （四）宜春市

宜春市旅游产业发展综合评价得分见表 5-8。

表5-8 宜春市旅游产业发展综合评价得分

单位：分

| 目标层 $A$ | 准则层 $B$ | 得分 | 要素层 $C$ | 得分 | 指标层 $D$ | 评价得分 |
|---|---|---|---|---|---|---|
| 江西旅游产业发展指标体系 $A$ | 资源环境 $B_1$ | 83.63 | 资源禀赋 $C_1$ | 82.74 | $D_{11}$ 森林覆盖率 | 80 |
| | | | | | $D_{12}$ 生物物种多样性 | 100 |
| | | | | | $D_{13}$ 珍稀物种或濒危物种种类 | 60 |
| | | | | | $D_{14}$ 人文景观与自然景观相融性 | 90 |
| | | | | | $D_{15}$ 自然景观丰富度 | 80 |
| | | | | | $D_{16}$ 优良级旅游资源数量 | 80 |
| | | | 生态环境指数 $C_2$ | 87.8 | $D_{21}$ 生态承载能力 | 80 |
| | | | | | $D_{22}$ 景区空气质量 | 100 |
| | | | | | $D_{23}$ 景区噪声分贝 | 100 |
| | | | | | $D_{24}$ 景区绿化覆盖率 | 90 |
| | | | | | $D_{25}$ 景区地表水环境质量 | 100 |
| | | | 环境建设指数 $C_3$ | 72.5 | $D_{31}$ 建筑物与周围环境协调性 | 70 |
| | | | | | $D_{32}$ 游步道建设生态化比例 | 80 |
| | | | 社会文化环境 $C_4$ | 83.08 | $D_{41}$ 当地居民的生态环境保护意识 | 80 |
| | | | | | $D_{42}$ 当地居民对旅游者容忍度 | 100 |
| | | | | | $D_{43}$ 当地政府对环境的保护力度 | 90 |
| | | | | | $D_{44}$ 景区规划与当地人文风情融合程度 | 75 |
| | 经济因素 $B_2$ | 68.41 | 社会经济指数 $C_5$ | 65 | $D_{51}$ 旅游建设资金的年投入量 | 65 |
| | | | 旅游经济效益指数 $C_6$ | 78.64 | $D_{61}$ 旅游业总收入占旅游地 GDP 比重 | 80 |
| | | | | | $D_{62}$ 年接待旅游者人数 | 80 |
| | | | | | $D_{63}$ 酒店、宾馆接待能力 | 70 |
| | | | | | $D_{64}$ 旅行社接待能力 | 80 |
| | | | | | $D_{65}$ 旅游业在第三产业中的比重 | 80 |
| | 可持续发展潜力 $B_3$ | 84.29 | 政府支持 $C_7$ | 94 | $D_{71}$ 当地政府对旅游的支持力度 | 100 |
| | | | | | $D_{72}$ 当地法律法规保障 | 76 |
| | | | 环保投入 $C_8$ | 85.67 | $D_{81}$ 环保专职人员密度（人/平方公里） | 78 |
| | | | | | $D_{82}$ 游客流量监控机制 | 100 |
| | | | | | $D_{83}$ 制定环境管理体系（EMS） | 50 |
| | | | | | $D_{84}$ 生态环境质量监测分析 | 100 |
| | | | 资源利用 $C_9$ | 88.13 | $D_{91}$ 使用无公害清洁剂 | 100 |

| 目标层 A | 准则层 B | 得分 | 要素层 C | 得分 | 指标层 D | 评价得分 |
|---|---|---|---|---|---|---|
| 江西旅游产业发展指标体系 A | 可持续发展潜力 $B_3$ | 84.29 | 资源利用 $C_9$ | 88.13 | $D_{92}$ 使用节能设施 | 100 |
| | | | | | $D_{93}$ 选用生态性建筑材料 | 80 |
| | | | 废弃物处理 $C_{10}$ | 75.43 | $D_{101}$ 垃圾无害化处理 | 80 |
| | | | | | $D_{102}$ 污水排放量 | 80 |
| | | | | | $D_{103}$ 旅游者参加废弃物回收 | 60 |
| | | | | | $D_{104}$ 污水的回收利用率 | 53 |
| | | | 交通与商品 $C_{11}$ | 81.73 | $D_{111}$ 旅游商品原材料不含濒危物种或珍稀物种 | 78 |
| | | | | | $D_{112}$ 使用低污染娱乐设施 | 100 |
| | | | | | $D_{113}$ 使用低污染交通工具 | 80 |
| | | | 行为引导 $C_{12}$ | 76.67 | $D_{121}$ 员工生态环境保护培训次数 | 60 |
| | | | | | $D_{122}$ 生态知识宣传教育 | 80 |
| | | | 教育培训 $C_{13}$ | 76 | $D_{131}$ 旅游业员工上岗培训率 | 80 |
| | | | | | $D_{132}$ 教育培训经费占 GDP 比重 | 56 |

宜春市旅游产业发展综合得分为：

$$I = 83.63 \times 0.4286 + 68.41 \times 0.1429 + 84.29 \times 0.4286 = 81.75$$

宜春市通过举办全国农民运动会和举全市之力创建国家 5A 级旅游景区——明月山，提升了全民的环保意识，另外，政府为了举办全国农民运动会和发展城市旅游，对宜春市的城市形象进行了全面提升，为宜春市旅游产业发展赚足了"人气"和"名气"。政府对旅游发展的支持力度非常之大。另外，宜春市资源环境也不错，森林覆盖率达 56.97%，满足旅游发展的需求。宜春市旅游产业发展的短板是社会资金的投入和旅游专业人才的缺乏。为此，加大资金投入和旅游从业人员的专业培训力度，是宜春市促进旅游产业发展的有力举措。

# 第五节　江西旅游产业发展的演化

## 一　古代江西的旅行业：达官贵人、文人骚客零星的旅行

江西地处我国东西部交接处，南北交通要道上，自古以来就有"吴

头楚尾""控蛮荆而引瓯越"之说。自汉至清的两千多年间，到江西游历、旅行的名人络绎不绝，留下诗文、遗迹无数。西汉历史学家和文学家司马迁所著《史记》中便有"余南登庐山，观禹疏九江"的记载。唐朝诗人王勃登临滕王阁而做名篇《滕王阁序》，使滕王阁名扬天下。唐朝诗仙李白的《望庐山瀑布》一诗传遍大江南北。明代大旅行家徐霞客的《徐霞客游记》记载了其游历考察的江西山川。自汉至清，来江西旅行的旅客们多经长江入鄱阳湖，循赣、抚、信、修、饶五水漫游，或沿驿道由陆路抵达各景点，沿途设有驿馆、客栈，提供简单的食宿以及车马、向导等服务。古代江西，虽然有优质的山水旅游资源，优良的田园生态环境，丰富的历史人文遗迹，但由于生产力水平的相对低下和社会经济发展程度的局限性，长期以来大多数百姓的生活水平只能维持温饱，能旅行的人仍然很少。

因此，这一阶段江西的旅行业中的游客，不过是些文人骚客或是政客，多半是游学观光或视察工作，交通主动脉主要是借助赣江 - 鄱阳湖水系，交通工具多为内河航运的木船和陆路的马车或是骑马等，这时的旅行活动还不能称得上是真正的旅游经济活动，更不会有成体系的旅游产业，仅仅是一种社会人文现象。

## 二　近代至新中国成立前的江西旅游业：以庐山为典型代表的高端避暑地开发

近代江西旅游业的开发从庐山开始。1840 年鸦片战争爆发，帝国主义入侵中国，九江开埠。清光绪二十一年（1895 年）英国人李德立强行租借庐山牯岭，辟建避暑地，庐山开始扬名中外，在九江、汉口、南京的教会、税务司和其他地方的外国人及其团体，纷纷来到山麓或山顶强行租地建屋筑路。此后，上山游览避暑和常住人口逐年增多，交通、商业、建筑业等日益完善。

1927 年南京国民政府成立后，庐山又成了国民政府权贵们的"夏都"，蒋介石以及许多政界要员在此建有公馆和别墅，孙中山、宋庆龄、蒋介石，以及美国特使马歇尔、美国驻华大使司徒雷登等到庐山避暑、观光。此间，江西旅游服务设施初有发展，开始出现专营或兼营接待的服务机构，提供各种代办性服务，如安排食宿、接送行李、订购车船票、派任轿夫向导和组织文娱活动等。

这一时期，由于自身的自然景观资源的优势以及历史事故的缘由，江西旅游业得到了一定程度的发展，庐山旅游景区由于游客的增多促进了当地经济发展、社会建设和文化繁荣。与古代相比，这一时期旅游业有了很大的进步，交通工具更加现代化，有轮船、汽车、火车甚至飞机，当然更有传统的马车和轿夫等；游客类型更呈现多样化特征，有出于公事需求的，有出于个人需求的，也有观光需求的等。当然，这一时期，以庐山作为中国近现代旅游发展的典型代表，外国人前往庐山避暑和国民政府将庐山作为"夏都"等历史现象的出现，在庐山景区的发展中，起了关键性作用。

### 二 新中国成立以来的江西旅游业：从政治性的接待事业到完备的经济产业的发展历程

新中国成立初期的 30 年中，江西旅游产业长期实行"突出政治，热情接待，低价收费，周到服务"的经营原则，重政治影响，轻经济效益，虽然在扩大对外交往、增进国际友谊、开展革命传统教育和增强爱国主义观念等方面取得了明显的社会效益，但经济效益甚微，旅游行业基本属于事业接待型性质，处于业绩亏损状态，更没有专门的财力、物力投入以开发旅游资源和改善旅游服务设施。

1978 年，中共十一届三中全会决定全国工作重心转移到社会主义经济建设上来，确定了改革开放、搞活经济的政策，全国人大五届二次会议确定"大力发展旅游业"的方针，旅游业被立为一业，纳入国民经济和社会发展计划，江西旅游业从此真正走上大发展道路。1979 年 3 月江西省旅行游览事业管理局成立，统一管理全省旅游事业，1980 年更名为江西省旅游事业管理局，1981 年开始对全省旅游资源进行普查，发现一大批颇具特色的旅游资源，如三清山、鄱阳湖候鸟保护区等，还发现过去已有记载但尚未开发的珍贵旅游资源，如龙虎山道教发源地遗址、仙水岩春秋崖墓群、井冈山群瀑和高山田园风光、景德镇古陶瓷文化、南昌滕王阁文化资源、婺源县明清民居古建筑群、铅山县河口古镇以及佛教禅宗众多发祥地等。20 世纪 80 年代以来，在资源普查的基础上，各地相继制定资源保护和风景区规划，并由省人民政府批准实施《庐山风景名胜区总体规划》《井冈山风景名胜区总体规划》《龙虎山风景名胜区总体规划》《三清山风景名胜区总体规划》《景德镇市城市总体规划》《南昌市城市总体规划》。景德镇被国务院批准为全国第一批国家历史文化名城，庐山、井冈山被国务院列为第一批国家重点风景名胜区；南昌被列为全国第二批历史文化名城；龙虎山、三清山被列为第二批国家重点风景名胜区。江西旅游产业启航发展。

　　经过改革开放 40 年的建设和发展，旅游产业已成为要素齐全、行业多元、体系完备的江西重要经济部门，成为江西国民经济的重要支柱产业。表 5 - 9 是从《江西省统计年鉴》查找到的 20 世纪 90 年代以来 25 年的旅游产业发展情况的官方数据，从表 5 - 9 可以看出，旅游总收入呈现指数增长，2011 年已超过 1000 亿元的大关，2015 年更是达到了 3637.65 亿元，占全国旅游总收入的比重为 8.81%，占全省地区生产总值的比重为 21.75%，以及占全省地区生产总值中第三产业的比重为 55.63%。由此可见，江西旅游改革与发展持续发力，在经济下行压力加大的背景下仍然实现了旅游产业发展的全线飘红、逆势上扬。江西已经形成了高位推动、中位传动、低位联动的旅游发展良好格局。江西旅游要在保持当前较快增长的良好态势基础上，不断抢抓战略机遇，坚持做大总量和提升质量相统一、政府引导和市场主体相结合、深化改革和依法治旅相并重、做强国内和拓展国际相统筹、重点引领和全域发展相促进五大原则，通过全域旅游发展和旅游供给侧结构性改革，优化旅游产业结构，激发旅游市场活力，形成若干个在全国具有战略意义和竞争优势的旅游产品、旅游线路、旅游企业和公共服务体系，把旅游业建成江西引领全国的核心产业，打造成为江西最大的特色、最大的优势、最大的亮点，使旅游业成为绿色崛起的第一窗口、第一名片、第一品牌，为提高人民群众幸福指数、全面建成小康社会、促进经济社会更好更快发展做出新贡献。力争到 2020 年，全省旅游主营业务收入达到 1 万亿元人民币，把江西建设成为要素更全、品质更精、形象更好、配套更优、效益更佳、活力更足的旅游强省。

表 5 – 9 1991~2015 年江西省旅游产业发展相关数据

单位：亿元，%

| 年份 | 旅游总收入 | 占全国旅游总收入的比重 | 占全省地区生产总值的比重 | 占全省地区生产总值中第三产业的比重 |
|------|-----------|----------------------|------------------------|--------------------------------|
| 1991 | 4.30 | 1.23 | 0.90 | 3.04 |
| 1992 | 4.81 | 1.03 | 0.84 | 2.79 |
| 1993 | 5.31 | 0.47 | 0.73 | 2.47 |
| 1994 | 6.33 | 0.38 | 0.67 | 2.14 |
| 1995 | 8.39 | 0.40 | 0.67 | 2.14 |
| 1996 | 50.15 | 2.02 | 3.31 | 10.27 |
| 1997 | 79.35 | 2.55 | 4.63 | 13.64 |
| 1998 | 81.64 | 2.37 | 4.41 | 12.35 |
| 1999 | 111.29 | 2.78 | 5.67 | 15.03 |
| 2000 | 134.6 | 2.98 | 6.72 | 16.47 |
| 2001 | 161.4 | 3.23 | 7.42 | 18.31 |
| 2002 | 191.1 | 3.43 | 7.80 | 19.85 |
| 2003 | 197.47 | 4.04 | 6.98 | 18.93 |
| 2004 | 240.81 | 3.52 | 6.97 | 19.65 |
| 2005 | 320.02 | 4.16 | 7.89 | 22.67 |
| 2006 | 390.89 | 4.37 | 8.37 | 25.00 |
| 2007 | 463.67 | 4.23 | 8.43 | 26.44 |
| 2008 | 559.38 | 4.83 | 8.63 | 27.90 |
| 2009 | 675.61 | 5.20 | 8.83 | 25.62 |
| 2010 | 818.32 | 5.21 | 8.66 | 26.22 |
| 2011 | 1105.93 | 4.92 | 9.45 | 28.20 |
| 2012 | 1402.59 | 5.42 | 10.83 | 31.27 |
| 2013 | 1896.06 | 6.43 | 13.22 | 37.69 |
| 2014 | 2649.70 | 8.15 | 16.86 | 45.82 |
| 2015 | 3637.65 | 8.81 | 21.75 | 55.63 |

资料来源：江西省统计局、国家统计局江西调查总队主编《2015 江西统计年鉴》，中国统计出版社，2016。

# 第六章 江西旅游产业发展创新路径选择

## 第一节 路径指向

### 一 以建设人民满意的旅游产业为发展方向

旅游产业的发展正面临新机遇和新挑战，也肩负着新任务、担负着新责任。坚持以人为本的核心立场，努力把让广大人民群众更加满意作为推动旅游产业发展和全部旅游工作的出发点和落脚点。可以说，在坚持社会主义核心价值观基础上，将"游客为本，服务至诚"作为旅游行业的基本价值观，具有极其深刻的现实意义。只有高举中国特色社会主义伟大旗帜，努力把旅游产业培育成为国民经济的战略性支柱产业和人民群众更加满意的现代服务业，才能为全面建成小康社会做出更大贡献。江西应充分发挥旅游产业在"转方式、调结构、促发展、惠民生"中的重要作用，把旅游产业打造成令广大人民群众更加满意的美丽产业、惠民产业、幸福产业。

1. 努力建设"人民群众更加满意的现代服务业"

重视将旅游产业培育并建设成为"人民群众更加满意的现代服务业"，既包括要全面提升旅游产业发展的基础条件，全面提高旅游产业发展质量和服务水平，也包括在旅游行业中树立并建立社会诚信、职业道德、社会责任感，更包括发挥其在建设生态文明、传承优秀文化等方面的积极促进作用。从管理部门、经营者和普通从业人员等多个层面，探索提高全行业活力、诚信水平和社会责任感，增强从业人员的自尊、自爱、自强，以诚待人的意识，最终促进人的全面发展和社会和谐进步①。

---

① 姚昆遗：《践行核心价值观 打造人民群众满意的旅游业》，《中国旅游报》2013 年 11 月 6 日。

### 2. 全面提升旅游服务质量

全面提升旅游服务质量，不仅是创新旅游产业发展路径的有力保障，而且是直接提升人民群众旅游满意度感知的必然选择。首先，通过强化建设旅游质量监管机构，健全质量监管体系，创新质量监管机制，加大旅游执法力度，保障旅游者和旅游经营者的合法权益；其次，加强旅游行业员工队伍建设，充分发挥省内外旅游院校教育资源优势，为旅游产业发展提供大批合格人才；再次，强化在岗人员培训，切实增强服务意识，提高服务技能；又次，加强旅游诚信体系建设，建立旅游企业和从业人员信誉档案，提高旅游行业诚信度；最后，进一步完善旅游行业协会组织，开展诚信自律活动，提高行业自律水平，使江西旅游产业成为服务更规范、市场更有序、环境更和谐、人民群众更满意的现代服务业。

### 3. 努力提高旅游产业容纳就业的能力

努力提高旅游产业容纳就业的能力。就业是民生之本，旅游产业作为劳动密集型产业，就业容纳量大，因此，通过发展旅游产业本身就是促进就业的有力之举。积极推动旅游景区升级改造，提升设施设备的档次和服务质量，加快中高档酒店和大众化连锁加盟酒店的合理配置建设，鼓励旅行社多元化经营，培育大型旅游企业集团，通过旅游产业规模的不断壮大，为社会提供更多的就业机会。充分利用旅游就业门槛低、形式灵活等特点，大力开发城市周边休闲度假带等旅游产品，加快建设"农家乐"、乡村旅馆、民宿等旅游接待设施和大众旅游接待要素体系，广泛吸纳城乡劳动力和促进国有企业下岗失业人员的就业和再就业。加强旅游职业技能培训，为劳动者在旅游产业就业提供更多便利，使江西旅游业成为真正的民生产业和惠民产业。

### 4. 努力营造和谐的旅游环境

努力营造和谐的旅游环境。2012年11月召开的"十八大"，报告中"人民"出现了145次之多，体现了在党的工作中始终将"人民"放在最高位置。这种以人为本的社会发展理念，不仅是对物质文明建设领域的要求，还应该成为现代旅游产业发展的行动指南和根本原则。要围绕游客的诉求，强化旅游行政执法能力，提高旅游服务质量和水平，开展旅游"直通车"专项检查等服务民生的活动，有效规范旅游市场秩序。

着力做好投诉热线与市长公开热线、江西民声网等投诉渠道的衔接，要正面重视和积极应对并及时解决旅游纠纷，争取营造游客满意的消费环境。围绕游客需求抓服务方式优化、服务技能提高，加强旅游从业人员培训，全面提升旅游服务质量，努力开创江西"旅游和谐人人有责、和谐旅游人人共享"的良好局面。

　　5. 重视发挥旅游产业在调结构中的主导作用

　　要重视发挥旅游产业在调整产业结构和优化产业布局中的导向作用。旅游产业涉及面广、关联系数大，对相关产业发展有很强的拉动效应。宏观而言，江西应积极转变旅游经济发展方式，加快开发度假型高端旅游产品，促进旅游业由游览观光型向休闲度假型转变，推动旅游产业转型升级。微观而言，突出抓好重点旅游项目建设，建设一批带动力强的龙头旅游产品，促进旅游产业结构的完善，进一步扩展产业关联度和产业影响力，使旅游产业真正成为优化区域产业结构的润滑剂和提升产业发展质量的催化剂。还应该积极响应"十八大"报告中提出的"建立扩大消费需求长效机制，扩大国内市场规模"的指导思想，把业已确定的"江西风景独好"旅游主题口号及其配套的形象标识，全方位、多渠道、全时空地予以宣传推广，引导旅游消费，全面释放广大人民群众的旅游消费需求。通过旅游需求拉动，调整、优化传统产业结构，为全省"转方式、调结构、促发展、惠民生"服务。

## 二　以建成旅游产业强省为主要目标

　　旅游产业是江西省现代服务业中最有条件率先崛起的产业。推进旅游产业的转型升级，破解"门票经济"的制约，促进旅游人均消费翻番，实现由大到强的转变已成为江西旅游当务之急。江西旅游尚处于"景区门票经济"阶段，这是"大"而不"强"的根本原因。随着旅游产业的发展，以建成旅游产业强省为主要目标的旅游转型升级的时候已经到来。基于此，2013 年 10 月，江西省委、省政府做出了建设旅游强省的重大决策。以建成旅游产业强省为主要目标，是江西省旅游产业创新路径选择的落脚点，也是实现江西"发展升级、小康提速、绿色崛起"三大工作主题的重要抓手和有效途径，对于转方式、调结构、扩内需、惠民生、促增收，变绿水青山为"金山银山"，都具有重要作用。

1. 完善旅游发展总体规划，优化旅游产业布局

全省各地要凝心聚力，奋力开拓，通过完善旅游产业发展总体规划，优化旅游产业布局。打破对"门票经济"的依赖，促进旅游资源由分散开发向整体开放开发推进，旅游消费由观光旅游为主向观光、休闲、度假并重过渡与发展，旅游收入由以门票为主向综合收入转型升级；落实《中华人民共和国旅游法》，坚持政府主导与市场驱动相结合，旅游与文化深度相融合，富民强省和生态保护优先相结合，游客为本和以社会投资为主体相结合等原则；着力引导文化、经济、科技应用和城乡建设围绕旅游需求加快转型，加快实现旅游发展国际化、旅游产业集群化、旅游区域一体化、旅游经营市场化、旅游产品多样化、旅游服务标准化，实现旅游消费更加安全、健康、便利、舒适。

2. 延伸旅游产业链条，推动旅游与文化紧密结合

着力延伸旅游产业链条，在顶层设计中进一步完善产业链构建和产业聚集区建设，推动旅游与文化紧密结合。打造特色精品工程，加大品牌宣传力度，抓好配套设施建设，创新体制机制，集中力量打造一批特色鲜明、交通便利、环境优美、服务配套的景区，形成"百花齐放""百景争艳"的良好态势，使江西得天独厚的旅游资源优势转化为产业优势、发展优势、经济优势。力争到 2017 年，游客人均旅游消费比 2012 年翻一番，延长游客人均逗留时间，使旅游主要指标进入全国前 10 名，成为江西绿色崛起的重要支柱产业，成为要素全、品质精、形象好、配套优的旅游强省。

3. 创新旅游体制机制，激活旅游发展后劲

创新旅游体制机制，激活旅游发展后劲，是调整旅游产业中的生产关系，解放旅游生产力的必然要求。充分发挥旅游发展委员会的职能，统筹江西旅游发展，推动单一的旅游行业管理向旅游产业综合协调服务，统筹多部门联动发展。强化旅游创意营销，提升"江西风景独好"品牌影响力；改善旅游配套功能，打造一流旅游目的地；培育旅游骨干企业，壮大旅游市场主体。努力将秀美江西打造成美丽中国的亮丽名片，早日把江西建设成为旅游强省，使江西旅游产业走在全国前列。

4. 建设江西特色旅游体系，打造有吸引力的旅游目的地

打造"一核三片五城十县百区"旅游目的地体系①。将南昌打造为江西旅游的核心集散地和旅游名城；将环鄱阳湖、赣中南、赣西三大旅游板块打造成重要旅游经济区；将景德镇打造为国际旅游名城，将九江、上饶打造为江西旅游发展的重要增长极和全国旅游强市，将赣州打造为红色文化传承创新区和全国著名的红色旅游目的地，将鹰潭打造为全国著名休闲旅游目的地城市。同时建设 10 个以上旅游强县，100 个 4A 级以上旅游景区（其中 5A 级旅游景区 10 个以上）。

打造"三线八圈"旅游线路框架体系。重点建设环鄱阳湖五彩精华、赣中南红色经典、赣西绿色精粹三条精品旅游线和以南昌、庐山、三清山、龙虎山、井冈山、武功山、瑞金、三百山为中心的 8 个旅游圈，完善基础设施建设和旅游功能配套，在此基础上，组合形成一日游、二日游和多日游旅游线路。

将庐山、井冈山、三清山、龙虎山、婺源、景德镇古窑等打造成为世界知名、国内一流的经典旅游景区；将瑞金、武功山、明月山、大觉山、三百山、高岭—瑶里、龟峰、共青城、庐山西海、仙女湖、鄱阳湖国家湿地公园等打造成为国内知名的精品旅游景区；将灵山、南矶山湿地、梅岭、樟树、青原山、大茅山、三爪仑、江西武夷山、军峰山、九连山、丫山、陡水湖等打造成为有区域影响的特色旅游景区。

综合而言，要在江西省内部打造一批集休闲度假旅游、红色旅游、文化旅游、乡村旅游、会展旅游、生态旅游、温泉旅游、水体旅游、康疗旅游、体育旅游、工业旅游等于一体的示范点（区），形成布局合理、优势互补、线路互通、业态丰满、协调发展的格局。

### 三　以实现三年一跨越为基本步骤

建设旅游强省，核心是改革创新，关键是转型升级，重点是跨越发展，落地是质量效益。江西生态环境优良，文化底蕴深厚，旅游资源丰富，产业基础坚实，产业政策健全，以实现三年一跨越为基本步骤，加

①　《旅游局升格为旅发委》，中金在线，http://news. cnfol. com/diqucaijing/20140509/17810790. shtml。

快旅游发展大有可为、大有作为。

**1. 顶层设计，科学指导**

遵循"科学编制规划、合理布局产业、重在策划产品、贵在落实项目"的旅游规划编制原则，按照时间和级次构建以《江西省旅游产业发展"十二五"规划》《江西省旅游产业发展"十三五"规划》《鄱阳湖生态经济区生态旅游专项规划》《环鄱阳湖五彩精华旅游线路建设详规》《赣中南红色经典旅游线路建设详规》《赣西绿色精粹旅游线路建设详规》《江西省红色旅游规划》《江西省温泉旅游规划》《江西省城市旅游规划》《江西省乡村旅游规划》《江西省休闲农业规划》等为依托的旅游规划与涉旅规划体系，科学指导全省旅游产业发展。加强旅游规划的创新工作，杜绝规划编制照搬照抄和项目低水平重复设计。科学策划一批对全省旅游产业强省建设有重大支撑和影响的旅游项目，整合资金重点扶持和调度一批省级重大旅游项目，扎实推进全省旅游项目库建设和管理工作。加强旅游规划成果的管理，提高规划执行力，增强规划对旅游发展的指导与控制能力。加强对旅游规划市场的监管，实行规划、咨询、后期服务一体化，增强规划设计单位的服务意识和责任感，提升规划的技术含量和操作性。

**2. 整合发力，统筹兼顾**

在科学规划、谋划旅游产业发展的同时，旅游产业发展应坚持上下衔接、左右融合、整合发力、统筹兼顾，实现可持续发展的原则。加强旅游规划与国民经济和社会发展规划的衔接，在编制和调整城市总体规划、土地利用规划、基础设施规划、村镇规划时，应充分考虑旅游产业发展需要。各地应加强旅游资源调查和保护，科学制定旅游产业发展的分期规划和总体规划，合理安排旅游产业布局和要素建设，并在经济社会及各相关产业发展规划和年度计划中予以安排落实；要引导旅游要素向企业集聚，形成围绕休闲度假的交通、酒店、美食、购物、娱乐、信息等配套完善的旅游综合产业体系和规模经济优势，把旅游产业做大做强做优，地域上也要实现跨越集群式发展；还要兼顾到本省大型旅游企业，鼓励它们通过多种方式在旅游客源地和目的地国家及地区兴办旅游企业，形成国际化招徕、组织、接待体系。

3. 督查考核，奖罚并举

省里每年组织对各设区市旅游产业发展情况进行专项督查与考核，对重点旅游县（市、区）加强旅游产业发展引导，实行差别化考核政策。对综合考核评价优异的市（县、区）给予表彰奖励，对考核不合格的市（县、区）第一年亮黄牌以示警告，第二年按制定的相关考核处理办法予以实质性处理、处置和处罚。省旅游发展委员会每年对各设区市旅游发展委员会（旅游局）和 A 级旅游景区进行考核。引导各设区市进一步完善旅游经营企业和旅游从业人员奖励制度。

当前，江西旅游产业正处于发展黄金期、产业转型期和战略提升期。要紧紧抓住发展契机，本着立足现实、着眼长远、求真务实、跨越发展的原则，遵循旅游产业发展的规律，拟用三年左右的时间为一跨越基数，2015 年至 2017 年，要全面提升江西旅游产业素质和整体形象，重点打造红色旅游、生态旅游和乡村旅游。2018 年至 2020 年，着重旅游增长极建设，加强核心旅游城市建设，打造南昌、景德镇为核心城市和国际性旅游城市，把旅游产业逐渐培育成为全省国民经济的重要支柱产业，将江西建设成为红色旅游领跑省、生态旅游示范省、旅游产业十强省（之一）。

## 四　以拓展新型业态旅游为突破口

经济的高速发展为旅游产业跨越发展提供了条件，旅游产业在不断开发新产品以满足人们各种求新求奇求特需求的同时，不断创新发展模式、路径和方法，不断丰富支撑产业发展的业态，形成旅游新型业态。旅游新型业态正是旅游市场迎合人们日益增长的消费需求和日益个性化、时尚化的消费需求而形成的业态形式。

1. 旅游业态和旅游新业态

旅游业态是一个全新的概念和研究领域，旅游业态是指旅游企业或行业为适应旅游市场需求变化，对旅游经营的各项要素，比如组织形式、经营模式、产品要素、服务形式等进行有效组合而产生的经营形式[①]。一个产业或行业在发展中，不可能是一成不变的，而是逐步完善，逐渐改进

---

① 高丽敏等：《旅游新业态驱动力和产生模式研究》，载《2012 中国旅游科学年会论文集》，中国旅游研究院，2012。

和深化、转型、升级的。旅游产业也不例外，尤其在激烈的竞争中，各地区、各企业为了提高市场影响力和竞争力，在发展中融入新的思路或转变新的内容，创造一些不同于传统业态的业态，即旅游新业态。旅游新业态就是在原有旅游业态的基础上，由市场需求作为动力而推动衍生出来的之前没有的一批新的旅游模式，是相对于旅游主体产业有新突破、新发展，或者是超越传统的单一观光模式，具有可持续成长性，并能达到一定规模，形成比较稳定发展态势的业态模式。而新型旅游业态就是对这些新出现的旅游模式的统称。

现阶段在国内外特别是欧美等西方发达国家，诸如商务旅游业、会奖旅游业、文化娱乐旅游业、旅游信息业、修学旅游业、邮轮旅游业、营地旅游业、租车旅游业、影视旅游业、医疗旅游业等众多新兴旅游业态都已经有相当的发展。除此之外，伴随着背包旅游、换房旅游、分时度假、科技旅游、军事旅游、数字旅游等众多新型旅游形式的出现而发展起来的产业形态也在逐步显现。为此，先对国内外这些旅游产业的新态势进行一定的动态追踪，按照一定层次将其进行分类考察，把握新型业态的特征，并探讨其演变规律和发展趋势，对谋划江西省新兴旅游业态具有指导意义。

2. 旅游产业各要素融合衍生下的新业态

（1）分时度假。西方的分时度假产生于休闲度假旅游高度发展的基础上，就是把酒店或度假村的一间客房或一套旅游公寓的使用权分成若干个周次，按 10～40 年甚至更长的期限，以会员制的方式一次性出售给客户，会员获得每年到酒店或度假村住宿 7 天的一种休闲度假方式。并且通过交换服务系统会员可以把自己的客房使用权与其他会员的异地客房使用权进行交换，以实现低成本的到各地旅游度假的目的。分时度假具有很强的需求优势，已经基本成为一种大众产品而被平民家庭广泛接受，并已经在全世界形成庞大的市场规模。主要企业有 RCI、II、万豪、希尔顿、欧洲分时度假协会（ETF）等，发展形势良好。在我国，分时度假处于起步阶段，人们熟知的产权酒店是多处加盟的度假地常用的形式，真正的分时度假地还很少，分时度假的市场还没有真正培育起来。主要企业中房集团与美国 RCI 公司合作开发的网络系统中国房地产与分时度假联盟，当下开展业务举步维艰；另外，北京中安达旅游度假服务有限公司意在开发相关形式的业务，但发展也较为缓慢。

（2）换房旅游。换房旅游起源于欧洲的家庭式旅游，经过不断发展，换房旅游日渐在欧洲盛行，已初具规模。全球已有一些颇具影响力的换房旅游交换公司和网站，如换房旅游俱乐部、换房网等。在我国，自2004年开始，"五一""十一"黄金周期间换房旅游在上海、西安、深圳、广州、徐州等一些大城市的年轻人中间流行，并成为一种时尚。

自"换房旅游"这种旅游模式传入我国之后，似乎一直不尽如人意。原因主要在于我国诚信体系不健全。换房旅游需要由双方的诚信作为存在基础和前提。所以换房旅游者，大约需要具备四个条件：一是旅游的发烧友；二是双方对金钱不敏感；三是比较容易相信别人；四是有房可换且不奢求牟利。目前换房旅游在我国有三种形式：一是通过亲朋好友介绍私自达成协议；二是通过专业旅游中介网站（如环球换房旅游网、换房网等）进行；三是旅行社偶尔经营此项业务。其实，换房旅游本身只是盘活存量资源的市场化初级形式。换房旅游即使作为自发的一种市场行为，也必然要遵循市场规律和等价交换原则。因而"换房"这一形式就必须得由像环球换房旅游网之类的第三方网络平台来监管，这样才能确保房屋产权所有人的权益，让"换房"这一形式合法化和规范化。

（3）旅游集散中心。国外旅游集散中心主要以日本"鸽子巴士"和美国"灰狗巴士"为代表。"鸽子巴士"是日本的一家客运公司，在日本各地设有站点，采取把各地的游客集中起来、统一送往相同的目的地、相互联动的方式。"鸽子巴士"公司还为游客把旅游景点的门票包含在内，不仅节约了游客排队购票的时间，还以优惠的价格让游客享受真正的实惠。"灰狗巴士"是美国的一家长途客运公司，在美国旅游乘"灰狗巴士"既方便又节约。与乘飞机相比，价钱可便宜一半，又可免去自己驾车、搬运行李之劳，沿途任由乘客下车观光。随着大量散客的出现，以"旅游运输"和"旅游咨询"为主要功能的旅游集散中心在全国一些一线城市不断发展起来，上海、杭州、无锡、南京、温州五地的旅游集散中心还实现了联网，全面启动了"长三角"一体化进程。线路设计和组织方式的创新是旅游集散中心的重要功能，同时又是一个集客运、旅游交易、信息咨询、旅游促销于一体的散客自助旅游集散地。

（4）营地旅游。西方营地旅游的发展是随着国际露营运动和自驾车旅游的发展应运而生的。我国旅游营地建设尚处于萌芽阶段，主要针对休闲娱乐市场，主要消费人群为城市中产阶级，依托所处景区和附近景区经营，规模小、数量少，服务简单，远不能满足国内市场需求。目前专业国内旅游营地建设主要围绕京津、"长三角"、"珠三角"三大经济圈展开①。这种依托营地开展的自驾、房车、专业宿营、驴友露营等旅游活动形式就是营地旅游。我国的露营地访客主要以散客、朋友式小团队、自驾游群体为主。

（5）购物旅游。购物旅游是以购物为主要目的的一种特殊旅游方式。旅游者来旅游目的地旅游以购物为主要动机，他们对当地的商品及具有地方特色的传统产品，往往怀有强烈兴趣。正因为如此，不少国家和地区利用游客渴望购物的心理，大力发展具有民族特色的土特产品、旅游纪念品以及能够迎合并满足外国游客口味的名牌烟酒、化妆品等奢侈品或日常用品，作为招徕游客创收外汇的重要手段。新加坡作为世界知名的"购物天堂"，凭借享誉世界的名特商品吸引着全球各地的购物旅游者，购物旅游业已经成为其旅游产业的重要龙头。而在我国，香港凭借自由港的地位，也被旅游者称为"购物天堂"，赴港旅游者，在港购物支出占比高达61%。大陆的旅游购物业只是旅游业与其他内部相关行业关联度最小的行业，但同时旅游购物业也具有巨大的发展潜力和弹性空间。国内旅游购物还有很大的潜力可挖掘，迫切需要建起各种形态的具休闲、饮食、娱乐多功能的旅游购物中心，以适应巨大的市场需求。

（6）旅游娱乐业。从世界范围看，游乐园的兴起和主题公园的出现，即旅游娱乐业的兴起和发展是与国家工业化和人们生活水平的改善密切相连的。它的雏形是古希腊、古罗马时代的集市杂耍，通过音乐、舞蹈、魔术及博彩游戏等手段营造气氛、吸引顾客。随着手工业向机械工业递进、城市的大量出现，这种小型的流动的娱乐形式逐步演化为专门的以户外为主的游乐场所。到了20世纪上中叶，其形式也从轻松温和的草地花园式，转为以机械游乐器具为特色，追求喧哗、刺激的游乐园。二战后，随着生活方式的日趋多样化，科技发展和经济繁荣，主题公园的旅

---

① 《旅游营地的开发浅析》，奇创网站，http://www.kchance.com/Text_details.asp? id = 1629。

游景观创新概念形成。"童话乐园""探险乐园""野生动物园""假日乐园"等相继在欧美等地发展起来。特别是 1955 年美国在洛杉矶建起第一个现代意义上的主题公园后，以主题公园为代表的旅游娱乐业在世界各地得到广泛发展，从规模到科技和文化含量上都有较大突破①。同发达国家相比，中国内地旅游娱乐业起步较晚，但发展速度较快。从 20 世纪 90 年代算起，经过 20 多年的发展，中国内地已经有了一批初具规模的游乐园、主题公园。但总体来看，大多数主题公园在经营、管理和建设方面都有待改善和提高。值得注意的是，近一段时期，旅游文娱表演，如民俗风情表演、历史文化节目、武术竞技以及影视特技表演等旅游演艺活动已经成为各旅游区（点）的重要内容。随着中国旅游业的"入世"承诺及市场准入条款的加快兑现，多元化的投资主体逐步形成并成长，快速进入国内的国外资金、理念和技术以及灵活多样的经营管理模式，使得游乐项目的更新换代和发展速度大大加快。

（7）影视旅游业。影视旅游的正式开端是 1963 年，其标志是好莱坞环球影城的建成（后逐渐演变成参观游览地）。截至 2017 年底，全球共有 5 个环球影城，影城周围附设有众多旅馆、网球场、游泳池、高尔夫球场、餐厅、购物中心等，可以同时容纳大量游客。同时，在世界影响较大的国际性电影节，如柏林电影节、戛纳电影节和威尼斯电影节期间，举办地区吸引了成千上万名游客。中国影视旅游的发展则始于 1987 年央视无锡影视基地的建成。无锡影视基地是中国第一个影视基地，当年中央电视台在江苏无锡修缮疗养院的同时，附带建设了西游记艺术宫，放置拍摄电视剧《西游记》所用过的道具、服饰、设备等，以便日后再用。艺术宫对外开放，一时竟成了无锡影视基地的一大旅游热点。当时一张门票定价 1 元，日收入最高竟达到万元，第二年便收回全部投资。后来受热播电视剧的影响，大量游客纷纷前来影视基地游览，原本为影视创作而设计的场景成为一种新兴的旅游形态，不仅促进了当地经济的发展，而且扩大了无锡的知名度，保持了影视文化和江南风情的结合，使得影视旅游得到了良好发展。无锡影视基地的巨大成功，带动了全国

---

① 《世界旅游娱乐业现状与发展趋势》，中国行业研究网，http://www.chinairn.com/doc/70300/127540.html。

各地影视城建设的高潮。广东中山、无锡太湖、宁夏镇北堡、浙江横店纷纷建立影视城，大大小小的影视城迅速呈遍地开花之势。根据国家旅游局的统计数据，截至 2005 年，全国已有大大小小的各类主题公园 2000余家。伴随着无锡影视基地的巨大成功，我国各地掀起了影视城建设的高潮。此后的影视城建设转入平稳期，2006～2015 年的 10 年间，根据影视产业发展需要，依托首都经济圈、长三角、珠三角，大致形成北、东、南三大影视产业基地群。其中北部以中国（怀柔）影视基地、北普陀影视城、河北涿州影视基地为代表；东部以浙江横店影视产业实验区、浙江象山影视城、海宁影视基地、江苏无锡影视基地等为代表；南部以云南影视基地、广东南海影视城、广东中山影视基地为代表。

3. 与服务业等第三产业交叉融合形成的新业态

（1）商务旅游业。起步于 18 世纪中期，19 世纪末在欧洲迅速发展，进入 20 世纪，在美国得到长足的发展。20 世纪 90 年代中后期，亚太地区已经成为继北美和欧洲两大传统商务市场之后又一发展潜力巨大的市场。中国宏观经济发展和政局的稳定，为商务活动提供了良好的外部环境。作为旅游高端市场的商务旅游，已经显现出优势和潜力。2007 年美国运通公司的一份调查报告显示，中国商务旅游市场的发展潜力惊人，规模已经达到法国、德国等欧洲主要国家的水平，如果保持目前的增长幅度，那么将在今后 5 年内翻一番，成为世界第三大商务旅游市场。全球商务旅行协会2015 年数据显示，中国商务旅行者 2015 年花费 2912 亿美元，超过美国商务旅行者的 2902 亿美元。中国已成为世界第一大商务旅行市场。

（2）会展旅游业。国际会展旅游可追溯到 1841 年英国人托马斯·库克组织的一支团队包租火车赴外地参加的戒酒大会，其后伴随着"世博会"的发展而不断成长、走向成熟。从 20 世纪 60 年代起，会议旅游和展览旅游相互融合，在全球迅猛发展并逐渐形成商业化的发展模式，在近半个世纪的繁荣发展中逐步形成新兴产业，至 21 世纪臻于成熟。我国会展旅游业的起步较晚，但发展非常快，特别是会展旅游业的硬件设施建设，大有超前发展的态势[①]。20 世纪 90 年代以来，我国会展旅游业

---

① 周作明、朱平安：《旅游管理学科教学创新研究：武夷学院旅游系的研究与探索》，旅游教育出版社，2009。

发展迅速，年增长速度在 20% 以上，大大高于我国其他领域经济总量的增速。商务部《2014 中国会展行业发展报告》数据显示，2013 年中国会展经济直接产值达 3870 亿元，较 2012 年劲升 10.6%，2014 年已突破 4000 亿元。伴随着"互联网＋"的大潮，O2O 商业模式已经进入会展旅游市场，会展旅游呈现新业态，充满无限商机。

（3）高尔夫旅游业。早在 2003 年，全世界就已经有 3 万多家高尔夫球场分布在 119 个国家，约有 0.57 亿名高尔夫玩家。国外高尔夫与旅游的结合主要有两种形式，一种是酒店以及各种娱乐设施均围绕高尔夫游客展开的高尔夫主题游；另一种是以高尔夫休闲为配套设施，与其他景点相结合进行。中国自改革开放后，高尔夫球场迅猛发展，自博鳌亚洲论坛成立之后，高尔夫旅游被特别提出，作为一个单独的旅游产业发展。截至 2014 年末，中国有高尔夫球场 656 个，多位于京沪粤地区，其他地区甚少或没有。球洞数共有 11813 个，人口/洞数比约为 115789，远超亚洲平均水平。

（4）修学旅游业。古希腊、古罗马是欧洲文明的发祥地，古代西方哲人、科学家、社会学家的求知修学旅游最早在此兴起。欧洲修学旅游的高潮出现在 17 世纪的"大游学"（Grand Tour）运动，起初是英国、德国的贵族子弟到法国和意大利求学的"漫游式修学旅游"。游学者一边游历名山大川、古城遗址、文化古迹，一边学习语言、文化、社交艺术、礼节礼仪等，游学人群逐渐扩大到了成年人，并且成为知识阶层和社会上层的一种生活方式①。至今，在英国仍然流行高中毕业后让学生们休学一段时间，开展旅游等社会活动的做法。从出境修学旅游市场来看，经历了 2002 年短暂的火爆之后，我国修学旅游由于出现华而不实等种种问题、弊端而难于发展，就目前来看，去泰国等东南亚国家修学考察在广东等南方省份颇有市场。从入境修学旅游市场来看，来我国旅游团体中修学团所占的比重逐渐上升。北京多年来一直是日本学生来华首选的修学旅游目的地，北京占接待人数的 85%。从国内修学旅游发展来看，修学旅游市场的规模一直发展缓慢，尽管近年来全国各地成立了面向教育系统的旅行社，但仍因面临产品单一、组织落后、管理混乱等问

---

① 　保继刚、楚义芳：《旅游地理学》，高等教育出版社，1999。

题而难以打开局面。

（5）医疗旅游业。如今的国际医疗旅游，是以发达国家的人到发展中国家寻求收费低廉、质量上乘的医疗服务为主的反向就医。欧美等发达国家是国际医疗旅游的主要客源市场，亚非拉等发展中国家则成为国际医疗旅游的主要目的地。2006 年，仅美国就有约 50 万人进行境外医疗旅游。2012 年，法国也有 120 多万人进行跨境医疗旅游，印度和新加坡已经成为欧美人进行"康复旅游"的首选地。医疗旅游在我国已初见端倪。浙江省立同德医院曾进行过医疗旅游的首次尝试。面对庞大的市场需求，旅行社和国内的医疗机构应该联合推出适合中国国情的医疗旅游套餐，在相关行业政策的管理下，将现有资源有机融合，促进、带动相关服务业发展，形成新的服务产业模式，推动经济进一步发展。此外，医疗机构也需要注重提高自身的配套服务，在语言、保险、报销和生活服务等方面，都要符合国际患者的习惯。这样才能在即将到来的医疗旅游热潮中，占据有利的市场地位。

4. 与其他第一、二产业进行互融渗透形成的新业态

（1）乡村旅游业。与中国所不同的是，欧美发达国家的乡村旅游是一种高档次的旅游度假活动。乡村旅游起源于 1885 年的法国，19 世纪80 年代开始大规模发展，乡村旅游在德国、奥地利、英国、法国、西班牙、美国、日本等发达国家已具有相当大的规模，走上了规范化发展的轨道。国内则以政府主导、多方推进、农户响应的模式启航发展。我国乡村旅游起步较晚，先后经历了自发经营的萌芽期（20 世纪 80 年代至90 年代中期）、初具规模的发展期（20 世纪 90 年代中期至 2003 年）及纵深发展的蓬勃期（2004 年至今）三个阶段。

（2）滨海旅游业。欧美人历来有到滨海地区进行休闲度假的传统和爱好。在 20 世纪 70 年代以前，世界著名的滨海旅游胜地，集中在地中海、比斯开湾沿岸地带的"黄金海岸"，20 世纪 70 年代后期到 80 年代转移到加勒比海沿岸，进入 20 世纪 90 年代，亚太地区的夏威夷（美国）、印尼的巴厘岛、马来西亚的槟榔屿、泰国的普吉成为世界上最受旅游者欢迎的四大滨水旅游胜地。气候温暖的中纬度地区，是目前最重要的旅游场所。滨海旅游在我国方兴未艾，沿海各省份都提出了发展滨海旅游业的口号。进入 20 世纪 80 年代后期，我国的滨海旅游业蓬勃发展，

北起丹东，南至防城，在 18000 多千米的黄金海岸及星罗棋布的大小岛屿上，旅游业开发浪潮叠起。资料统计表明，我国沿海及海岛地区近年来接待的游客人次以每年 20% 至 30% 的速度递增。我国对滨海旅游业的发展越来越重视，至 1995 年，国务院先后批准的 12 个国家级旅游度假区中，有大连金石滩、青岛石老人、上海横沙岛、福建湄洲岛、北海银滩、三亚亚龙湾 6 个海洋、海滨风景区。2009 年国家启动海南国际旅游岛建设，2015 年，国家旅游局亦启动国家旅游度假区申报与促进建设工作，滨海型度假旅游区建设逐步成为投资开发的热点。

（3）森林旅游业。森林旅游是一种正在迅速发展的新兴的旅游形式，也是当前旅游产业发展的重要支撑性领域。森林提供木材的功能逐步消退，改善环境及为公众提供休憩功能正在逐步被加强。森林旅游越来越为人们所关注，已成为世界旅游业的重要组成部分和现代林业必不可少的重要内容。有专家预测，在 21 世纪的最初 20 年里，森林旅游人数将以两位数增长率实现增长，全球旅游总人数中，有一半以上的旅游者要走入森林。由此可见，森林旅游对都市人有着挡不住的诱惑。国内森林旅游业发展大致经历了 4 个阶段：第一阶段是起步阶段，即 1982 年至 1990 年，该阶段森林数量较少，投入少，管理薄弱；第二阶段是探索阶段，即 1992 年到 2000 年，该阶段成立森林公园管理处，森林公园建设开始兴起，行业管理加强，走向法制化和规范化；第三阶段是快速发展阶段，即 2001 年至 2010 年，全社会对森林旅游达到前所未有的重视程度，加大各种投入，森林公园数量快速增长，森林旅游体系基本形成；第四阶段是提升阶段，即 2011 年至今，国家旅游局和林业局携手推进森林旅游发展。其发展轨迹具有时间分布上的加速现象、空间分布上的位移现象、游客量与游客收入上的耦合现象以及在全国旅游产业地位上的提升现象。

5. 新型旅游业态特性分析

从旅游业态自身的特质角度分析，旅游业态的特征表现如下。①综合融合性。旅游业除了涉及旅游六大要素各方面的衍生业态、产业内部各行业之间的交叉渗透形成的业态之外，还存在与其他产业融合而产生的新业态。相比之下，旅游业态所包含的内容更加复杂，表现形式也更加多样。尽管如此，但各业态又互相渗透、相互融合，体现了旅游产业的综合性特征。②滚动变化性。旅游业本身就是一种不断发展变化的产业，旅游业的要素结构、产业定位、组织形态和运行模式等方方面面都在不断变化中，伴随着这些发展与变化，旅游业态也在不断地发展与创新。旅游业态的发展过程是一个不断演进、积累、探索、创新的过程。③独特异质性。由于旅游服务本身具有不可感知性、不可分离性、不可储存性、不可控制性、不可转移性等特点，旅游业态拥有区别于零售业态的独特特征。旅游业态的发展更注重本行业的特点，以形成与众不同的特色。另外，新型业态与原有业态的竞争，也促使新型旅游业态不断追求与众不同的特性和内涵。

从具体层面分析，当今旅游业态的主要特征如下。①组织规模化，形成连锁型业态。主要表现为中小型旅游企业的连锁化扩张，大型旅游企业的集团化发展，超大型旅游集团（联合体）的战略联盟和跨国经营的出现。②经营专业化，形成专业型业态。主要表现为服务外包现象的快速发展和旅游专业服务公司的产生。③资源集约化，形成集约型业态。主要表现为旅游资源和生产要素的优化整合，如以旅游集散中心为代表的旅游超市的发展。④技术手段信息化，形成虚拟性业态。主要表现为旅游电子商务的蓬勃发展和数字虚拟旅游的应用等。⑤空间集聚化，形成积聚型业态。不同的旅游组织如酒店（或景区、旅行社等）在区域的集聚会形成空间意义上的新型业态。

### 6. 新型旅游业态的未来走势

旅游业向信息化和高端化发展，协调营造新业态健康发展的环境就成为保证旅游产业健康发展的必然要求。旅游信息化是未来旅游业发展的最显著特征。世界旅游发达国家在资源整合、设施建设、项目开发、市场开拓、企业管理、营销模式、咨询服务、电子交易等领域已经广泛应用现代信息技术，从而引发了旅游发展战略、经营理念和产业格局的变革，带来了产业体制创新、经营管理创新和产品市场创新，改变了旅游产业的发展方式。太空旅游、极地旅游、探险探秘旅游等市场初露头角，在未来一段时间内有一定的增长空间。旅游业的科技化将逐渐成为旅游业发展的重要影响因素，不断为旅游业的发展注入新的活力和增添新的内容。日新月异的科技革命将加速旅游业产业结构更替的步伐，提升旅游业的整体素质和发展水平。伴随着我国国力的增强、社会财富的增加以及人们生活水平的提高,高端化的奢华旅游将开始出现。

把握新形势,营造旅游新业态的发展环境;优化硬环境,打造旅游新业态的基础条件。旅游新业态的前提是旅游。首先,就是要解决游客进得来、游得开、住得下、吃得香、应得急的基础条件。其次,就是要配套建设与供给相关的设施设备,满足开展新业态旅游活动所需的设备、物资、用具的供给、维修,给游客一个完备的后勤保障。最后,按照新业态发展的要求,按资源分布状况,适当适时增设必要的站、场、信息服务,提供活动路线图,气候气象、联络信号、公共服务的便利条件。总之,要繁荣旅游新业态就必须不断加大硬件设施的建设。

7. 江西省旅游新业态的发展趋势和举措

在资源导向型发展理念指导下,江西旅游景区在起步和初步发展阶段,一般都采取单打独斗、一鸣惊人的发展策略。自江西统一推出"江西风景独好"旅游品牌并开展一系列推广活动后,景区、旅行社、旅游企业开始捆绑营销,合力邀客。特别是自"十二五"以来,省内的一些新型旅游业态,逐步得到市场认可,深度游、短程化、经济型成为发展新趋势。在红色旅游品牌的强力引领下,江西生态旅游、乡村旅游、温泉旅游等多种旅游业态均有了长足的发展。新型业态旅游使江西旅游市场发挥出了前所未有的潜力与魅力。

所以,以拓展新型业态旅游为突破口,是江西省旅游产业路径选择的创新动力和源泉。探索新型业态旅游的广度和深度,借鉴全国各地发展新业态的成功案例和经验,是江西省创新及振兴旅游产业的有效途径。下面列举一些城市新型旅游业态成功的案例,以做参考。

2013 年,北京市旅游发展委员会推出"京城印象·会所之旅"新型业态旅游,包括什刹海会馆、皇家驿站、老舍茶馆等 30 家住宿、餐饮和休闲类的高端会所。该产品针对海外游客提供个性化、品质化和私密性服务,满足高端旅游产品的多样化需求。

近几年,海南高尔夫球品牌已逐渐在国际上显现。目前东海岸已形成三亚湾、亚龙湾、海棠湾、香水湾、神州半岛等旅游产业带,海南东海岸的高尔夫产业链基本形成。海南将高尔夫与品牌景区、景点相结合,与温泉、森林等结合,搭建全方位旅游平台。

南京秦淮风光带、扬州东关街、苏州平江府路、镇江西津渡、无锡崇安寺、徐州户部山、泰州老街等有着美丽传说的特色街区，都是游客最密集、闲适氛围最浓郁的去处。文化、商业和旅游会集在这里，形成了一个完美的集合。

新疆凭借独特的优势，正积极开发古生物、地质地貌、生物多样性等一批科技含量高、趣味性浓、参与性强、寓教于乐的科考科普型旅游产品，开发登山、攀岩、漂流、野生动物追踪探寻等一批安全性高、吸引力强的探险旅游产品，满足游客的多层次需求。

综上可知，各地发展的新型旅游业态都基于本地特异的旅游资源平台，将深度开发与时尚创新相结合。因此，江西省需要做的是探索适合本省旅游资源特征的业态形式，充分发挥旅游强省建设对资源利用多元化的导向作用，积极培育旅游新业态，推动旅游业的优化升级，最大限度地发挥旅游业的引领带动作用，规划培育一批内容丰富、特色鲜明、低碳环保、文化内涵深厚的旅游新业态项目。比如，在南昌打造华夏艺术谷，在景德镇建设国际陶瓷文化创意产业基地，在婺源创办徽州文化生态保护婺源实验区·婺源文化创意产业园，在龙虎山开办中国道教文化博览园，在鄱阳湖生态经济区打造鄱阳湖文化旅游观光带、生态旅游示范区、科学发展观和生态文明教育基地等一系列旅游新项目。目的就是要推动文化和旅游的融合发展，建设具有本省特色的旅游文化新业态体系。

在旅游产品与项目建设上，要继续引导红色旅游产品领跑全国，完善休闲旅游、自助旅游、自驾车旅游、商务旅游和谐发展的有利环境，积极指导重大旅游项目投资建设，使得多业态的旅游发展模式，成为本省旅游产业快速发展的强大动力。在旅游软性项目建设上，大力发展旅游智业既是方向选择也是重要战略举措。旅游智业是知识经济与旅游业联姻后的一门新兴产业业态，江西如若通过智力来贯穿旅游产业的策划、规划、设计、投资、开发、运营、营销、管理等各个环节，便可以促使旅游产业在各要素、各环节、各行业上实现真正意义的无缝对接。旅游智业主要以无形资产（包括旅游规划与策划人才）为主，实行关联资产优质组合，建立产出附加值高、资源消耗少、环境污染小，对区域旅游经济与社会文化发展贡献大的智业型旅游企业。

## 第二节　路径选择

### 一　旅游产品发展路径

#### 1. 加大创新型旅游产品建设

用产品策划与项目创意创造旅游产品，推进产品与项目创新。江西不乏优质的旅游资源和成熟的景区，庐山、三清山、龙虎山、景德镇、鄱阳湖、婺源等地多年来深受游客青睐，是江西发展旅游业得天独厚的财富。《2017 年上半年江西省旅游大数据分析报告》显示，婺源、庐山、三清山景区较受游客欢迎。虽深受游客欢迎，但景区离市场需求程度仍有差距，鲜见高水平的创意和创新性的运作，一定程度上影响了旅游产业的转型升级和旅游目的地知名度的提升。在寻求创新发展的路径中，应根据各旅游区的客源市场和游客满意度的状况，从全域旅游发展的角度努力营造创意旅游氛围，灵活运用创意旅游的表现形式，搞好规划开发，将创意思想渗透于旅游行业中的各个环节，此外将创意发展思想融入"旅游＋"当中，实现向旅游产业链的纵向延伸。目前重点可集中于增加旅游产品的文化品位、景观设计及游客活动的深度体验，如加大文化创意旅游产品开发，在挖掘江西悠久文化的基础上，做好特色博物馆、文化产业园、节庆盛事、旅游事件等产品的开发，用歌舞表演、风情生活展示、VR 虚拟现实等视觉冲击、节庆活动亲身参与等方式感染游客。

#### 2. 塑造具赣鄱特质的旅游品牌

21 世纪无疑是一个品牌经济的时代，人们的需求呈精品化发展趋势。随着旅游竞争的加剧，江西旅游品牌意识逐渐强化，然而江西旅游产品在进一步做专、做强方面不尽如人意，旅游产品的开发更多的还是停留在粗放的观光阶段。对比一下周边地域，尤其是福建武夷山的休闲度假业、浙江的高端民宿业等如火如荼发展，江西如何打造吸引消费者的具新型业态特征的精品产品，显得越来越重要。

塑造旅游品牌是一项系统工程。第一，政府的强力支持。政府完善产业规划、建设配套设施、打造精品工程、创新体制等具体措施有效促进旅游品牌扩张，保证塑造品牌的持续性。第二，分析客源市场需求。

旅游品牌的塑造关键在于在消费者心目中形成独特的认知，强化排他性的符号。因此，必须激发目标客源市场的需求，在做好客源市场调查基础上，推出新品牌或对原有的品牌进行再加工。第三，争取当地居民的支持。游客在旅游活动中直接接触的广泛的载体为当地居民，他们能够创建和维护旅游品牌。在塑造品牌过程中，努力激发当地居民对当地旅游品牌认同感和自豪感，提高居民保护自然资源和地方文化的意识，最大效应地发挥品牌影响力。第四，有效的新媒体营销。在旅游品牌塑造过程中，必须充分考虑到运用新媒体平台，如微信平台、百科平台、自媒体平台、论坛平台等，发挥新媒体作用，实现旅游品牌传播，给游客留下江西旅游创意十足、与时俱进的印象。第五，构筑一脉相承的系列品牌体系。"十二五"以前，江西旅游产品主题总体定位为"红色摇篮·绿色家园·观光度假休闲旅游胜地"，可见江西旅游产品的特色侧重于红色和绿色旅游资源，这是其核心价值，也是特色所在。进入"十二五"以来，江西旅游产品主题统一定位为"江西风景独好"，应该说是在一脉相承基础上的进一步提升和提炼，产生了很好的效果。围绕这一旅游主题，江西正在全力打造"中国红色旅游首选地、国际生态旅游优选地、世界观光度假休闲旅游胜地"三大品牌。"十三五"期间，持续围绕"江西风景独好"主题品牌，突出"庐山天下悠、三清天下秀、龙虎天下绝"宣传，构建"江西风景独好"系列不同形式的次品牌，凸显次品牌的不同性能和特点。

3. 优化旅游产品结构

持续优化升级江西旅游产品，改变过去以单一结构为主体的旅游产品体系，保证江西各旅游产品之间合理数量比例关系。第一，优化旅游产品结构类型。江西现已建设和开发了以婺源为代表乡村旅游、以南昌为主体城市旅游、以明月山为代表养生养老旅游、以汉代海昏侯国考古遗址公园为代表文化旅游等多类型的旅游产品体系。但是各类产品的成熟度不一，占比差异大，产品结构上仍以初级旅游产品为主。调整并优化旅游产品结构，在保证初级产品基础性优势的前提下，大力发展新型业态旅游产品田园综合体，实现游客从简单农业观光体验向浸染互动跨越层次的转变，促进江西农业的升级换代。第二，优化旅游产品要素结构。统筹安排旅游六大要素之间的协调关系。重点做好旅游交通、信息咨询、安全保障、便民优惠、旅游公厕等公共服务基础设施建设，为游客营造良好的旅游消费环境。第三，优化旅游产品空间结构。江西旅游产品类型丰富，产品众多，但大部分处于点状及线状阶段，无法与周围的景点、景区进行合理有效搭配，无法形成旅游集聚及互补效应。为此，需加强做好优化整合工作，将省内中心城市及周围的景点、景区进行合理搭配，形成网格状，提高江西旅游经济的整体效益。第四，旅游产品时间结构优化。为增强旅游市场的垄断性，在一定程度上破解旅游淡旺季差异难题，需要组织开展系列旅游活动，如节庆、会展、培训、会议、拓展等专项、专题活动，实现旅游产品时间结构优化。

4. 实施旅游产品梯度开发设计

"十三五"旅游发展规划目标是将江西省真正建设成为要素全、形象好、效益佳、活力足、配套优、品质精的旅游强省，成为全省乃至世界知名的旅游目的地。为了实现这一目标，应对旅游资源进行合理的整合，根据旅游资源禀赋程度、旅游产业配套条件的完善性、旅游市场吸引半径等指标层次化划分江西旅游产品梯度，逐步进行开发，以促进江西旅游产业协调发展。例如，依据上述评价指标，庐山、三清山、婺源、景德镇、井冈山等地区的旅游产品可作为第一梯度产品，须继续进行深度开发来发挥其辐射带头作用。而一些非物质文化遗产、禅宗、红色文化等产品可作为低梯度产品，形成对高梯度产品的补充，来获取其影响力，从而得到持续发展。

5. 坚持资源保护与适度开发并举

目前旅游产品发展的趋势是由大众化、粗放型向特色化、集约型发展。"十二五"期间，江西旅游产品发展迅速，许多产品已逐步由观光型向休闲度假型转变。由于旅游资源跨行政区管理等诸多因素制约，江西旅游产品发展中仍然存在一定程度的水体污染、区内垃圾处置不当以及资源开发的短期行为等问题。因此，各地在旅游产品开发过程中，应制定着眼于未来的发展战略规划。规划中，要注意遵守相关的环境保护法律和法规，完善相关的管理体系，加强监督和管理旅游中的环境问题，提高旅游资源利用的集约化水平和经济效益，确保产品质量及资源的永续利用，建立起江西旅游的集约化经济体系。规划中还应坚持适度建设，对于文物古迹、民俗风情等旅游资源进行保护性利用。立足江西现有的民俗文化基础和技术条件，将民俗文化去继承和创新，而不是简单将民俗风情、文物古迹装进历史博物馆。通过传承和创新，达到适度开发和保护资源的作用。旅游业的发展对环境影响是持续性、累计性的，江西还必须加强旅游环境容量研究，控制生态旅游景点的游客人数，调整旅游产品规模，做到真正的可持续性发展。

6. 加大旅游产品游憩性能

随着旅游发展的深入，低端旅游产品供给跟不上游客消费升级的新需求，旅游供给矛盾凸显。旅游者在欣赏美丽的自然风光和游览历史古迹同时，更加追求旅游中的休闲游憩方式。因此，在旅游产业建设与发展中，江西要加大游憩性旅游产品开发力度。对于旅游目的地核心产品，根据观赏方式、娱乐方式、运动方式不同，进行综合交叉式的设计，创造游客参与当地生活的空间，突出餐饮的个性与卖点、住宿的自然性与记忆性，使当地生活、餐饮、住宿作为一种旅游当中的兴奋点和愉悦点，让游客能获得全新游憩体验，让旅游产品真正成为人们闲暇时间消费的对象。建设游憩性产品的关键因素之一，就是建立主客互动的游憩模式。注重游客的要求和感受，设计富于变幻的游憩节奏，塑造游憩氛围，多方面刺激旅游者的感官，获得深省顿悟的游憩效应，增加旅游景点除门票、餐饮等硬性消费外的参与娱乐等软性消费。例如，江西的古村落旅游产品从观光型向体验型提升的核心关键因素就是建立主客互动的游憩模式。游憩项目的设计，要以游客体验为核心，如在餐饮开发方面，可以用餐饮加现场制作、餐饮加观景、餐饮加娱乐表演等多种形式，提升产品的游憩性能和吸引力。

7. 发展增加附加值的延伸产品

游览活动对旅游收入的影响很大，从历年的数据来看，江西各景区景点的收入主要还是来源于门票。这说明江西旅游产品还处于观光型的低层次、粗放型阶段，产品质量不高，吸引力单一。在旅游强省建设过程中，提高产品的附加值也是提高旅游经济效益的重要工作，在紧扣"江西风景独好"主题基础上，除了开展以求知、猎奇和检验自身体能为主要目的的特种旅游，作为常规旅游的补充和深化之外，还应该大力发展相关的延伸产品，增加产品附加值。因为在旅游收入中，很大部分应该来自旅游衍生产品，如高品质的导游服务、高端的购物行程、丰富多彩的自选产品，在保证游客基本需求的基础上，把旅游品质提高，让游客在门票消费以外自觉自愿地花钱购买更多的特色服务项目。例如，旅行社可以以成本价推出"自由行"产品，在吸引游客同时，提供相应的优质衍生的有价服务，如机票可以任意调整航班、酒店可以任意调换房型、酒店餐饮可以任意增减菜品等，还可以额外提供鲜花水果服务、机场接送服务、景区门票打折服务、套装防晒护肤品服务等，每一项服务都能为产品本身创造更多附加值。

## 二　旅游市场开拓路径

### 1. 分级开发旅游客源市场

江西旅游客源市场是一个十分复杂的系统，近年来江西旅游客源稳步增长，2016 年江西接待游客总人数为 4.7 亿人次，同比增长 22%，达到并超过"十三五"旅游接待总人数年均增幅 16% 的目标，[①] 旅游产品呈现多源并发，散升团降明显，在国内旅游业内热度指数不断上升。分级开发江西省旅游市场，了解省内旅游发展的新气象，选准目标市场，积极开展旅游宣传促销工作。根据江西省旅游市场空间定位，对江西省旅游客源市场实行分级开发，传统的全省客源定位市场见表 6 - 1。[②]

表 6 - 1　江西省客源定位市场

| 客源市场 | 省内 | 省外 |
| --- | --- | --- |
| 一级 | 南昌 | 北京、天津、上海、河南、浙江、山东、广东 |
| 二级 | 景德镇市、萍乡市、鹰潭市、新余市 | 安徽、福建、湖北、湖南、广西、海南、重庆、四川、贵州、云南等 |
| 三级 | 九江市、赣州市、吉安市、宜春市、抚州市、上饶市 | 河北、山西、内蒙古、辽宁、吉林、西藏、黑龙江、陕西、甘肃、青海、宁夏、新疆等 |

为顺应高铁时代的发展形势，以省内主要地市（目前除赣州、吉安

---

① 江西省统计局、国家统计局江西调查总队：《江西省 2016 年国民经济和社会发展统计公报》，江西省统计局网站，http://www.jxstj.gov.cn/News.shtml? p5 = 9457204。
② 岳扬：《基于聚类分析方法的江西旅游客源市场研究》，南昌大学硕士学位论文，2009。

外）及周边省份为主要一级市场，省外以高铁5小时划旅游圈半径，将中原城市群、西南等远程市场发展为江西省二级市场。

2. 优化旅游消费结构

依据2016～2017年中国旅游消费市场发展报告，旅游消费结构出现了新的趋势和变化。以家庭游为主体，好友游次之，享受慢节奏休闲游，喜爱主题、文创和科技要素的旅游产品。江西旅游消费整体也呈现上述高级化、多样化趋势。在旅游总消费中，物质资料消费多，精神资料消费少；非弹性旅游消费多，弹性旅游消费少；单一的景点类型制约了消费空间的拓展；购物旅游缺乏品牌和文化创意产品；高端旅游消费的环境和能力有待改善和提高。例如，据调查，井冈山2007年旅游人均消费631元，2014年旅游人均消费772元，8年仅增长22%；瑞金2007旅游人均消费302元，2014年旅游人均消费358元，8年仅增长19%。江西游客消费依然以住宿、餐饮、长途交通基本消费为主，而一般在旅游发达地区，非基本消费可以占整体消费的一半。为此，可大力调整旅游产品结构，提高旅游产品的多元化程度，重视加强娱乐购物等基础设施建设，满足游客需求。第一，增强弹性旅游消费项目吸引力，提高弹性旅游消费支出比重。在江西省主要旅游城市合理兴建一批体育娱乐设施和剧院、音乐厅等文化娱乐设施，游乐园、博物馆、酒吧或咖啡厅一条街、购物中心等休闲娱乐设施，丰富旅游者和当地居民的夜间生活。江西部分旅游景点如滕王阁、白鹿洞书院等以历史古迹、文化遗迹为主的旅游景区（点），应充分开发游憩休闲项目，吸引游客的注意，增强游客参与景区活动项目的积极性，延长其在景区逗留时间，使其具有消费热情。第二，提高精神享受产品的消费比重，丰富产品类型。江西省旅游资源丰富，除普通的山水观光产品外，还可开展一些高层次的中医药养生旅游、森林有氧旅游、陶瓷艺术旅游、才子文化旅游、三百山源头探秘等旅游活动。第三，加强"大旅游商品"开发。在整个旅游消费过程中，"购"这一环节上的消费弹性最大。大力开发除纪念品、工艺品、农副产品以外的生活产品，将其打造成具有江西品牌的旅游商品，如可尝试把旅游商品的开发与旅游地的形象塑造相结合，开发生产系列商品，打造江西旅游购物"红色记忆，老家故事"的品牌产品，借用"江西风景独好"旅游目的地形象的推广，推销江西旅游商品。此外，还可将旅游购物店与互联网融合，促进旅游商品的销售。

3. 建立旅游产品立体营销体系

通过长期的旅游发展实践，江西政府作为主导角色，推动主题推广和品牌建设工作已初见成效；各地构建的营销渠道和地方特色的营销模式，初步成型。存在的不足主要有：政府与企业主体互动性不强，旅游企业的营销团队还相对薄弱；缺乏基础的客源市场调研数据，以及必要的市场研究结论，致使供给和需求信息错位和脱节。建立旅游产品立体营销体系是重要的战略性营销举措。一是创新节庆会展营销。提升传统节庆旅游产品文化内涵，打造在国内外具有标志性的节庆旅游产品；增强节庆旅游产品会展举办的连续性，扩大江西节庆旅游品牌的影响力；注重产品的外延扩展或者内在变化，创新节庆活动内容和形式；逐步过渡到节庆旅游活动的市场化、专业化；建立节庆旅游效果的评估机制，提高节庆旅游活动举办水平。[①] 二是注重学术营销。争取有关协会和旅游景区支持举办有利于提高江西知名度的学术会议、论坛等，借鉴2012年中国红色旅游博览会红色旅游发展与红色文化弘扬学术论坛在萍乡成功举行的经验，各地根据实际，可选择举办茶道文化论坛、道教养生论坛、美食旅游论坛等，并力争使其成为国内的专业化论坛。积极申报江西城市进入全国研学旅游目的地城市，打造研学旅游基地。三是强化高铁和航线营销。进一步联合拓展欧美及东南亚等国家的新航线，增加航班线路，加强海外旅游客源地促销。联合京福高铁、沪昆高铁等沿线上的城市，采取"旅游景区＋高铁"的模式共同采取促销措施开发新市场。四是掀起网络营销高潮。与国内知名网络社区合作，通过网页制作、主题活动、置顶宣传等方式，推广江西旅游产品和形象。推进省内旅游企业与旅游电商深度融合，继续进行线上导游、门票销售、酒店预订、主题产品推广等合作。加强微信营销，制造网络话题和产品视频，发布景区旅游攻略信息。此外，还可以运用网络微电影、旅游产品价格秒杀等具体的网络营销方法吸引游客。

4. 加强区域合作以扩大旅游市场

加强区域旅游协作与联合，拓展旅游市场。第一，继续扩大省外区

---

① 彭燕：《江西节庆旅游产品的深度开发构思》，《企业经济》2013 年第 12 期。

域旅游协作。继续借助客家文化长廊、海西经济区、中央苏区红色旅游联盟等平台，与闽粤赣湘等省份合作。抓住高铁机遇，以政府为主导，加大江西与高铁沿线主要城市（昆明、武汉、杭州、北京等）的旅游合作的力度，推动省内外各大黄金旅游区的合作与开发，以开拓客源新市场。第二，加强省内跨区域旅游协作。整合优势资源，统筹地区配套设施和地区间交通建设，形成产品优势互补。例如赣东北区域的婺源、景德镇、三清山，赣西北区域的仙女湖、武功山、温泉，形成季节互补性，以扩大客源市场。第三，出台互惠互利政策，做到客源互送，为协作伙伴提供统一的折扣力度，防止恶性竞争。合作区域内旅游企业享受当地企业优惠政策，配套跟踪服务，吸引更多的资金参与旅游发展当中，实现共赢共荣。

5. 加强行业管理以规范旅游市场秩序

第一，认真贯彻落实《江西省旅游条例》，强化旅游行业监督与检查，对省内演艺娱乐、运输部门、旅行社、宾馆餐饮、旅游购物点等旅游企业进行定期与不定期的专项检查，维护市场秩序，有效保障游客权益。第二，抓紧完善旅游行业接待服务与设施标准。督促各县市区按照各项旅游行业标准进行建设与开发，邀请行业专家进行预评定。鼓励旅游企业内部开展服务特色化、个性化体系建设，全面提高行业服务水平。第三，强化旅游行业队伍建设。广泛吸引人才，提高旅游就业人员层次，调整旅游人才队伍结构。各类旅游单位加强对旅游从业人员的专业技能、安全教育，旅游新观念、新概念培训，如旅游服务智能化、旅游警察、"旅游＋"等。第四，加强诚信建设，营造诚信守约环境。结合诚信服务活动，会同江西媒介联合开展旅游企业诚信评选活动，进一步提高旅游从业人员的思想素质和道德修养，创造良好的旅游市场环境，提升江西旅游业整体形象。

6. 大力建设江西旅游信息化工程

加强对旅游信息化的领导和指导力度，进一步完善信息基础网络设施，构建全省旅游信息化平台。要完善各县市区及各景区（点）旅游网站建设，利用视频、动画等多种表现形式，通过论坛、电子杂志、圈群等在短时间传递到各潜在游客前；宣传和建设旅游呼叫系统，如宣传12301旅游服务热线和建设本省旅游服务咨询投诉中心；全面建立数字化管理系统，除常见的景区电子售票系统、LED信息发布系统等外，尝试建立高效的城市视频管理系统，方便游客实时查看；强化信息基础设施硬件建设，力争做到主要景区手机无线信号、Wi-Fi全面覆盖；建立省内各旅游企业信息共享机制，防止景区信息化"孤岛"出现。

### 三　旅游企业培育路径

旅游企业是旅游经营活动的主体。旅游企业的培育是旅游经济中的重要环节，其发展成熟与否、规模大小如何、效益损失对比，都直接成为整个旅游产业发展的关键，也是衡量区域旅游产业发展环境的主要指标。

#### （一）旅游企业培育路径的影响因子

旅游企业的培育与发展，随着企业本身的内外部环境变化而变化，是一个受多重因素影响且长期处于不断变动状态的过程。其培育路径更是受到内部因素和外部因素共同影响，良好的内外部环境可以极大辅助旅游企业快速良性发展，恶劣的内外部环境则干扰旅游企业的常态常速发展。

旅游企业培育路径的内部影响因子主要有三个。一是旅游企业管理经营者的创新意识。任何企业的管理经营者的创新意识都会影响企业的创新发展，旅游企业也不例外。管理经营者的创新意识引导企业在发展过程中，突破常规，实现在适当时候、适当阶段、适当范围内的大胆创新，进而采取新的举措和方式，推动企业发展。二是旅游企业员工的积极性。员工始终是企业的根本依靠力量，员工的主观能动性和创新积极性都直接影响工作的质量和效益，进而对企业的发展产生影响。三是旅游企业文化力量和激励机制。从管理经营者到参与实施者都是企业的一分子，积极向上的企业文化氛围和激励机制，能够助推企业员工以主人翁精神面对工作，最大化地发挥自身价值，也能不断地为员工提供强大精神动力，提高员工创新积极性，激发员工主动对接企业培育发展的目标，并把目标实现与企业愿景结合起来。

旅游企业培育路径的外部影响因子主要有两个。一是市场需求和竞争。不断变化的市场需求和竞争，对旅游企业的培育发展不断产生影响，不断刺激企业管理层的思路，也不断为企业培育发展提供机会。为了能够在市场竞争中取胜，企业就必须不断根据市场形势来调整策略，在既定发展目标的基础上，不断创新发展思路和举措。市场需求和竞争成为企业培育发展的根本动力因素。二是企业发展宏观环境，即创业发展软环境，如一个区域的法律政策、财税政策、金融政策乃至为企业提供的各种优惠措施等。这些因素对企业培育发展有较大影响，可以为企业在培育发展过程中提供一个外部支持和环境保障。

### （二）旅游企业培育路径的原则

路径系指到达目的地的路线。江西旅游企业的培育，要走出一条具有创新特色的路径，就不是简单地对企业原有要素和资源进行组合，而是依据一定原则，指导企业从培育内容、作用机制、损益分析等方面，形成一个适应的、持续的、发展的方法。并且这种路径在企业成长中，不是长期稳定不变的，而是随着企业内外部环境变化，进行适度地阶段性调整。主要有四个方面的原则，即系统协同原则、动态发展原则、开放包容原则、效益优先原则。

1. 系统协同原则。"木桶理论"告诉我们，企业的薄弱环节对企业发展影响较大，在企业培育过程中，应该坚持重点和一般相结合，既突出企业本身的特色定位，又始终保持不断的创新发展，进而克服企业的瓶颈问题，在有限资源条件下实现优化配置，提高企业竞争力。

2. 动态发展原则。培育发展向来不是一次性、一时性活动，而是常态变化和不断发展的过程。在培育过程中，企业要能够根据内外部环境影响因子变化，对企业进行不断的动态调整，始终保持培育路径的适应性和创新型，直至达到企业发展的阶段目标，并与总目标保持一致。

3. 开放包容原则。市场经济的发展，不断推动企业走向开放包容。企业培育发展，不能在一个自我封闭的过程中完成，必须善于运用先进的企业管理理论和方法，并结合具体情况进行创新，吸引新要素和方法，形成新动力，促进企业不断进步和扩大做强。

4. 效益优先原则。企业的培育发展，归根到底是为了提高企业经济效益，从战略模式选择到企业组织结构调整，从形成激励机制到培育企业文化，都是为了获得更大的经济效益，这一原则也始终体现在企业的整个培育过程中。

### （三）江西旅游企业培育路径的选择

企业培育是系统性问题，由于不同企业的管理模式、组织架构、资源要素乃至资金、技术、竞争力等都有非常大的层次性和差别性，例如，从管理运营模式和资源要素看，有旅游中介企业、旅游交通企业、旅游住宿企业、旅游吸引物企业；从组织形式看，有业主制旅游企业、合伙制旅游企业、公司制旅游企业、旅游企业集团、旅游企业战略联盟，因此，没有一种路径能够适用于江西所有不同类型的旅游企业。江西的旅游企业只有选择能够实现对内外部资源有效整合和优化，能够提升发展速度和质量，能够提高企业核心竞争力的路径。路径选择的操作性、可行性才是真正的价值所在。从培育企业的战略、市场、管理、制度和文化五个关键要素进行路径分析，把旅游企业的路径选择依次分为战略主导模式、市场主导模式、管理主导模式、文化主导模式。

1. 战略主导模式及适宜企业

此种模式是以企业战略为主，其他要素为辅的培育模式；是依靠战略来推动企业核心竞争力逐步建立和快速提升的一种模式。它有四个主要优点：一是利于调整产业结构，优化资源配置；二是利于产生规模经济，发挥"1+1>2"的效应，甚至产生垄断效益；三是降低产品成本，减少企业单一经营风险；四是利于提高企业市场占有率和竞争力。该战略模式主要体现在并购战略、国家化战略、品牌战略、多元化战略和一体化战略五方面。选择这种模式的旅游企业一般为规模较大、具有人才和资金优势的企业。例如，2016年携程收购了旅游百事通和天巡、同程国际旅行社，合并重组万达旅业投资有限公司，实现了线上与线下的有机整合。尤其是携程通过百事通多家门店，完善了企业服务，提高了企业市场占有率。江西的战略主导型的企业重组活动，主要在政府主导层面进行，各地通过资源划拨组织大型旅游集团。但通过市场牵动的企业间的重组鲜有成效。2014年成立的江西省旅游集团公司是江西省政府批准组建的大型国有独资公司，业务范围涵盖旅游饭店、旅行社、餐饮娱乐、国内外票务、景区开发、旅游地产、融资担保、文化创意、网络科技等多个领域。目前该集团公司已经与江西省科学院、新加坡盛裕集团、利川市人民政府、鄱阳县人民政府、婺源县人民政府等单位签订了战略合作框架协议。显而易见，该集团公司将充分利用政策资源，加强全国乃至世界范围内业务整合、资源重组，建设新的旅游产品。江西三清山旅游集团有限公司是江西省首家民营旅游企业集团。从1993年9月投资兴建三清山索道以来，不断进行战略扩张，投入巨额资金参与婺源这个"中国最美乡村"的古村落、古建筑、古文化的保护、修缮及环境的整治，完成了对江南儒商第一村——思溪延村、江南第一深洞——灵岩洞及婺源现存最大的原始森林——石林等景区景点的开发。同时，还在在重庆、海南及本省贵溪市和三清山南山投入大量资金，进行了旅游房地产开发建设及销售，目前该公司拥有十九家控股公司，是资产数十亿元的江西最大的民营旅游企业。

2. 市场主导模式及适宜企业

此种模式是以注重市场需求为主导，其他要素为协调的模式，强调市场的主体地位，主要服务于新市场和潜在顾客的需求，其他要素围绕这个做调整。市场主导模式注重市场创新，有首创式、改创式和仿创式三种。此种模式适宜于创业初期或者企业产品多元化、规模化初始阶段，为迅速抢市场占有率，谋取快速发展的企业。例如，康辉旅行社有限责任公司 20 世纪 90 年代初期，在主要旅游城市"布点、建网"，快速抢占市场，目前已是在各地拥有全资或控股子公司数量最多的旅游企业。近年以惊险刺激的"东南亚第一漂"为卖点的江西大觉山景区集团有限公司，就是用敏锐的市场嗅觉，不断挖掘大觉山生态旅游与现代人需求的结合点，打造了惊心动魄的峡谷漂流，并且一炮而红，市场快速发展，大觉山发展趋势紧随红色井冈山、庐山等名山。2013 年其接待规模已达400 万人次。该公司走的就是以市场为主导，创意明显、特色明显的山水旅游之路。江西省绿滋肴实业有限公司创建于 2002 年 1 月 18 日，公司以旅游产品的特色市场为切入点，仿造连锁品牌模式，不断挖掘江西各地特产资源，仅仅用了 8 年时间，就在江西、湖南、浙江、安徽等长江经济带十一省市设立了直营特产连锁超市，开拓出一个绿滋肴特产世界，成为江西省旅游业重点龙头企业，2015 年入围中国快速消费品连锁百强名单。

3. 管理主导模式及适宜企业

此种模式是以管理创新为主，其他要素为辅，突出企业的管理主导作用和功能。主要体现在企业应该根据内外发展环境和现代企业管理制度的要求，打破或改善原有管理框架和体制，对企业业务流程进行再造和对组织进行重构。从管理要素方面看，还可以把它具体分为管理思想、管理组织、管理方法、管理手段的突破。现代企业能够选择的管理模式主要有柔性管理、精细化管理、扁平化管理等。这种模式既适宜规模小型化的旅游企业，也可以被走上发展常态的优势规模企业所采纳。例如，中青旅提出"细分市场，重塑业务流程，走专业化道路"，以达到"前台和后台管理上的无缝链接"。婺源县篁岭乡村文化旅游发展有限公司让曾经远近闻名的贫困村，变成了全国著名的旅游景区和周边村民羡慕的"富裕村"，依靠的就是管理创新：以柔性管理为主，以精细化管理为辅。公司用合理的产权置换方案将村集体资源分散，对居民市场意识不足等不利于管理的难题逐一化解。在该村的旅游产业发展中，公司充分保障村民的参与权、知情权，让村民由被动管理到主动服务，不断释放出企业的管理红利，使企业得到飞速发展。南昌旅游集团公司是经江西省政府批准、南昌市政府出资设立的，该公司的管理有明显的国企特色，下设职能部门8个：总经理办公室、计划财务部、投资发展部、企业策划部、人力资源部、综合业务部、纪检监察室、机关支部。对下属全资、控股、参股企业才采用现代化企业管理模式，即一个团体负责一块业务领域的整体运作，如投资、旅游景区、旅游客运、国际国内旅行社、游轮、航空、旅游地产等。集团公司通过加大对单个团体的业绩考核力度，促进业务板块自觉提升管理效率，提高产业效益。

4. 文化主导模式及适宜企业

此种模式突出企业文化的主导地位，强调企业文化是企业创新的动力和源泉，也是企业其他决策执行和管理制度落实的基础。企业文化包括物质文化、制度文化和精神文化。而精神文化则是整个企业文化的核心，包括了企业创业精神、企业整体价值观、企业运营风气。良好的文化能够充分调动和发挥企业员工积极性，使员工真正以主人翁姿态与企业同舟共济，可以让企业凝聚力增强，以小搏大，共克时艰。此模式一般适宜于小微型企业、出现信仰和价值危机的企业、主要决策者更换较多的企业或经营机制出现重大改变的企业。哈佛大学教授通过11年考察两组企业发现，重视企业文化组的总收入增长速度是另一组的六倍。这个调查报告是展现文化的超乎寻常的作用力的量化的证据。旅游企业的文化意识直接影响到其提供的综合服务水平，影响到顾客的文化需求，进而影响企业市场占有份额。面对日益竞争激烈的市场环境，旅游企业要想取得竞争优势，在建立必要的组织形式和完备的管理制度外，必须做好企业文化建设。但是由于培育是一个全面的、复杂的、动态的全过程，所以路径不是企业培育发展成功的唯一关键因素。江西嘉莱特国际饭店集团就是以打造独特的企业文化为己任，在日常管理模式中牢牢把握企业文化建设的着力点，不断增强企业文化向心力，在企业内部营造尊重人、塑造人的文化氛围，激发了企业员工的积极性和创造性，进而为客人提供优质服务。该酒店集团已经成为江西省著名饭店连锁企业。江西省的华赣传媒集团是一家综合性文化旅游传媒企业，它弘扬的就是以人为本，始终尊重员工的创造力，始终感恩每一位支持者，始终追求卓越的品牌影响力和美誉度（来自企业简介）的企业文化精髓。通过完善企业文化制度，催发企业员工社会责任和正能量，使企业的综合效益得到快速持续提升。

### 四 产业结构优化路径

**1. 建构江西区域旅游产业结构优化评价体系**

旅游产业的发展是动态的，其结构的优化也有一个不断相互协调的过程。为更好提升江西旅游产业运行效率，可借鉴前人的研究成果，尝试构建区域旅游产业结构优化评价体系（见表 6-2）。通过评价体系，了解旅游各行业的发展水平和相互联系的程度，必要时可引入生态指标，强化旅游产业的生态效益，促进江西旅游产业健康发展。

表 6-2 旅游产业结构优化评价体系

| 目标层 | 准则层 | 指标层 |
|---|---|---|
| 区域旅游产业结构优化度量 | 区域经济发展状况 | GDP 增长速度 |
| | | 城市化水平 |
| | | 产值密度比 |
| | 区域旅游产业结构合理化 | 旅游产业规模度 |
| | | 旅游总收入占 GDP 的比重 |
| | | 景区承载率 |
| | 区域旅游产业结构高度化 | 科技进步贡献度 |
| | | 提高层次旅游收入占旅游总收入的比重 |
| | | 入境旅游收入占旅游总收入的比重 |

续表

| 目标层 | 准则层 | 指标层 |
|---|---|---|
| 区域旅游产业结构优化度量 | 区域旅游产业结构的效益水平 | 旅游占第三产业的比重 |
| | | 全要素生产率增长率 |
| | | 旅游产业贡献率 |

资料来源：麻学锋《区域旅游产业结构优化评价体系建构——基于张家界数据的实证研究》,《山西大同大学学报》(社会科学版) 2009 年第 3 期。

2. 实施旅游科技创新工程，推动旅游产业结构优化升级

江西旅游产业科技基础薄弱，总体上仍处于高速但低质发展的阶段。利用科技创新是江西旅游业迅速获取竞争优势的捷径，尤其是在移动设备如此普及的时代，对旅游产业转型与优化升级具有重要作用。

重点建设提升旅游产品的科技含量。要运用高科技来开发新的产品及项目，将科技手段与景区文化完美融合，注重产品细节设计，引入全新的表现形式，如迪士尼的魔力腕带、追踪功能的行李牌。现在热门的多功能化的项目综合设计，如西安大型科技文化旅游项目"玄境长生殿"，以高科技的全息影像技术为主要手段再现历史场景，展示演绎"李杨爱情罗曼史"，实现科技与娱乐、文化与旅游的结合。早期随身科技无线旅游综合服务系统帮助张家界景区打造"自由行"旅游新模式。现在龙门石窟的智能刷脸、龙虎山景区身份证取票、月牙泉指纹入票、景点3D景区三维全景、远程点菜、贵阳流量控制等旅游方式，利用网络技术，借助便携的终端上网设备，为游客提供公共服务及增强游客体验性。

3. 合理配置旅游六大要素，提高旅游产业结构效益

江西旅游产业结构体系已经逐步合理化，但旅游产业发展仍受到现有产业布局、旅游行业内管理体制等因素制约，经济效益和发展速度不相适应。通过江西旅游产业的灰色关联分析[1]，旅游经济发展水平影响因素从大到小依次为：接待国内游客、旅游总收入占 GDP 的比重、接待境外游客、旅游外汇收入、A 级景区数、游客总人数占全省人数的比重、旅游人均消费。数据显示，江西旅游发展还偏重量的增加，缺乏质的提

---

① 彭燕、谢冬明：《基于个案分析的旅游产业与区域经济协调发展定量研究》，《南昌大学学报》(人文社会科学版) 2015 年第 6 期。

升。江西还以接待国内游客为主，60%以上的比重还集中在基本消费如交通、住宿和餐饮上。因此，必须加大旅游产业结构调整力度。依据江西旅游产业发展实际情况，建议从供给侧结构性改革方面着手，做好以下工作。第一，加强旅游精品景区建设。追求景观细节设计，注重文创类项目建设，突出旅游项目功能体验，完善景区内旅游基础设施配套，注重旅游景区服务管理，强化周边环境整治，大力开展A级旅游景区创建工作，以增强江西旅游的吸引力。第二，加快旅游娱乐业的发展，丰富旅游内容和促进旅游消费。注重娱乐产品建设，增加大众参与的娱乐项目和节庆活动。特别是注重增加旅游节庆活动的纯粹性，提高传统因素含量，真正举办好能让旅游者留下记忆和乡愁的旅游节庆。第三，大力开发不同档次旅游商品，促进购物销售。旅游者在江西购买的商品主要为木雕竹雕、工艺瓷器、茶叶、旅游食品等，这些商品大多是一些当地历史上形成的土特产，或是对当地资源的简单转化。档次不高，价格混乱，品牌缺乏，营销乏力。为此，必须在特色旅游商品开发的基础上，注重系列商品的分类，加大品牌塑造，创新销售方式。此外，要进一步完善全域范围内基础设施建设，继续大力发展旅游交通企业，改善和提高旅游景区景点的通达性，加快旅游信息化建设，提高竞争优势，突出特色及主题餐饮，提升餐饮服务细节，从而综合提高旅游产业结构效益。

4. 强化旅游发展的全域观念，实现涉旅行业共生共荣

强化全域观念。旅游从来都不是一个独立的产业和行业，其涉及相关行业为100多个。旅游产业既可融合其他产业，也可促进其他产业的发展。因此，实现区域资源全面整合、产业深度融合，就需要与商业、水利、文化、环保、农业、医药等各部门沟通与协调。但由于管理体制和运行机制的原因，旅游产业与其他行业分割性较为突出，一体化趋势难以在短期内实现。为此，政府应高位推动，坚持旅游引领，整合相关产业。鼓励各部门联动与协调，出台大量配套政策。相关产业布局当中应充分考虑旅游行业发展的需要，在有条件情况下，可将城乡规划、土地利用规划等规划与旅游发展规划多规合一，促进旅游产业与相关产业共同发展，实现共生共荣。

5. 促进旅游产品升级换代，优化旅游产业地域结构

江西旅游产品大部分为山岳和文化观光型产品，产品结构单一，内

涵不太丰富，在满足不同旅游者需求上存在差距。应在此基础上加快旅游产品升级换代，丰富产品内涵，不断提升产品档次，从单一产品结构转换为多层次产品结构，开发特色精品旅游项目，如篷车旅游、网络旅游、农庄旅游等，实现旅游产品结构的质变。江西旅游相对发展成熟的地方，主要在赣北与赣东北地区，在旅游产业布局结构调整与优化过程中，加大南昌旅游核心城市的建设，尤其重视赣南地区旅游的发展（"十三五"规划中确定的"一核心四门户九节点"），以促进江西旅游产业的均衡发展，推动旅游产业发展整体水平的提升。

6. 强化旅行社的扩散效应，加强与关联行业的合作

在旅游产业结构中，旅行社贯穿于游客活动的始终，将不同行业的企业和部门联系起来，保证旅游活动的顺利开展。它有效影响其他相关行业的发展。因此，要充分发挥其扩散效应，推动旅游行业与其他行业形成良好的合作关系。江西旅行社普遍存在资产质量不高，结构不合理，信息化程度低，从业人员素质良莠不齐，业中也没有形成有效品质竞争的良好格局，不能适应旅游产业大发展的需要。第一，改革现有旅行社的产权制度。可通过投资主体多元化、全员股份制等方式，改革现有的经营管理制度，调节员工和企业之间的关系，防止人才流失，提倡以激励为主的经营体制，逐步扩大旅行社经营规模，提高省内旅行社的竞争力。第二，倡导旅行社部门的技术改革。各旅行社要普遍使用信息技术与网络技术，建立顾客分层管理系统，注重定制产品设计，加大与 OTA，旅游搜索，在线旅游超市，旅游企业业务衍生体，旅游资讯、社区等电商合作，进一步巩固旅行社开拓市场的基本功能，实现网络虚拟经营与现实经营相结合。第三，各旅行社和涉旅部门要加强旅游合作。各旅行社要以产品开发经营为基础，强化与旅游相关产业部门合作，共同构建产、供、销服务网络，及时调整相关行业的供给及运行状态信息，保持整个旅游产业结构的合理性和运行的通畅性，建设高质高效的旅游业。

# 第三节　融合发展路径

## 一　旅游产业与文化产业融合发展路径

2009 年 8 月 31 日，文化部、国家旅游局联合下发了《关于促进文

化与旅游结合发展的指导意见》，这一决策顺应了当前旅游产业发展的趋势，为旅游产业与文化产业融合发展指明了方向。发掘各种旅游资源的内涵，寻求与文化产业共同发展的契合点，促进江西旅游产业与文化产业融合发展，是建设具带动性的旅游先导产业，建设旅游强省的重要途径。

### （一）文化旅游的概念及发展文化旅游的意义

#### 1. 文化旅游的概念

文化旅游是一种较普遍的包容性强的专题旅游形式，其概念早已有之，近年来随着文化旅游的普及，其概念被越来越多的旅游机构和学者提及。在国内学者中，魏小安于1987年最早提出文化旅游一词。目前，国内对其概念及其内涵的认识大致主要有四类。①文化旅游是一种活动。这部分学者认为文化旅游是旅游的一种特殊形式，是一种可以获取文化信息或体验文化信息的活动。②文化旅游是一种产品，即一种文化产品，可以在旅游过程中体验蕴含浓厚文化底蕴的自然与人文景观。③文化旅游是一种意识，即游客在游览过程中的认识和心态。④所有的旅游都是文化旅游，即文化和旅游是不可拆分的整体。概念研究虽然没有定论，但从旅游与文化关系的定性来看，基本为众人所接受的是："文化是旅游的灵魂，旅游是文化的载体。"二者不可拆分。

国际方面，罗伯特·麦金托什最早开启文化旅游研究领域，他认为文化旅游概括了旅游的各个方面，人们可以借助它来了解彼此之间的思想和文化。1991年，欧洲旅游与休闲教育协会将文化旅游定义为：人们为了获得和满足文化需求而离开自身日常居住地，前往文化景观所在地的非营利性的活动。1994年，Reisinger从旅游的主体视角出发，将文化旅游定义为对体验文化经历有特殊兴趣的游客发生的旅游行为[①]。

当下旅游业具有更多的文化属性，即旅游的功用更多地被定位为人们追求精神层面的享受。与此同时，旅游业也就扮演寓教于乐、寓教于游的角色，使游客在旅游活动的过程中，受到教育和启发，提升个人素养，从而为其工作及生活提供精神动力和智力支持，故而旅游业与文化

---

① Reisinger Y., "Tourist-Host Contact as Part of Cultural Tourism," *World Leisure And Recreation*, No. 36, 1994, pp. 21 – 28.

产业融合发展，是旅游产业进步和发展的必由路径之一。

2. 发展文化旅游的意义

虽然不是所有的旅游都是文化旅游，但可以肯定的是所有的旅游都必须有文化。文化旅游作为较普遍的专题旅游形式，其意义主要体现在：第一，作为有品位、有内涵的旅游产品，本身具有深厚的文化内涵，促进旅游活动的多元化和丰富化；第二，提高旅游参与者素质，大力发展文化旅游，塑造良好的旅游文化氛围，熏陶全体旅游参与者，使其提升自身精神文化层次，实现文明旅游；第三，利于引导旅游业和文化产业的良性可循环发展，逐渐摆脱单一"门票经济"的制约，打破旅游经济运行的固化体制，实现旅游新常态；第四，深化产业融合，为不同产业间融合发展提供发展路径参考；第五，作为自然旅游产品的延伸和深化，在旅游产品中增加文化内涵和文化活动，不但可以提升产品的吸引力，而且可以吸纳更多就业人口，从而增加旅游目的地的经济收入，促进整体经济与社会效益的提升。

**（二）江西省旅游产业与文化产业融合发展**

1. 江西旅游产业与文化产业融合发展概况

江西省正致力于推进文化产业的发展，从 2012 年开始，相继制定并实施了《中共江西省委关于深化文化体制改革推动社会主义文化大发展大繁荣的实施意见》《江西省 2013—2015 年文化改革发展规划纲要》，并下发了《江西省文化产业发展专项资金管理暂行办法》《江西省十大战略性新兴产业（文化及创意）发展规划》《鄱阳湖生态经济区生态文化建设规划》《江西省"十二五"文化创意产业科技发展规划》《江西省"十二五"文化创意产业知识产权保护规划》等促进文化产业发展的重要指示文件。而旅游活动天然成为文化产业发展的最佳载体，从而使旅游业定会伴随文化产业良好发展势头获得新的发展机会。综合相关数据分析，江西旅游产业与文化产业融合发展的主要成果如下。

（1）两位突破，两大产业支柱作用凸显。依据统计信息，自 2004 年开始，江西文化产业年平均增长速度超过 20%，超同期 GDP 增速约 6 个百分点。2015 年江西 GDP 是 16723.8 亿元，比 2014 年增长 9.1%。2015 年江西文化产业主要营收额为 2061.3 亿元，同比增长了 15.6%。江西省 2015 年旅游业接待游客为 3.85 亿人次，同比增长 23%；收入总额达 3630 亿元，同比增长 37%①。值得一提的是，2016 年春节期间，江西省旅游总收入以及接待游客数量分别同比增长 44.75% 和 38.26%，在计入统计的30 个省区市内双向增长最快，显示出了强劲的发展动力。旅游产业与中国传统春节文化的融合成为这个时期江西旅游的最大卖点。

（2）三色并进，文化旅游超常规发展。2012 年，江西旅游产业与文化产业进行了有效融合并取得喜人成绩，红色旅游强省、生态旅游名省、旅游产业大省的战略部署得到进一步落实。通过强力推出"江西风景独好"旅游品牌、积极推进一批重大旅游项目建设、举办 2012 年中国红色旅游博览会、大力发展乡村旅游和温泉旅游，旅游业收入跨越千亿元、旅游品牌独领风骚，逐步形成了红色旅游领跑全国、山水旅游迅猛发展、乡村旅游脱颖而出、温泉旅游异军突起的发展格局。江西的旅游资源俯首即珍珠，江西做旅游，特别是做文化旅游，是其未来文化产业发展的主干部分，也是特色部分。江西有三色文化，红色文化无可比拟，古色文化得天独厚，绿色文化洞天福地。首先，红色旅游本身就是文化旅游，革命的旧址，我们先辈流传下来的遗址，通过包装、打造，可以成为一种重要的资源，井冈山精神是党和人民弥足珍贵的精神财富，江西把红色做成特色，以经典引领时尚，由江西首创的"中国红歌会"，从井冈山迈向人民大会堂，从江西走向全国，收看观众超过 15 亿人次，红歌会的海选赛区还从国内走向了国外；其次，古色文化博大精深，名村名镇名人文化底蕴深厚，2012 年 8 月，省长鹿心社率团赴台举办经贸文化交流活动，通过几场景德镇当代陶瓷艺术展、江西旅游风光展、赣版图书展等一系列"赣鄱文化台湾行"活动，加大文化旅游宣传力度，让更多台湾民众了解了锦绣江西；最后，绿色文化洞天福地，中国鄱阳湖国际生态文化节把生态与文化进行"嫁接"，并冠以"国际"，在国内首开先河，这是一场江西文化与世界文化对话的盛宴，一大批国内外文化产业界的翘楚在南昌风云际会，江西大胆地陈兵列阵，把自己的生态文化元素精彩地展现在国内外文化强手面前。

（3）六大要素，文化产业深度嫁接融合。包括文化影响力与文化生

---

① 数据来源：《2015 全省旅游工作总结和 2016 年工作安排》，江西旅游网，http://jxtour.
jiangxi.gov.cn/News.shtml? p5 = 407578。

产力的文化软实力是综合国力和国际竞争力的重要组成部分。要实现建设旅游强省和文化强省的目标，就必须更新思想观念，在旅游产业与文化产业的深度融合上下功夫，在产业发展模式、市场运行机制等方面进行深入的探索与实践，从较高层面对两大产业进行整合创新，充分实现两大产业的优势互补，以创造出新的经济增长点。围绕旅游活动的吃、住、行、游、购、娱六大要素，旅游产业与文化产业的交叉融合体现在：文化主题餐厅业、文化旅游住宿业、特色旅游交通业、景区景点业、文化纪念品店、旅游娱乐业、景区文化传播业等行业。文化主题餐厅是以某文化元素定位的餐厅，在餐厅的装潢、菜品的设计上都包含这一文化元素，而这样的主题餐厅业在传递文化的同时还为旅游者提供餐饮服务，在江西而且在全国都可谓一种新型的餐饮发展模式，2012 年 12 月江西首家（全国第三家）文化主题餐厅在新余面世，将艺术与餐饮结合，与著名的画廊、艺术基地合作，引进国内原创的字画、陶瓷、雕塑、青铜器等工艺品，免费为其提供展销场地。某些景区景点本身就是人文主题的，如江西革命烈士纪念堂、江西省博物馆、白鹿洞等著名古书院、井冈山黄洋界等，这些景区景点向公众传播了江西文化，属于文化产业范畴，而有些景区景点虽不属于文化产业，而属于自然风光，本身不具有文化属性，像我省的三清山、武功山、大觉山等，但自然美同样需要从文化层面鉴赏，需要用文化知识来解读，因此也属于文化产业。文化纪念品店一般设在景区附近，目的是传承本地区的文化，属于文化产品，这类纪念品店同时满足了消费者在旅游活动中购物的需求，也属于旅游产业。旅游娱乐业包括了娱乐设施提供、旅游地兴建的游乐场、活动休闲区等，这都是为旅游者提供娱乐休闲服务的，因此也属于文化产业。景区文化传播业是指通过广播电视等媒介对景区进行宣传，目的是增强景区的知名度，吸引更多的旅游者，在传播过程中对我省或某一地区文化进行传播，扩大我省或地区的文化影响力，属于文化产业。文化孕育了人文旅游资源，同时，人文旅游产品的开发和设计需要进行相应的文化解读。

（4）众多项目，文化旅游项目炙手可热。中国文化产业网提供的信息显示，2006 年到 2016 年 10 年内，江西省建成以及在建的文化产业项目共 59 个，从中不难发现，文化旅游项目成为文化产业投资的主力，无论从投资数量上，还是从投资额度来看，这些数据可以说明旅游产业与文化产业融合发展表现不凡（主要文化产业项目见表6-3）。

### 表6-3　江西文化产业部分项目展示

单位：万元

| 序号 | 项目名称 | 公司名称 | 所在地 | 项目阶段 | 项目建设起始日期 | 项目建设结束日期 | 投资总额 |
|---|---|---|---|---|---|---|---|
| 1 | 江西省创意设计制造文化 | 江西协泰彩印有限公司 | 江西省 | 策划立项 | 2014年3月1日 | 2014年12月1日 | 2500 |
| 2 | 699文化创意园 | 江西新华安文化发展有限公司 | 江西省 | 续建项目 | 2011年5月1日 | 2014年12月1日 | 38000 |
| 3 | 仙女湖 | 江西星漫文化传播有限公司 | 江西省 | 建设实施 | 2014年10月1日 | 2016年6月30日 | 1200 |
| 4 | 江西晶赢文化创意产业园 | 江西晶赢文化产业有限公司 | 江西省 | 建设实施 | 2014年8月31日 | 2019年8月30日 | 86000 |
| 5 | 笛卡特警队 | 江西笛卡传媒有限公司 | 江西省 | 竣工达产 | 2009年7月10日 | 2011年3月10日 | 2685 |
| 6 | 乌鸡叽叽叽 | 泰和县禽仙子文化创意有限公司 | 江西省 | 建设实施 | 2015年1月1日 | 2018年12月31日 | 15000 |
| 7 | 脐橙寻宝记 | 赣州福雷斯文化传播有限公司 | 江西省 | 建设实施 | 2011年10月1日 | 2015年10月1日 | 2088 |
| 8 | 婺源"徽州三雕"文化创意园 | 婺源县华龙木雕有限公司 | 江西省 | 策划立项 | 2014年6月1日 | 2015年6月1日 | 1800 |
| 9 | 根雕产业园 | 江西省祥峰木艺文化发展有限公司 | 江西省 | 策划立项 | 2015年2月1日 | 2017年5月1日 | 2500 |
| 10 | 景德镇皇窑陶瓷文化创意产业园 | 景德镇东璟实业有限公司 | 江西省 | 项目续建 | 2012年3月12日 | 2015年3月31日 | 11800 |
| 11 | 民族乐器生产扩建项目 | 余干县民族乐器有限公司 | 江西省 | 策划立项 | 2015年2月3日 | 2016年3月3日 | 1200 |
| 12 | 装饰画产业基地 | 江西爱君空间装饰有限公司 | 江西省 | 建设实施 | 2014年3月13日 | 2016年3月31日 | 33158 |
| 13 | 夏布刺绣产业发展项目 | 新余市渝州绣坊有限责任公司 | 江西省 | 项目续建 | 2014年10月1日 | 2015年10月16日 | 1200 |
| 14 | 数字学习资源平台APP应用研究 | 江西泰豪动漫有限公司 | 江西省 | 建设实施 | 2015年2月5日 | 2018年2月5日 | 3200 |

续表

| 序号 | 项目名称 | 公司名称 | 所在地 | 项目阶段 | 项目建设起始日期 | 项目建设结束日期 | 投资总额 |
|---|---|---|---|---|---|---|---|
| 15 | 全民艺术教育O2O平台 | 江西美术出版社有限责任公司 | 江西省 | 策划立项 | 2015年1月1日 | 2017年12月31日 | 2800 |
| 16 | 中文传媒移动全媒体融合平台 | 中文天地出版传媒股份有限公司 | 江西省 | 建设实施 | 2015年1月1日 | 2017年12月31日 | 4000 |
| 17 | 玖珑文化创意谷（一期） | 江西日报传媒集团有限公司 | 江西省 | 策划立项 | 2015年1月1日 | 2017年12月31日 | 153300 |
| 18 | 豫章1号 | 江西日报传媒集团有限公司 | 江西省 | 策划立项 | 2015年4月1日 | 2016年3月31日 | 1000 |
| 19 | 江西水墨上河国际文化交流中心项目 | 江西水墨上河文化开发有限公司 | 江西省 | 建设实施 | 2014年6月6日 | 2018年6月6日 | 90000 |
| 20 | 赣州红色文化创意产业园 | 赣州红色文化创意产业发展公司 | 江西省 | 建设实施 | 2014年10月10日 | 2016年10月10日 | 100000 |

资料来源：中国文化产业网，截至2016年4月1日。

（5）融合加深，延伸产品不断创新。一方面，核心文化的竞争力是如今市场竞争最重要的影响因素，诸多大公司、大企业表面上出售的是有形的产品或者无形的服务，但真正经营运转良好的企业出售的都是一种文化，如谷歌、苹果等大公司都是如此。因此，旅游产业与文化产业的融合之策，当以文化为核心，以旅游为载体。2012年，新余市开放了江西第一家文化主题餐厅，将文化与餐饮结合起来，融合了特色餐饮、文化艺术赏析，将艺术家作品融入餐饮消费的过程，促进两方面的市场繁荣和消费，是很好的创意，为消费额和消费质量的提升也提供了很好的机会。另外，很多景区景点本身就具有很强的文化气息与氛围，如白鹿洞书院、井冈山黄洋界以及革命博物馆等。在江西文化的传播方面，这些景区景点发挥了积极作用。

另一方面，在其他以自然景观为特色的景区里，如武功山、大觉山、鄱阳湖湿地公园、陡水湖等，其本身并不具备很强烈的文化属性，但应该深挖其文化内涵和遗存，提升景区的品质。近年来，武功山等地举办的登山节、帐篷节等为自然山水的美丽增添了人文格调。此类文化节庆活动的开展，有力地促进了当地旅游业的发展，使游客在游览过程中也体会到登山特有的文化魅力，不失为一举两得的良策。

此外，位于景区周围的纪念品店，同样是进行文化旅游拓展的重要空间。旅游纪念品一般属于文化产品。这类产品在满足游客购物需求的同时，也丰富着游客的文化旅游体验。做好旅游文化纪念品，对于文化的传播、旅游的发展都有直接的现实意义。在文化旅游纪念品制作、生产、销售方面，井冈山景区就别具一格，有所突破，在做好山货特产与红色文化产品的基础上，开发黄杨木雕产品，既体现本土特色，又体现了制作者的匠心，观赏、品鉴、收藏均给人以深厚的文化底蕴。

2. 旅游产业与文化产业融合发展的驱动要素

鉴于旅游产业与文化产业有着天然的耦合性、互补共赢性，旅游产业与文化产业的融合发展是江西省旅游产业发展的重要路径之一。基于对产业发展实践和以往研究成果的总结，在产业融合论的指导下，构建以融合路径、融合模式、融合动力为核心的"三位一体"的产业融合机制，是旅游产业与文化产业协调发展的基本途径①。

根据产业融合的一般驱动因素理论，结合江西省情实际，把政府引导驱动、企业行为驱动、消费者行为驱动、中介因素发展驱动、市场机制驱动作为旅游产业与文化产业融合发展的五大驱动因素。由于江西省旅游产业发展水平和质量尚未达到发达程度，所以驱动因素中仍以政府为主导，将政府引导驱动放在首位，但更强调其服务职能而弱化其管理职能。如下为驱动因素分析。

（1）政府引导驱动。在分析政府驱动因素时，考虑到我国国情，即市场机制不够完善、相关的法律法规治理不到位和市场秩序不够稳定的现实情况，政府不仅仅要承担"守夜人"的职责，还要发挥构建平台、协调规划、主动出击参与投资等作用。现阶段，政府行动对企业的影响依然是举足轻重的。政府良好的带头引导与引领作用，可以激励企业投资，使企业增强信心。努力形成政府搭台、企业唱戏、消费者受益的良性循环体系，是旅游经济保持一定投资热度和发展速度的关键。尽管政

---

① 黄细嘉、周青：《基于产业融合论的旅游与文化产业协调发展对策》，《企业经济》2012年第9期。

府的推动力属于非内生动力，但是政府在产业融合发展的过程中，在每一个环节的作用都是至关重要的。首先，产业融合发展需要相关配套设施跟进，而基础配套设施建设的直接经济回报不明显，即使有回报的诉求，但资本回收的周期一般也比较长，因此民间资本多不愿涉足。这时候必须由政府出面，在产业融合发展的基础配套设施建设上发挥主导作用。其次，发挥协调规划作用是政府在产业发展过程中的重要职能之一。要尽量防止重复建设，杜绝低效益无创新的投入，监督促进行业健康发展。通过专门的法律法规保护文化产业的知识产权，维护旅游产业的形象。最后，保证财政投入，推动产业融合持续发展。江西省各级政府部门应该立足江西本土，因地制宜地服务地区旅游经济发展。在有条件的地区，如南昌、九江、新余等经济相对较发达地区，可以适当加大政府对基础设施的投资建设。经济欠发达的地区，可以由政府牵头，带动民间资本进行投资建设，一方面资本的有效利用可以加快改善地区面貌，另一方面优质的旅游资源和文化资源开发可以带动经济的发展。经济落后地区还可以通过旅游扶贫以及文化扶贫等政策性投入和支持，促进发展，改善生活。

（2）市场机制驱动。十八届三中全会提出，要发挥市场在资源配置中的决定性作用。旅游产业和文化产业的融合发展同样要求市场在其中发挥决定性作用。通过文化旅游市场的供需平衡来推动二者的融合发展。在文化产业与旅游产业发展过程中，从旅游各个方面让市场机制发挥作用，规范市场运作，一旦市场形成，相应的技术、管理、资金等要素就会集聚。而这些要素的集聚反过来会强化市场向更完善的方向发展。旅游经济的六大要素吃、住、行、游、购、娱与文化产业相互渗透，向文化产业靠拢，在市场机制的引导下，打破产业间的壁垒，实现融合发展。文化旅游的目的地一旦形成，就会吸引更多资本投资，人财物聚集产生的效应促进文化旅游的发展无疑是利好局面。

（3）企业行为驱动。"现代工商企业在协调经济活动和分配资源方面已经取代了亚当·私密的所谓市场力量的无形的手"①，依据钱德勒的理论，旅游企业和文化企业的行为将对文化旅游产业的形成和发展产生

---

① 〔美〕小艾尔弗雷德·D. 钱德勒：《看得见的手——美国企业的管理革命》，重武译，商务印书馆，1987。

驱动力。正如钱德勒认为的那样：技术、市场、交通和通信的发展是企业规模扩张并演变为现代工商企业的重要因素。传统的旅游产业发展遇到了瓶颈，受到制约，如江西大部分景区陷入单纯依赖门票经济的泥潭。走文化旅游之路是促进旅游产业升级换代的一个可供拓展的途径。从另一个角度看，企业的最终目的是追求利润，而文化旅游的发展为企业提供新的投资方向，文化旅游的高附加值和创造的利润空间，对企业具有吸引力。正是由于企业对文化产业与旅游产业融合后形成的新市场的兴趣，从而产生促进文化旅游产业发展的动力。

（4）消费者行为驱动。Reisinger 认为，文化旅游是指那些对体验文化经历有特殊兴趣的游客发生的旅游行为。消费者需求的变化是引起企业产品变化的重要动力之一。首先，随着人们经济水平和文化素养的不断提高，游客对旅游的要求逐渐增加，旅游需求由观光需求转向旅游的娱乐性和参与性需求，即倾向于更高层次的旅游体验。其次，人们的旅游消费趋向理性化，更加注重文化精神体验与新奇追求，青睐具特色的文化游、主题游以及度假游等，观光游客逐渐减少。旅游者需求的转变吸引相关的投资商、企业以及中介组织等主动开发文化旅游产品。基于利益考虑，它们相互制约又协同发展，促进文化旅游目的地的建设和文化旅游产品的开发，成为文化旅游的提供者。基于消费者需求开发的文化旅游产品对于旅游目的地的建设起到了关键作用，即可以被理解为消费者偏好引起的旅游新产品开发。

（5）中介因素发展驱动。除了核心企业的作用外，中介因素在市场中的作用无法被替代，作为连接相关企业和消费者的纽带，为市场运作提供了强大的动力。这里的中介因素并非市场中的中介机构，而是指专业的行业协会、高等院校、研究所以及高质量的民间文化或旅游团体等。这些团体的加入，能为旅游市场和文化市场提供更多的活力，为旅游产业和文化产业的融合发展提供智力支持、技术保证以及方向指引。

高等院校为旅游产业和文化产业的融合发展提供人才支持，经过专业训练的高级专门人才，在技术处理、战略选择等方面都更具有专业眼光。在驱动融合发展的过程中更容易把握两大产业的结合点，抓住消费者的消费需求和心理活动，因此也更能满足消费者的需求以及创造出新的需求和消费热点，从而使产业发展更为健康，同时使消费者的消费活动更为理性。最终实现旅游产业发展，使消费者得到身心满足，促进其综合素质提高。

一方面，以南昌大学、江西财经大学、江西师范大学等为代表的一批重点高校，可以为江西省文旅融合发展直接输送大批人才。但同时，也应该注重引进省外乃至国外的专家人才，集中精英群体的智慧，共同为江西旅游业的发展贡献聪明才智。另一方面，活跃在南昌以及江西其他地区的旅游社团、旅游爱好者协会等民间团体，也应该发挥其应有的作用。这些团体和个人对江西旅游的体验更加直接，提出的意见和建议更加具有代表性和参考性。在旅游产业与文化产业融合发展的过程中，吸收这个群体的力量是致力于促进旅游发展的新途径。

3. 旅游产业与文化产业的融合运作模式

（1）文化旅游圈融合运作模式，是以文化旅游资源为中心，综合社会效益、经济效益、人文关怀、生态文明等目标要素，进行最大限度旅游开发与建设的文旅融合发展模式。其突出特点是以基本资源为依托，综合运用各种有利于发展的要素，构建文化生态旅游区或文化生态旅游圈，利用文化寻访、修学、休闲、展示、体验、创意等，打造系列产品，吸引眼球，同时通过文化活动等提升景区影响力。典型案例如婺源利用众多徽派古村落、民居、建筑等打造"中国最美乡村"旅游目的地，并排演《梦里老家——婺源》大型旅游演艺节目，其被誉为"旅游文化演艺经典"。文化旅游圈融合运作模式，最终发展目标是本土文化旅游圈内交通和通信联系网络化、文化旅游资源开发利用集约化、旅游经济发展规模化、旅游接待规范化等[1]。江西文化旅游圈融合运作模式前景可期，依托深厚的文化资源优势，进行文化旅游的有效开发，将滕王阁、安义古村群、临川文化、庐陵文化、宜春禅宗文化、景德镇陶瓷文化、赣南客家文化等作为中心资源进行主体开发，深入挖掘文化表现力，培育休闲文化，举办文化活动和节庆，打造示范景区，提升文化资源与品牌的影响力，是促进江西旅游发展的重要途径。

（2）项目开发融合运营模式，是通过对特有旅游资源进行文化创意

---

[1]　张海燕、王忠云：《旅游产业与文化产业融合运作模式研究》，《山东社会科学》2013年第 1 期。

改造和创新包装，打造特色项目，采用项目管理的方式经营文化景区，将特色项目通过市场运作呈现给游客，从而实现其经济价值、社会价值、生态价值和谐统一的一种文旅融合发展模式。这种模式一般以节庆活动、主题路线游览、购物、举办旅游年等不同的形式展现，集中向游客展示文化旅游项目的独特性以及两大产业融合所释放出的特殊魅力，并以此提升旅游目的地知名度和市场竞争力，为目的地文化旅游经济注入新活力。江西各设区市可依托各地的文化生态，结合地方特色和优势文化资源，培育文化旅游重点项目。项目建设应以打造精品、提升品位、增强吸引力为指向，以发挥辐射带动作用，带动地区文化旅游乃至整个旅游产业蓬勃发展为目标。

（3）文化旅游节庆与会展推广模式。文化旅游借助旅游节庆和会展的形式，对旅游目的地（旅游景区）的历史遗迹、文化景观、民俗特色、生活方式等进行重组，实现旅游产业和文化产业的无缝链接和有机融合。其具体表现形式为传统节庆或旅游节庆加会展演出，将文化内涵借助文艺演出的平台呈现给游客。节庆或会展节目需经过精心策划，通过合理的市场化运作，高品质地呈现目的地旅游文化特质，以实现其应有的文化、经济、社会价值。精品化的节庆活动或会展项目能够提升旅游产品品位，打造知名旅游品牌，提升旅游目的地形象，同时也能够保留和保护旅游目的地的非物质文化遗产，可谓一举多得。

（4）文化产品创新吸引模式。创新是文化旅游发展的"牛鼻子"。在文化旅游景点建设的过程中，利用现代化科技手段，以顾客求新求异的心理需求为出发点，创造全新的感觉体验，使旅游者得到身心共享的愉悦。传统的旅游项目开发多是将稍加修缮的原有古建筑物或风景优美的自然景区呈现给游客，主要开展的旅游观光活动缺少与游客的互动。文化旅游创新产品不同于传统旅游项目的观光性和单一性，需通过多种产业融合，以多元化为目标，开发体验感良好、互动性强、吸引力十足、文化内涵深厚、选择多样化的旅游产品。文化旅游创新吸引模式的另一个关键点，体现在人与旅游景点自然融为一体的追求方面，即古代道家所倡导的天人合一的境界。有文化修养追求的人的加入使景区的自然和谐之美与游客的高雅素质相衬，彰显文化生命力和吸引力。江西省诸多优美的自然景区和文化生态景区，需要加入相应的创新元素，将自然景观、生态环境与人文精神、人文活动相结合，为景区的发展带来新的活力，提升景点品质和游客体验，促进景区走生态、人文、科技、健康、绿色可持续发展之路。

（5）体育产品开发模式。体育赛会是一项具有全民参与、大众介入性质的活动。不管是国际层面的奥运会、世界杯、亚运会、亚洲杯等还是国内品牌赛事，美化赛会城市，提供赛会安全保障，保证赛会质量，提供高效的组织安排等，都是能够吸引国内体育爱好者前来观赛的重要因素。体育旅游产品的内容和类型可做以下划分。第一大类是有形的实体体育旅游产品，如体育场馆及设施、体育赛会纪念品等有形实物。场馆的建设是体育旅游发展的基础，纪念品等是体育旅游发展的衍生品，其中，场馆是最固化和长久的卖点。第二大类是作为主体的体育活动及赛事，体育活动和赛事是体育旅游的主体产品，是最佳也是最大的卖点。第三大类是体育旅游的无形产品，如举办地的地理位置、气候环境①、服务系统等。如果说地理位置和气候环境是硬件的话，那么服务系统就是软件配套。有了地理位置和其后环境的支持，服务系统的配套发展是旅游体育开展的重要因素。完善的体育服务系统是体育事业也是体育旅游发展的重点。服务系统的人性化、科学化、系统化将是该市场竞争的核心所在。上述三大类型的有机结合是发展体育旅游的主要途径。

据美国媒体调查，在美国最受欢迎和参与度最高的体育赛事，不是我们耳熟能详的 NBA 或者美国职业棒球大联盟的比赛，而是美国大学生篮球联赛和橄榄球联赛。大学生群体与社会的发展密切相关，他们的健康成长、拼搏精神的养成关系着社会的未来。而承办好大学生联赛的好处更是不胜枚举。体育赛会的拼搏精神以及竞技体育不确定的魅力几乎是每个人都向往的，高质量体育赛会的举办，无论是对于承办方、运动员还是参与的观众来说，都是一种享受。在这个过程中，承办方增强了自身的能力，观众享受了高质量的比赛也同时陶冶了情操，运动员的拼搏也增强了自身的素质，弘扬了体育精神。因此，江西旅游产业与文化产业的融合发展也不能忽视体育产品开发模式。

---

① 高翔：《江西省体育旅游的现状及未来发展对策》，《科技信息》2010 年第 35 期。

4. 旅游产业与文化产业融合路径

（1）发展战略

发展视野的高瞻远瞩，资源开发的有效整合。要认识到文化产业与旅游产业融合所形成的新产业符合产业发展的大趋势，是具有长期可持续性的产业，就必须坚持文化资源在合理利用中得到保护、在有效保护中加以利用，决不能因为追求经济利益而破坏文化资源。要用长远的眼光来看待江西文化旅游产业，从宏观视野寻找文化与旅游产业融合发展的战略需求点。要明确文化和旅游产业融合发展的产业交叉点、产品交会点与企业互动点，寻找到融合发展的具体路径与策略。在资源的整合开发中，可充分发挥产业的联动作用，发挥文化旅游业的龙头带动作用，拉长产业链，大力发展相关产业，开发相关产品，丰富旅游业。旅游相关产业的发展和产品的开发销售应被纳入旅游业发展的系统之中，实现产品整体开发、整体宣传、整体促销，与文化旅游业构成有机发展的整体。同时还要以旅游资源为纽带，以江西独特的三色文化为切入点，将主题性强、地方特色明显的文化资源整合起来，构建若干条有文化特色的旅游线路，丰富旅游文化内涵，提高旅游产品的档次，同时加强产品包装和推介，打造江西独特的文化旅游品牌。

顶层制度的设计完善，保障机制的协调配套。建立和完善产业融合的顶层制度设计是产业互动融合的根本保障。文化是旅游的灵魂，旅游是文化拓展的有效载体。没有文化的旅游是没有核心竞争力的旅游，同样，没有旅游的文化也是没有长久生命力的文化。但长期以来，文化产业和旅游产业都在其包括管制规则、法律和政策等制度框架内独立发展，存在大量的行政垄断和部门分割现象，产业管制的高度集中产生高度集中的产业壁垒，不仅给产业融合渗透施加了极大的难度，而且也加大了产业融合的"边际成本"。而放宽产业管制，破除产业壁垒，恰恰正是实现产业融合依赖顶层制度设计的客观需要。目前，尽管文化与旅游部门在"应该融合"方面达成了共识，在实践中也探索出了一些成功的经验，在个别地区、个别领域甚至取得了二者互动融合发展的良好效果，但总体上来说，文化旅游两大产业融合的体制机制还很不完善，制度化的设计还停留在"浅尝试"阶段，还存在融合领域不宽广、融合机制不顺畅、政策扶持不到位等问题，文化旅游发展现状与当前日益增长的市场需求还不完全适应。这些问题的解决，迫切需要政府加强对文化和旅游结合工作的领导，迫切需要在管理组织层次为二者的充分融合创造出共荣共兴、融合发展的有效平台，迫切需要构建文化部门与旅游部门协作配合的长效工作机制。为确保旅游与文化产业协调健康发展，各有关部门应加强协调配合，形成相互搭台、共同协作的保障机制。一是建立文化与旅游部门的联合协作机制。文化和旅游部门应通过联席会议制度，定期或不定期地进行工作会商和工作协调，共同研究制定文化和旅游产业互动发展的长远规划、年度计划，讨论重要文化旅游产品、重大互动项目的开发建设，共同筹划重要的旅游文化宣传活动。二是注重文化和旅游产业发展规划的衔接和配套。两个产业在发展规划方面须进行良好的衔接和配套，使其在思路、目标、措施、步骤和产品开发的类别设计、时间安排、空间布局等方面能够有机结合和有效配合。

（2）战略重点

建立产业融合机制。江西旅游、文化管理部门要进一步增强融合意识，改革因传统产业分立而形成的多重管理体制，通过放宽行业限制、破除行业壁垒，走向管制框架的融合，采取单一管制方式，为产业融合和企业发展提供宽松的宏观环境。要加强沟通协作，在旅游与文化产业的发展规划、投资项目、扶持政策、宣传推广和人才培养等方面建立起相互支持、互动发展的工作机制，逐步开拓旅游与文化融合发展的工作路数、实际举措和市场空间。

转变政府职能。在积极调控市场的同时，重在引导旅游、文化企业的生产经营活动。在鼓励支持文化、旅游企业间的合作，共同开发高端旅游文化产业项目，帮助解决旅游文化结合发展中的具体问题和困难上多下功夫。继续深化文化、旅游企业体制改革，建立产权清晰、权责明确、政企分开、管理科学的现代企业制度。

加强区域产业规划整合。坚持"互通有无、互为利用、互相促进、共同繁荣"的原则，研究制定旅游文化一体化发展规划，共同做好文化、旅游产业融合发展的空间布局和功能区定位，共同谋划一批带动性强、综合效益明显的旅游文化重点项目，共同打造兼具旅游、文化品位的复合型产品。

确定企业的市场主体地位。市场经济活动中如果缺乏企业的参与，市场就成了无源之水、无本之木。同样，如果没有众多的文化、旅游企业主动参与，产业融合也就如同空中楼阁，缺乏坚实的基础。产业融合需要政府的激励、政策的引导，但最为重要的还是确立企业的市场主体地位。因此，承认、确立和尊重企业的市场主体地位，与发挥政府、政策的导向性作用同等重要。承认企业的市场主体地位，需要摒弃旧观念，树立新理念，切实从思想上认识到企业在促进产业融合中的市场主体地位，将企业置于产业融合的第一线，围绕企业需求，为企业自主发展提供健康的、良好的发展环境，为市场配置资源提供持续的、稳定的政策保障措施，规范政府和行政主管部门的行为，做到在产业融合中既不失位，也不错位，更不要越位，履职尽责，切实发挥好政府的引导作用，尊重企业的自主发展权，鼓励企业通过自主创新，开发具有自主知识产权的文化旅游产品，提高文化旅游企业的核心竞争力。

（3）主要对策

加强领导，形成协调推进文化和旅游产业发展的合力。第一，进一步提高认识。充分认识加快发展文化社会的重要性和紧迫性，不断整合全省文化旅游资源优势，积极探寻文化产业与旅游产业项目开发的结合点、切入点。突出江西多色文化的优势，努力提升江西旅游的文化内涵和文化品位，大力开发具有江西鲜明文化特色的旅游文化产品，使全省各地文化旅游避免同质化竞争，实现差异性发展。第二，加强组织协调管理。整合各方力量，打破部门分割、条块管理的格局，广泛调动各方积极性，形成合力，共同做大做强文化和旅游产业。建立相关政府职能部门之间、政府与企业之间的联动机制，重点在两个产业的发展规划、产业投资项目、扶持政策、宣传推广和人才培养等方面进行协调，使之相互促进、彼此协调、综合配套。第三，纳入全省经济社会发展总体规划。坚持规划先行，对文化和旅游产业发展一并考虑、一同规划，做到优势互补、资源共享，实现双赢，改变目前各地在文化和旅游产品开发上各搞一套，缺乏统一规划和监控的现状。建议各地各部门结合本地区、本部门的实际，做好两个产业互动发展的规划和各项实施方案。

加大扶持，创造文化和旅游产业互动发展的坚实基础。第一，建立多元化资金支持机制。鼓励民间资本和社会资本对文化旅游领域的投入，多渠道筹措文化旅游产业发展资金，建立财政投入、民间资本、社会资本以及国外资本多渠道的投融资机制。一方面，积极筹措和安排一批文化和旅游企业上市融资；另一方面，鼓励和促进上市公司参股、控股、兼并、收购文化和旅游企业。同时，鼓励支持风险投资进入文化旅游产业发展领域，采取发行文化旅游产业发展债券、募集设立文化旅游专项基金等融资方式，增加各类资本进入江西省文化和旅游产业的机会。第二，整合全省文化和旅游产业项目。充分发挥在国家宏观调控下市场对文化旅游资源配置的基础性作用，打破地区、部门、行业、所有制界限，对文化旅游资源重新进行整合，提高集约化经营水平和产业集中度。充分利用财政、税收、信贷等经济杠杆，扶持一批示范性、导向性的重点文化旅游产业项目，对重点文化旅游产业项目的开发与运营给予资金补助和信贷贴息等支持。

打造精品，推进文化和旅游产业转型升级。第一，加快文化旅游产品结构调整步伐。实施精品名牌战略，加快江西红色、古色以及绿色等多色文化资源的挖掘、整理、保护和开发，充分利用各种文物古迹、历史文化名城（镇）、博物馆、纪念馆、文化馆、科技馆，培育和建设一批红色文化旅游基地和古色文化生态旅游村（镇），鼓励和支持创办文化旅游娱乐公司、文化旅游演出公司，推出一批以民族风俗、民族歌舞、地方文化为特色的旅游表演项目，着力建设一批文化旅游产品基地，加快培育一批全国一流、世界知名的品牌文化旅游产品。第二，做大做强做精一批文化旅游企业。实施集团化发展战略，加大对现有文化旅游企业进行改造和整合的力度，支持文化旅游企业跨地区、跨行业投资和经营。鼓励有实力的文化旅游企业，运用联合、重组、兼并、上市等方式，整合优势资源，重点发展一批拥有自主知识产权和创新能力、主业突出、核心竞争力强的大型文化旅游产业集团。同时鼓励支持中小文化旅游企业发展，大力发展各类"专、精、特、新"中小型文化旅游企业，形成以大企业为主，大中小企业协调发展的良好格局。第三，大力开发特色文化旅游商品。在文化旅游"一体化发展"战略层面确立"大产品"观念，通过积极挖掘和开发既有江西文化内涵，又有观赏实用价值，便于携带、纪念性强的文化旅游商品。

深化改革，增强文化和旅游产业发展后劲。第一，加快国有文化旅游企业改革步伐。加大以产权制度为核心、以股份制为主要方式的改革，推动国有文化旅游企业改革。积极推进经营性文化产业单位的改制和公司化改造进程，促进文化企业的产权交易和业务、资本重组，尽快形成一批符合资本市场要求、具有竞争力的现代文化产业和旅游产业。积极推进旅游景区景点所有权与经营权分离改革，采取拍卖、招标或者协议的方式，依法将经营权有偿出让给国内外企业、其他组织或个人，按照统一规划进行旅游开发、建设和经营。鼓励和支持有实力的大企业以集中规划、成片开发的形式取得旅游景区景点经营权。第二，完善鼓励非公有制经济发展的政策。大力引导非公有制经济进入文化旅游领域，不断提高文化旅游产业非公有制经济的比重。鼓励支持非公有制经济发展文化旅游产业，打破所有制界限，打破地区封锁和部门封锁，对非公有制企业与国有、集体文化旅游企业一视同仁。允许非公有制经济进入法律法规未禁止进入的文化旅游产业领域。同时，抓紧制定文化旅游产业投资指导目录，明确国家鼓励、限制和禁止投资的项目。第三，大力发展文化旅游中介组织。鼓励成立跨文化、旅游行业的管理协会以及各种综合性和专业性行业协会、专业服务机构等文化旅游中介组织，充分发挥其自律、监督和服务作用。文化旅游中介组织要按照公开、公正、诚实、信用的原则，规范服务行为，并将服务规程、收费项目和标准向社会公示，接受社会监督。

扩大促销，拓展文化和旅游产业市场。第一，创新宣传促销机制。实行整体宣传促销战略，树立统一的江西文化旅游宣传促销形象。建立和完善部门联合、企业为主、上下联动的宣传促销机制，加大文化旅游宣传促销力度。加强与国际文化旅游组织、旅游客源地的旅游部门、主要旅行商、新闻媒体和中介机构的合作与交流，建立和发展文化旅游营销联盟。第二，创新宣传促销方式。对重点海外客源市场集中力量，加大促销力度。与文化旅游宣传促销有关的部门要结合各自业务，利用多种渠道，大力宣传江西。新闻媒体要策划制作文化旅游宣传节目和栏目，扩大公益性文化旅游宣传。邀请和欢迎世界各国特别是江西省主要海外客源地国家或地区的主要新闻媒体、重要旅行商、文化团体来赣考察、采访和报道。加强对电子商务、卫星电视、国际互联网在文化旅游营销中的运用。第三，创新节会赛事组办方式。充分发挥节会赛事活动的宣传促销作用，继续办好中国红色旅游博览会、鄱阳湖国际生态文化旅游节等重大节会赛事活动，组织好各类文化活动周和"黄金周"，假日旅游，不断创造新的文化旅游"热点"和"亮点"，吸引和招揽海内外游客。加大节会赛事的市场化运作力度，鼓励社会各界举办各种形式的专业会议、博览交易、文艺演出、体育赛事、科技交流等会展活动。

科技先行，推动文化和旅游产业可持续发展。第一，推进高新技术成果与文化旅游产业的结合。用高新技术改造传统文化旅游产业，提高文化旅游产品生产和文化旅游服务手段的科技含量。大力发展音像业和网络文化业等与高新技术密切结合的新兴文化产业，开发拥有自主知识产权的高科技文化产品，全面提高江西文化旅游产业的科技含量和水平，不断增强江西文化旅游产业的核心竞争力。第二，加强人才培养和引进。文化产业与旅游产业的融合发展需要文化、旅游、开发设计等各方面的高素质人才。培育人才是促进文化产业与旅游产业融合发展的重点，也是不断提升旅游目的地影响力和竞争力的关键。为此，一是要充分利用各类相关院校培养应用型、复合型、技能型和创造型的专门人才，以适应文化产业与旅游产业融合发展的需求；二是要积极引进开发策划与设计高级专门人才，同时加强员工培训，培养出一支懂管理、善经营的复合型人才队伍；三是要努力营造良好的人才创业和成长环境，尊重知识，尊重人才，充分发挥人才的创造才能，以推动文化产业与旅游产业的融合发展。

## 二　旅游产业与农业融合发展路径

随着社会进步与经济发展，人们的精神需求与日俱增，反映在旅游产业上则是新业态的不断出现，旅游需求从观光转向休闲、度假，渴望参与深层次、有内涵的多元化旅游活动。这就决定了旅游产业突破行业限制与其他产业进行融合，实现更多的产业功能，满足人们多元化、个性化的旅游需求，具有必然性。农业是亟待升级转型的第一产业，将多样化的农业生产过程、富有乡趣的农民劳作场景、异于城市的农村景观作为吸引物，具备高度的产业融合和渗透性，适宜与旅游产业进行相互融合，形成休闲农业新业态，促进旅游产业与农业的协同发展。

### （一）　农业旅游相关概念

#### 1. 农业旅游的定义

对农业旅游的定义，迄今为止，还没有形成一个统一意见。不同的学者从不同的角度、不同的着重点去描述，所以给出的定义各有侧重，况且农业旅游是一个新兴产业、新出名词，人们对此给出了诸多不同的阐述和理解。目前国内学者提及农业旅游，有不同的表达方式：农业旅游、休闲农业、乡村旅游、绿色旅游、观光农业、农家乐等，当然这些表述是基于不同侧重点形成的。

笔者认为，农业旅游是把农业和旅游业融合在一起，依靠山水生态环境、田园风光、农业活动、传统民俗（民间、民族）文化等农耕型自然和人文资源，来吸引游客进行观光、休闲、体验、求知的一种农业新型经营形态。

2. 农业旅游的特点

（1）产业的两面性。农业旅游是农业和旅游业的融合，所以它会同时具有农业和旅游业两个产业的特征。而从经济层面看，在其生产经营过程中，不仅要囊括农业活动项目，还要注重旅游基础设施建设和旅游产品的开发，从而体现出其产业的两面性。

（2）市场的稳定性。农业旅游是将农事活动和旅游活动有机结合，导致农业旅游能获得多重市场和经济效益。即使在不利的市场条件下，二者在经济效益上也可以实现互补。在旅游淡季时，旅游产业经济效益减少，就可通过减少旅游产业的劳动力，使其投向农业，进行农事活动，从而实现市场的稳定。反之，在农闲时，把农业闲置的劳动力转移至旅游产业，提高农业附加值，维持市场的稳定。

（3）文化的独特性。独特的农耕文明和民俗文化是农业旅游的一大吸引物[1]。旅游形象也很大程度上受到景区文化的影响。由于农业旅游大范围地包含自然景观和民俗文化，处处体现着人与自然、人与文明的紧密关系，就自然地形成了农业旅游悠闲脱俗的文化特性。

（4）较强的参与性。参与农业活动本就是农业旅游的一大卖点，也是农业旅游中不可或缺的一项旅游产品。把旅游产品从参与式改为体验式，更能增加旅游产品的趣味性，让旅游者体会到农耕所带来的酣畅淋漓的劳动快感。比如一些农业体验区推出的采摘活动，让游客自己进入园区进行采摘，很多游客喜欢带着孩子一起体验，既对孩子有教育意义，

---

[1]  韩非：《生态旅游农庄规划的理论与实践研究》，中国农业大学硕士学位论文，2007。

又可以享受在采摘园内的欢乐时光。

（5）发展的可持续性。农业旅游把自然风光、农业环境、传统文化作为主要旅游资源，要想得到长远发展就必须考虑到旅游资源的保护，这就无形中使得相关部门和企业更重视农业旅游区的环境保护和文化传承。同时，在规划过程中将自然景观和文化资源结合起来，就实现了可持续发展。

3. 农业旅游的类型

农业旅游分类的方式有很多，可按旅游功能、开发主题、经营类型、发展进程、体验特征、区域内涵等不同的角度来划分。我们主要通过农业旅游开发主题进行划分，分为观光型、体验型、休闲度假型和生态型四大类。

（1）观光型。该类型主要是指以农业资源开发的以农村的田园风光、农事活动以及风土人情为主要内容的一种旅游活动[①]。该类型主要以都市白领和城市中产阶级为主要客源，景区不仅仅设有观光旅游区，还会有科普教育功能区，让旅游者在欣赏和体验乡村的自然环境和农事劳作的同时，认知到生态环境对于生产生活的重要性。例如，惠州永记高科技农业生态园，全园按照高等级旅游区标准建造，突出生态农庄的特色，在青山碧水中让游客感受到农庄的独有风韵。

（2）体验型。该类型主要是指以采摘、购物和务农体验为主要形式，以希望了解农业生产活动的都市白领和学生为主要客源的一种新兴农业旅游形式。鼓励游客参与农事活动，在农事活动中找到乡村生活的精彩与乐趣。参与这种类型的旅游活动，不仅仅能让游客在旅游过程中放松身心，还能通过游客对农业景观的观赏、对农事活动的参与和对传统文化与习俗的了解，使游客对大自然产生敬畏感，对农业文化产生好奇。

（3）休闲度假。该类型是利用农业景观和农业生产条件，发展观光、休闲、旅游的一种新型农业生产经营状态。参与这种类型的游客一般是为了在农业环境中得到放松，享受农村地区特有的文化氛围和缓慢的生活节奏。这就要求旅游区必须提供给旅游者一个舒适的休闲度假空间，不能为了刻意营造农村氛围而降低环境质量，必须保持干净卫生整

---

① 张广海、包乌兰托亚：《国内外休闲农业研究进展》，《北方经济》2012 年第 11 期。

洁的环境。在这里，让旅游者与大自然充分接触，置身于这种自然清新的环境里，使游客忘却都市生活的压迫感，抛开工作的压力，去充分享受大自然带来的清新高雅与恬静舒适。

（4）生态型。该类型指在充分利用农业资源，开发具有观光旅游价值的农业资源的基础上，以生态旅游为主体，以农村独特的田园风光、农事劳作及农村特有的风土人情为主要内容，把农业生产、新兴农业技术应用与游客参加农事活动等融为一体，并充分欣赏、体验大自然浓厚情趣的一种具有极大参与性的旅游活动。生态型农业旅游是一种新型的农业生产经营模式，它集生态农业、休闲农业、立体农业和田园生活于一体。主要利用自然生态与田园生态环境资源，如荒山、菜园、果园、农业生产基地、庭院、河滩等，经过开发利用，合理配置，将其综合开发成各类农业生态园、科技园、示范园等，采用现代科学技术，既发展经济又不破坏自然生态环境，将农业种植、牧业养殖、农业观光、科普教育、农业培训等结合为一体。

### （二）江西省旅游产业与农业融合发展

#### 1. 江西省旅游产业与农业融合发展概况

江西农业旅游的初步发展，不仅丰富了旅游产品，拓展了旅游空间，而且带动了农村产业结构调整，促进了农村经济发展，为发展现代农业、推进新农村和旅游强省建设注入了生机与活力。

（1）规模不断壮大，质量逐步提升。据统计，2015年江西各类农业旅游企业已有3550多家，接待游客2200万人次，综合收入约122亿元，从业人员达82万人，其中农民占91.5%，收入较普通农民高的占25%以上。截至2015年共创建全国休闲农业与乡村旅游示范县7个、示范点15个、星级企业51家、重要农业文化遗产两个、"中国最美休闲乡村"8个、"中国美丽田园"16个和全国十佳休闲农庄3个，创建了省级休闲农业示范县19个、示范点185个。江西省打造了以徽派建筑和经济作物油菜花为主要观赏物的旅游目的地婺源、休闲农宿文化中心——靖安县、江西国鸿现代农业生态科技园、浮梁县瑶里梅岭山庄等。各地依托当地农业产业，形成18300多家规模经营的"农家乐"——集聚观光、体验、科教、娱乐、健身、养生等功能，丰富了城乡居民休闲娱乐和文化生活，进一步增强了江西农业旅游的吸引力和影响力。

（2）农旅初步融合，产业转型加快。江西省农业旅游历经农民自发组织农家乐等旅游项目到各类生态园区融合农业与旅游活动的发展过程，从农民自主无序开发经营，逐渐向以农户和农民合作社为主体，政府引导、企业和市场运作的模式转变，表现出农旅融合已经迈上正轨，农业旅游呈集约化和产业化发展趋势。农场农产品的"自产自销"、农庄"土菜"、农家旅馆备受游客青睐。江西大批农业产业化龙头企业在稳定基础产业的基础上发展农业旅游，围绕"绿色、低碳、生态"主题，一方面发展特色产业，生产安全绿色食品；另一方面加大配套接待设施建设力度，为游客提供观光体验服务，拓展了农业功能，延伸了产业链，加快了传统农业向现代都市农业转型。

（3）发展模式多样，特色目的地形成。农旅融合的农业旅游模式日益多样化，主要包括农业观光型、度假体验型、景区依托型、古村民俗型和综合娱乐型。农业观光型是利用农业生产过程的知识性、趣味性、可参与性，建设观光、休闲、度假等旅游产品的发展模式，以凤凰沟为代表，侧重于蚕桑、茶叶、果业、花卉苗木等农业景观游览及相关农产品购尝。度假体验型是以农户家居和农、林、牧、渔及园艺等农村资源为载体的乡村度假休闲模式，如靖安县农宿旅游，让城市居民参与农家生活，深度体验农家风情、民俗文化、深山古居，成为我省农业旅游的一张名片。景区依托型主要依托重点景区，通过吸引周边农户参与旅游接待和服务，促进区域共同发展，如鹰潭龙虎山九曲洲生态园，依托龙虎山优质旅游资源，建成集蔬果采摘、激情漂流、休闲住宿于一体的国家级现代旅游农业科技示范园。古村民俗型是利用乡村特有的民俗风情、传统工艺、文物古迹、节庆活动、民间文艺和农耕生活，或利用村落房屋、园林、牌坊、祠堂、古桥、老井、古树名木、古庙等开展观光、游憩、休闲活动，以婺源县最为突出——依托徽派建筑和梯田油菜花景观，乡村农业休闲呈井喷式发展。综合娱乐型融合农业观光、休闲度假、商务会议等综合功能，多在城乡接合部，如江西省新光生态农庄、三清山田园牧歌等。

2. 江西省农业与旅游业融合发展的驱动因素

（1）政策大力支持。由农业部在 2011 年编制的《全国休闲农业发展"十二五"规划》强调，到 2015 年，休闲农业成为横跨农村一、二、三产业的新兴产业，成为促进农民就业增收和满足居民休闲需求的民生产业，成为缓解资源约束和保护生态环境的绿色产业，成为发展新型消费业态和扩大内需的支柱产业[1]。2014 年 12 月 23 日召开的中央农村工作会议指出，要把产业链、价值链等现代产业组织方式引入农业，促进一、二、三产业融合互动[2]。2016 年 1 月 27 日，中央一号文件首次明确提出"大力发展休闲农业和乡村旅游"，文件从更高层面肯定了发展乡村旅游对解决"三农"问题的重要作用，故而，坚持农旅深度融合发展，全面推动我国旅游业发展与农业现代化相结合，以期达到经济效益、社会效益和生态效益相统一[3]，是大势所趋，发展导向。

（2）企业转型驱使。在产业融合大背景下，竞争环境变化莫测，市场竞争无处不在，企业为谋求发展，必定会走创新合作之路，不同企业之间进行技术和文化的渗透交融，最终对加速产业融合起到推动作用。旅游产业与农业相关企业力图降低生产成本，在转型升级中求发展，在不断的竞争和合作中相互摩擦、渗透、交融，最终促进旅游产业与农业的融合。

（3）消费者需求转变。根据马斯洛"需求层次理论"，人们的低层次需求得到满足之后，就会衍生出更高层次的追求。随着传统旅游热度的下降，休闲旅游的升温，人们在旅游活动中追求返璞归真、回归自然，以期获得精神层次上的休憩，这便是旅游产业与农业结合的最佳契机。农业中不断衍生的特色产品、高科技、新奇项目为旅游与农业融合提供发展空间，而旅游将创意和个性文化植入农业发展中，将最大限度满足人们个性化、多元化的休闲旅游活动需求。

（4）协同演化规律要求。现代农业存在耕地减少、成本效益比例失衡、农业层次低等发展瓶颈，迫切追求经济高效的生产方式，达到土地资源的高效利用，妥善协调资源与环境的可持续发展；而旅游产业目前同样存在产品单一、富有季节性、空间受限等发展瓶颈。基于协同演化

---

① 《农业部关于印发〈全国休闲农业发展"十二五"规划〉的通知》，中华人民共和国农业部网站，http://jiuban. moa. gov. cn/zwllm/ghjh/201108/t20110823_2181550. htm。

② 《中央农村工作会议在京召开，李克强作重要讲话　张高丽出席》，中华人民共和国中央人民政府网站，http://www. gov. cn/guowuyuan/2014 - 12/23/content 2795588. htm。

③ 蒋海燕、翁贞林：《江西生态农业若干模式及其技术体系研究》，《农林经济管理学报》（社会科学版）2006 年第 4 期。

理论，旅游产业与农业相互融合可以达到相互哺育的局面，"以农哺旅"能够解决旅游产品单一、季节性强、开放程度不够等发展障碍，而"以旅养农"具有能够促进农业产业化经营、提高土地附加值、改善农村环境、提高农村经济发展水平等诸多益处。

3. 江西省旅游业与农业融合的路径选择

农业景区应该利用迅速崛起的交通枢纽和丰富的自然文化资源，借鉴国外农业旅游的发展经验，同时根据景区的实际情况和自身资源特点，制定适合自己的旅游发展路径。

（1）实现农业旅游创意性开发。首先是建设农业创意主题园区。依托花卉、蔬菜、林果、烟草、茶叶、药材、食用菌种植业或家禽、水产养殖业等特色种养业及其周边资源，充分与旅游活动融合开发，打造"花卉＋婚庆产业、苗木＋休闲娱乐、林业＋游乐项目、牧场＋生活体验、果业＋创意设计、渔业＋游憩体验、梯田＋艺术景观、森林＋探险寻宝、宗教＋禅道修学"等创意主题，从 LOGO 设计、开发理念、功能定位、活动策划、园区布局、建筑风格等方面将公园（农庄）不断精致化，形成集研发、观光体验、休闲娱乐、示范教育于一体的农业创意主题园。其次是打造特色农业节庆品牌。依托赣南国际脐橙节、南丰蜜橘节、婺源油菜节、广昌及石城白莲节、南昌樱花节、井冈山杜鹃节、吉安横江葡萄节、鄱阳湖环湖垂钓节暨摄影节、舌尖上的赣南、赣都摄影文化节等节会活动，融合观光、体验、科教、娱乐、健身、美食、休闲等功能，提高旅游目的地知名度。最后是开发绿色农业创意商品。围绕"生态鄱阳湖、绿色农产品"指导思想，依托赣南脐橙、南丰蜜橘、广昌白莲、井冈蜜柚、袁州油茶、泰和乌鸡、进贤军山湖河蟹等特色农产品，对高品质农产品进行深加工和创意外观设计及独特视角营销，将其转化为绿色农业创意产品。

（2）以科学技术加速农旅融合。一是打造美丽田园景观，借鉴日本和我国台湾田园景观建设经验，以农业景观学、园林学、美学等理论为指导，采取一系列生物、摄影、农耕技术措施，对农田景观和生态景观进行艺术性规划与设计，以历史人物、田园故事、动漫卡通、赣都文化、农耕文明等为主题，形成个性化现代田园景观。二是促进生产科学化，依托江西高氏油茶产业发展科技示范园、修水县茶叶科技园、江西省绿东丝科蚕桑基地、奉新三口猕猴桃基地、袁州区湘赣蔬菜基地、宁都黄鸡原种场、鄱阳湖大宗淡水鱼加工及制品开发研发基地等农业基地的现代农业高新技术，开展集现代农业科技示范、生态观光、田园风情体验、科普教育和展示培训于一体的综合科技示范园区，推动农业生产向产业化、标准化、规模化、景观化转变。

（3）培育新型经营模式。根据当地休闲农业发展阶段与经营主体特征，合理选择企业、政府、村集体、协会、合作社和农户之间利益关系的经营模式。一是"村集体＋企业＋农户"的村集体主导模式，农户把土地承包权和使用权交给集体，集体建立土地股份公司，实行股份合作制经营。充分利用地区特色农业与旅游资源，发展优势产品，通过发展乡业、一村一品，打造地区拳头产品。农户成为公司员工和股东，获得薪金、股金、租金收入。二是"合作社或专业协会＋农户"的合作经济组织带动模式，由村委或专业大户领办合作社或专业协会，在土地承包经营权为农户所有基础上，合作社或协会为农户提供产前、产中、产后各环节的服务和信息，将小农户和市场相联系，带动农户经营产业向规模化、市场化和集约化发展。三是"企业＋农户"的龙头企业带动模式[①]，龙头企业如进贤县军山湖鱼蟹开发公司、江西国鸿集团股份有限公司等通过融合合作组织、基地、市民和农户的技术、资金、人才等优势力量，承包一定规模的土地进入产业，进行整个产业链的经营，实现研发、生产、加工、销售、体验一体化。四是"政府＋集体＋企业＋农户"的政府主导模式，政府通过政策推动股份合作制、合作经济组织与农户的经济协作等方式，组织、服务、管理扶持园区建设，实现企业整合开发、自主经营，将农业资源优势转化为经济优势和产业优势。

（4）推进产业集群化发展。融合主要农业产业项目，整合产业链，集聚关联性企业和服务机构，形成休闲农业产业集群。整合环南昌的蔬菜产业，赣南脐橙、井冈蜜柚、南丰蜜橘、奉新与宜丰猕猴桃等果业，赣西北、赣东北、赣南、遂川等茶叶产业，广昌白莲、修水蚕桑、袁州油茶等其他经济作物产业，奉新、宜丰、铜鼓、弋阳（万年雷竹）等竹

---

① 刘云龙、谢水清：《龙头企业＋农户的农村合作经济模式下的角色博弈研究》，《重庆交通大学学报》（社会科学版）2009年第4期。

产业，南昌市苗木花卉等林业，安福火腿、南安板鸭、泰和乌鸡、崇仁麻鸡、于都奶业等依托畜牧业而形成的食品产业，鄱阳湖银鱼、峡江鲫鱼、进贤军山湖河蟹等环鄱阳湖渔业，融合农业生产、旅游观光、体验娱乐、休闲度假等功能，通过资本、技术与资源联合，形成休闲农业企业集团，打造具有强劲发展动力、持续竞争优势的休闲农业产业集群。

### 三　旅游产业与工业融合发展路径

#### （一）工业旅游相关概念

工业旅游是以市场需求为导向，以工业资源为吸引物，满足旅游需求、提高企业收益的专项旅游活动[①]。工业旅游的发展历史不长，它起源于 20 世纪 50 年代，那时法国的雪铁龙汽车制造公司有偿邀请普通游客参观其生产流水线，这一做法引来了众多企业效仿，各大工业企业开始尝试发展工业旅游，随后工业旅游在世界各地如火如荼地开展起来。如今在欧美发达国家，工业旅游已成为一项重要的旅游活动，但工业旅游在我国的发展才刚刚起步。2001 年，国家旅游局正式启动工业旅游这一项目。截至 2015 年 12 月，国家旅游局正式公布的全国工业旅游示范点已有 345 家之多。

对工业旅游的研究最早始于 20 世纪 30 年代英法等经济发达的工业化国家的学者。工业旅游由工业遗产旅游和工厂观光旅游组成，其研究重心也主要集中于工业遗产旅游和工厂观光旅游两大方面。然而，国外学术界主要把研究重点放在了工业遗产旅游上。英国不仅是工业革命的发源地，也是工业革命遗迹最丰富的国家，因而学术界对英国工业遗产旅游的研究成果最多，研究内容也最为丰富。其研究内容主要集中在工业遗产旅游产生的原因（如 Edwards，Coit，1996；Robert，Newman，2004；Dawid，Coit，1995）、产品类型（如 Edwards，Goit，1996）、开发模式（如 Lutz Jane，Caffyn Alison，1999）等方面。工厂观光旅游在北美、欧洲等国发展得较为成熟。目前，国外学者对工厂观光旅游的研究主要集中在工厂观光旅游产生的原因（如约翰·斯沃布鲁，2001）以及对环境保护的意

---

[①] 王宝恒：《我国工业旅游研究的回顾与思考》，《厦门大学学报》（哲学社会科学版）2003 年第 6 期。

义（如 Yoel Mansfeld，2014）等方面。

相较于欧美等工业旅游发展较早的国家，我国工业旅游起步较晚。进入 21 世纪后，虽然国内学者对工业旅游的研究逐渐增多，也提出了一些建设性的看法，但还处于研究的初级阶段，与国外的学术研究存在较大差距。从知网检索到的文献来看，国内学术界对工业旅游的研究主要集中在对工业旅游的概念、特征、意义、开发条件、开发模式类型、特定城市的开发策略等问题上。

虽然工业旅游在我国发展迅速，但从全国范围来看，工业旅游的发展主要集中于工业经济基础雄厚的老工业基地（如辽宁、河北等地）和新兴工业蓬勃发展的东部沿海地区（如江浙、上海等地）。江西地处内陆，工业基础较为薄弱，发展工业旅游的意识仍然比较淡薄，加上又缺乏开展工业旅游的经营管理经验，虽然工业旅游早已起步，但发展可谓举步维艰，瑞昌铜岭铜矿遗址、萍乡安源煤矿、德兴金矿、李渡元代烧酒作坊等几个工业遗产旅游景区和贵溪冶炼厂、九江炼油厂、德兴铜矿等不固定厂（矿）观光旅游产品，经营效果不尽如人意。借鉴其他工业旅游城市成熟的经验，立足于江西旅游实践，大力发展江西工业旅游任重道远。

### （二）江西旅游产业与工业融合发展

#### 1. 江西旅游产业与工业融合发展概况

20 世纪 90 年代以前，我国工业企业只会接待少量官员和同行参观，但只是一般的政务或商务接待，并不属于真正意义上的工业旅游。我国真正的工业旅游始于 1997 年，四川长虹集团率先有偿对普通游客开放，打响我国工业旅游的第一枪。随后，国内其他知名工业企业也纷纷涉足工业旅游。江西工业旅游的发展也在此背景下悄然兴起。

江西最早开展工业旅游的企业是景德镇雕塑瓷厂。景德镇雕塑瓷厂成立于 1956 年，是专业从事陶瓷生产的工业企业。20 世纪 90 年代中后期，在计划经济向市场经济转型的浪潮中，景德镇雕塑瓷厂的效益迅速下滑，随时面临倒闭的风险。1997 年，刘远长辞掉了厂长职务，带领一批专业陶艺家将闲置的厂房租下来，以厂区内现存的制瓷配套体系为依托，办起了制瓷作坊，一时间创作生产红红火火，不仅全国各地的艺术家们纷纷入驻，世界各地的艺术家们也慕名而来，雕塑瓷厂从此变得热闹非凡，购物的、参观的游客络绎不绝，成为享誉全世界的工业旅游典范①。2005 年公布的全国第一批工农业示范点名单里，雕塑瓷厂明清园是江西唯一一家全国工业旅游示范点，开启江西工业旅游新纪元。2007年，江西景德镇国际陶瓷交流中心、宜春靖安县金罗湾度假村、鹰潭江西铜业公司工业旅游区一跃成为全国工业旅游示范点，江西工业旅游逐渐发展起来。

截至 2015 年 12 月，江西共有全国工业旅游示范点四家，省级工业旅游示范点六家，具体名单如表 6 - 4。

表 6 - 4　江西省工业旅游示范点名录

| 级别 | 示范点 |
| --- | --- |
| 国家级 | 景德镇雕塑瓷厂明清园<br>景德镇国际陶瓷交流中心<br>宜春靖安县金罗湾度假村<br>鹰潭江西铜业公司工业旅游区 |
| 省级 | 南昌：李渡元代烧酒作坊遗址<br>鹰潭：江西东源投资发展有限公司<br>上饶：婺源县华龙木雕有限公司<br>九江：青岛啤酒九江梦工厂<br>赣州：江西章贡酒业有限公司<br>吉安：江西赣泉啤酒厂 |

资料来源：江西旅游发展委员会网站，http://www.jxta.gov.cn/Index.shtml。

目前，江西省已开发的工业旅游项目主要有以下两种类型。

(1) 工业遗产旅游。在江西的工业历史中，虽然很多旧厂区（矿区）、厂房、机器设备、矿砂堆积场等遭到了不同程度的自然损毁，但还是积淀了丰富的工业遗产，并得到有效的保护和利用，成为独具特色的工业遗产旅游资源和遗产博物馆，如瑞昌铜岭铜矿遗址、萍乡安源煤矿总平巷、大余西华山钨矿矿砂堆积遗址（雅丹地貌）、李渡元代烧酒作坊遗址等。

(2) 工厂企业旅游。工厂企业旅游是工业旅游中最常见的形式，它是以工厂企业的生产设施、生产场景、劳动对象、劳动产品、企业文化等为旅游吸引物的专项旅游活动。鹰潭江西铜业公司工业旅游区、江西

①　《雕塑瓷厂明清园》，景德镇在线，http://www.jdzol.com/2014/0618/88229.html。

东源投资发展有限公司、青岛啤酒九江梦工厂、江西章贡酒业有限公司都属于这一类型。

2. 江西旅游产业与工业融合发展驱动因素

（1）内驱动因素。表现为市场需求的推动和企业利益的需要。

首先是市场需求的推动。市场需求是旅游产业与工业融合发展的核心驱动力。工业旅游的大门不是由工业企业主动打开的，而是由市场推开的。根据相关的旅游经济学知识，我们认为工业旅游的市场需求由三大基本要素构成：工业旅游需求动机、支付能力和闲暇时间。

第一，工业旅游需求动机。工业旅游需求动机的产生主要有以下原因。①随着我国旅游业的不断发展和人们旅游需求层次的不断提高，人们对旅游资源的期望不再局限于自然风光、人文古迹等传统景点，一些科技知识、产业活动甚至经济成就等都可以成为旅游资源，工业旅游正是旅游资源不断创新和丰富的一种新的旅游形式。②随着人们生活水平的提高和闲暇时间的增多，旅游已经逐渐成为一种大众化、普遍化的生活方式。随着旅游活动内容和形式的日渐丰富，人们不再满足于"走马观花"的观光旅游，而是更加向往集休闲、娱乐、度假、学习于一体的复合型旅游形式。③工业旅游的知识性、参与性、体验性等特征恰好满足了游客多层次、多方面的心理需求。人们在工业旅游过程中，不仅可以观光休闲，还能获取从未涉及过的工业知识和信息，这种新颖的旅游体验形式越来越受到人们的欢迎和认可，这也进一步促进了旅游产业与工业的融合发展。

第二，支付能力。支付能力是工业旅游活动实现的必要条件。在全国经济稳步发展的背景下，江西居民的可支配收入逐年增长。2015 年江西省居民人均可支配收入 18437 元，比 2014 年增加 1703 元，增长 10.2%，其增速居中部六省第 1 位。由此可见，江西居民的支付能力为工业旅游的发展提供了保障，其支付能力的增长也预示着工业旅游发展的巨大潜力。

第三，闲暇时间。虽然我国带薪休假制度的实施还未普及，但双休日、黄金周假期等法定节假日制度的基本固定化，人们可以自由地预先安排自己的出行计划，为参与工业旅游的短途旅行提供了便利条件。

其次是企业利益的需要。工业企业是工业旅游发展的主要载体，在倡导工业转型升级的形势下，发展工业旅游可以满足企业多方面的利益诉求。一是发展工业旅游可以使企业形成多元化经营,创新产品体系,为企业带来新的利润增长点,创造直接的经济收入,比如出售门票的收入、出售纪念品的收入和直接出售产品的收入等。二是发展工业旅游可以为企业赢得良好的口碑。企业对游客开放,不仅可以让游客了解企业的发展历史,理解企业的精神文化,还能亲眼见证产品的生产过程,因此能提高对产品质量和企业声誉的信任度,培养一批忠实的顾客群,这是企业花重金做广告都难以达到的效果。三是发展工业旅游可以安置企业的闲余人员,解决部分职工的再就业问题,减轻企业发展的负担,也为国家的民生就业问题贡献了一份力量。

（2）外驱动因素。包括政府政策的导向和文化与技术的创新。

首先是政府政策的导向。工业旅游的发展单靠市场调控是远远不够的,政府的支持与引导对促进旅游产业与工业的融合发展起到了关键性的作用。一是省级政府层面积极引导和发展工业旅游。近些年来江西各级政府不仅积极参与"全国工业旅游示范点"的申请与评定,还制定了《江西省工业旅游示范点评定标准》,在此基础上发展了数十个省级工业旅游示范点。二是省政府推出的相关政策间接地促进了工业与旅游业的融合发展。在《江西省国民经济和社会发展第十三个五年规划纲要》中,明确提出要着力建设旅游强省,全面打响"江西风景独好"旅游品牌;加快产业转型升级,加快构建新型工业体系,促进旅游与文化、教育、健康、养老、农业等领域互动融合发展。三是江西各设区市和市县级政府也在积极引导工业旅游的发展,比如德兴市政府"以参观现代化大型采矿工业为主体,以展现铜工业文化为主旨的旅游观光体系全面展开";新余市政府正"重点建设具有产业优势的钢铁工业、光伏产业、夏布工艺等工业旅游景区景点,建成中国知名的现代工业旅游目的地"。这些政策的制定都加快了旅游产业与工业的融合发展。

其次是文化与技术的创新。文化创意和技术革新是工业旅游发展的重要助推力。一是文化创意为工业旅游打破了"展厅—生产线—购物点"的常规模式,走主题化和特色化的发展道路,通过文化创意元素的植入为游客打造一个别致而难忘的体验空间。比如南昌699文化创意产业园,其前身是江西华安针织总厂,在面临工厂倒闭的情况下,它于2010年和南昌工业控股集团有限公司合作,斥资将江西华安针织总厂转型打造成集各类创意设计、影视音乐制作、展览演艺以及包括酒店、个性餐饮、体育健身等配套设施于一体的文化创意孵化平台，是对工业遗产和遗迹的成功改造。二是科学技术的发展促进了工业与旅游产业的融合发展。表现在两个方面。①一般重大的技术革新会被应用到各行各业，这一共同的技术创新模糊了不同的产业边界，为旅游产业与工业的融合提供了良好的契机。特别是互联网和大数据的应用，为旅游产业和工业的市场营销、经营管理等方面在技术上提供了融合基础。②现代科学技术增添了工业旅游的魅力，满足了人们求知、求新和求奇的心理，为工业旅游的发展提供了强大的智力支持。比如在江西铜业公司的厂区内，游客不仅可以参观到以3D等多媒体手段模拟的古代铜的冶炼场景和现代铜的加工工艺，还可以让游客参与其中进行模拟操作，增强了游客的参与性与体验性，增添了工业旅游的魅力，促进了工业旅游的发展。

3. 江西旅游产业与工业融合发展模式

针对工业旅游的开发模式，很多学者提出了相异的观点和看法。本章结合江西工业旅游发展情况，考虑企业的实际，从有效性的角度提出江西工业旅游可以采用"景区带动型模式"、"特定型自主开发模式"、"景观公园型模式"和"综合开发模式"四种开发模式。

（1）景区带动型模式，是指依托著名旅游景区，对位于景区内部或周边的工业企业进行工业旅游资源的挖掘与开发，形成工业旅游产品，开拓工业旅游市场。其意义主要有以下两点：一是可以凭借著名旅游景区的吸引力，形成辐射效应，为工业旅游项目的开展提供充足的客源，从而带动工业旅游的发展；二是通过对工业旅游项目的开发与建设，可以进一步完善该地区的旅游产品体系，满足市场多元化、多层次的需求，比如位于庐山风景区附近的青岛啤酒九江梦工厂等企业可以采用这种模式。采用这一开发模式需要满足的条件是工业企业所依附的旅游景区应具有较高的知名度。

（2）特定型自主开发模式，是以具有悠久历史、在群众中有良好口碑、知名度较高的著名产品为依托，通过开展工业旅游项目，对游客开放。该模式的意义在于：一是可以凭借产品的知名度，吸引游客前来参观和体验；二是可以通过门票或购物直接获得经济收益；三是满足了游客求新求奇的心理和购物消费的愿望。江西景德镇便适合这一开发模式。

特定型自主开发模式的主要条件：一是依托的产品要有一定的知名度；二是体验项目丰富，能让游客参与其中，满足其好奇心与求知欲；三是可以消费购物。

（3）景观公园型模式，是以已经过时，甚至是已经废弃的比较落后的工业设施为载体，在以再现当年工人生产场景的基础上，把整个厂区加以绿化改造，变成怡人的景观公园。其意义在于能最大限度地对废弃物的艺术进行再加工，巧妙地恢复生态环境，促进经济、社会和生态的和谐发展。比如江西高岭国家矿山公园、德兴国家矿山公园、瑞昌铜岭铜矿国家矿山公园都采取了这一开发模式。采用这一模式需满足的条件：一是场地具有一定开阔的空间；二是工业遗留物能与周围的环境完美结合。

（4）综合开发模式，是以工业遗产、工业项目或工业企业为载体，协同周围的自然风光、人文景观等旅游资源，再加以引进休闲、购物、娱乐等产业共同开发的综合旅游形式。比如以长江三峡水库为例，游客在这里不仅可以领略三峡水利工程的气势磅礴，还能欣赏周围壮丽的山水自然风光。除此之外，游客还可以去周边的购物中心、美食文化街、影剧院等配套设施消费与娱乐，这俨然已成为我国工业旅游的典范。南昌的樟树林文化生活公园也采用这一开发模式。樟树林文化生活公园是在原江西化纤厂旧址的基础上改造扩建的，它利用其宽敞的空间和建筑特色，一方面，引入各大文化创意机构入驻，为文化创意产业服务；另一方面，将文创产业与商业结合，引入各具特色的餐馆、创意店铺、咖啡馆、茶馆、酒吧等休闲娱乐设施，通过文化展示和消费娱乐来推动旅游产业发展。樟树林文化生活公园自建立起，便吸引了众多游客前来参观，增加了客流量，提高了综合营业收入，也促进了其他产业的发展。

4. 江西旅游产业与工业融合发展路径

（1）完善工业旅游产品体系，丰富产品内涵。随着人们旅游经历的增加和旅游需求层次的提高，人们更倾向于参加具有参与性、体验性和互动性的旅游项目。要满足旅游者多样化的心理需求，就必须完善工业旅游产品体系，丰富产品内涵，带给旅游者多姿多彩的体验。

首先，要增强旅游者游览过程的参与性与体验性。在青岛啤酒厂，游客可以品尝不同品种、不同口味的新鲜啤酒；在上海宝钢集团，游客可以在技术工人的指导下，模拟钢铁的炼制过程。江西工业旅游企业可以借鉴这些成功经验，依据企业不同工业产品的特点，采取不同策略增强工业旅游的参与性与互动性。

其次，要加强与其他旅游产品的组合程度，增强联动效应。工业旅游也是由六大要素组成的行业整体，旅游配套设施越完整才越容易吸引游客前往参观和消费。在这一方面，国外的工业旅游已做得相当成熟，但对于江西工业旅游来说非常缺乏。工业旅游企业应加快招商引资步伐，将吃、住、娱等企业引入工业旅游企业内部或周边区域，形成旅游消费链，以增强旅游目的地的吸引力。

最后，要重视工业旅游中购物环节的设计。通过购物，企业能从工业旅游中获得更大的收益，而游客通过购物，也能对工业旅游产生更大的兴趣。比如参观可口可乐公司时，游客除了可以买到各类新鲜饮料外，还能买到照相机、书签、贴画、玻璃杯等30多种旅游纪念品，每件商品都打上"可口可乐"的印记。就游客而言，这满足了消费与纪念的需求；就企业而言，这增加了经济与广告双重效益，一举多得。

（2）加强政府的引导与规划，加快融合速度与开发规模。政府在工业旅游发展过程中扮演着重要的角色，其引导和扶持力度的大小直接影响了江西工业旅游的开发速度和发展质量。

首先，应根据全国工农业旅游示范点的检查标准，结合江西工业旅游的自身情况，制定出适合江西工业旅游景区（点）的服务质量要求和标准。其内容应涵盖基本条件、旅游设施、服务项目、人员、环境、安全、卫生及管理等多方面的要求，以促进工业旅游的规范化建设，提高工业旅游的服务水平，使得工业旅游这一新兴产业朝着健康、有序、可持续发展的方向发展①。

其次，政府应建立多渠道、全方位的投资体系，加大对工业旅游的投入力度。政府要鼓励各方资本进入工业旅游市场，尝试建立江西工业旅游发展基金，帮助江西形成规模化、深度化的工业旅游开发格局，带动吃、住、行、游、购、娱相关配套设施的建设，增强江西工业旅游在全国的竞争力与影响力。

最后，政府应全方位指导工业旅游企业的开发与建设。政府应建立

---

① 刘雷：《河南省工业旅游发展战略研究》，河南大学硕士学位论文，2013。

专门的江西工业旅游促进中心，根据工业企业自身的资源特色，结合江西旅游发展目标，分析其市场前景和发展方向，制定出有效可行的工业旅游开发方案。政府要积极引导企业走特色化发展路线，避免出现各工业企业开发出雷同、单一产品的问题。

（3）注重联合，形成合作共赢的竞争优势。注重联合，既能资源共享，也可优势互补。江西的工业旅游产业要想做大做强，只靠个体企业的单打独斗是不够的。对这些产业和企业进行合理规划布局，实施强强联合战略，才能培育出具有竞争力的工业旅游品牌。

加强与旅游企业的合作。江西的工业旅游项目一般是由工业企业自行开发并进行宣传促销的，由于工业企业缺乏旅游行业的运作经验，很多拥有高品质旅游资源的工业旅游项目并不能得到科学合理的开发，也不能有效地吸引游客前往参观和消费。因此，工业与旅游产业的融合发展，最好由双方主体来共同指导与规划。工业企业和旅游企业的强强联合，是互惠互利、合作共赢的明智选择。工业企业提供旅游资源和配套设施，旅游企业则运用自身的旅游运作经验，进行专业的产品开发、线路组合、产品宣传、市场推广等。通过这样的联合，双方都能实现资源共享，获得新的市场份额，扩大各自的市场影响力。

加强工业企业之间的联合。仅靠个别企业开展工业旅游是很难实现工业旅游规模化影响力的。因此，要对江西所有的工业旅游资源进行充分有效的整合，发挥集聚效应；同时，在塑造江西工业旅游品牌时，要意识到所有工业旅游资源所体现出的共有的文化精髓，打造江西工业旅游所独有的品牌，完善江西工业旅游产品体系，提高江西旅游业的竞争力及知名度。

加强地区之间的合作。江西工业旅游基础薄弱，知名的工业旅游景点少，但与之较近的浙江、安徽、江苏等地的工业旅游已初见规模，江西可寻求相邻省份的帮助，打破区域界限，与之联合，通过资源共享、产品互补、信息互通、客源互换，实现区域间的联合与协作。比如，2013 年江西萍乡与湖北武汉、黄石三市签订"武汉－黄石－萍乡"三地旅游合作协议，以"汉冶萍公司"有关遗迹为主线，链接其他相关旅游景点，打造"汉冶萍"工业旅游精品线，重温中国近代工业不平凡的历史。"汉冶萍"工业旅游协议的签署，对加强三方区域协作，整合有效的旅游资源，打造中部工业旅游精品线具有重要意义。

（4）多渠道、多方式营销宣传工业旅游。为了树立品牌、扩大影响，吸引更多的旅游者，各工业旅游运作主体应积极采取各种措施拓展营销渠道。首先，运用新闻媒体（比如报纸、杂志、电视、广播等媒介）广告促销工业旅游，并开展全方位的主题形象宣传推广工作；其次，利用旅游推介会、旅游信息发布会、博览会等，大力宣传工业旅游，邀请旅游批发商和新闻记者实地考察，推广工业旅游产品；再次，与旅行社合作，将工业旅游产品纳入其组合开发的旅游产品中，通过旅行社向游客推荐工业旅游产品；最后，充分利用广泛、廉价、有效的互联网，与其他知名旅游网站建立友情链接，扩大宣传空间。

（5）重视人才培养和导游人员培训。发展工业旅游，硬件设施是基础，软件服务是关键，对旅游人才的培养是强化软件服务的重中之重，因为企业接待服务人员的服务质量、行为规范、精神风貌等都是影响游客对企业印象的重要因素。同时在工业旅游中，企业所展示的大部分旅游产品都需要导游人员进行解说。做好人才培养和导游人员培训，首先要实施人才培训计划，通过网络分散学习和面授集中培训的模式，加强对工业旅游从业人员在旅游经营管理和服务技能方面的培训，提高其服务技能和整体素质，增强工业旅游的核心竞争力；其次要积极吸收优秀的旅游管理人员和相关专业的大学毕业生，进入开展工业旅游企业。

## 四　旅游产业与商业融合的发展路径

### （一）旅游产业与商业融合的商贸旅游

#### 1. 旅游产业与商业融合发展研究状况

在国内的实践中，商业与旅游融合发展最初是无意识进行的，开始主动联合发展起源于20世纪90年代。最初的研究也只关注商业与旅游业各自对其他产业或部门带来的拉动效果，或是研究促进旅游业发展的一些商业行为，21世纪才开始转向研究商旅联动发展，实践中涉及的主要融合形式为旅游购物、大型休憩商业区和会展，随之的一系列研究则针对商旅联动对城市旅游的影响，基于旅游业与商业之间关系、商旅联动的表现形式以及优化途径的研究较少。

国内学者王怡然（1999）在促进上海黄浦区旅游可持续发展和区域新

发展的研究中，提出了商旅结合的新思路，并提出了一些促进商旅融合发展的举措。山东师范大学的梅青（2003）对现代城市旅游的发展特征做了研究，由此提出了商旅互动机制，并着重提出了游憩商业区对城市旅游发展的重要性。山东师范大学的王娟（2004）对商旅联动发展的历史、联动模式、优化措施以及发展趋势给出了较为系统的阐述，联动模式主要为旅游购物、休憩商业区和会展旅游。钟晓敏、刘迪玲（2014）根据上海市的发展情况提出了"会商旅文"联动发展的新思路，以提升城市的综合竞争力。

20 世纪 70 年代由斯坦斯菲尔德（Stansfield）和里克特（Rickert）在研究旅游区的购物问题时对休憩商业区进行了研究和定义，并以加拿大West Edmonton Mall 为例进行了分析，这是休憩商业区概念的起源。保继刚（2002）对休憩商业区的概念、类型、功能等进行了界定与探讨，并结合广州市的休憩商业区发展现状做出了具体的分析。刘堃（2009）对RBD 发展的驱动机制以及发展对策做了研究，并以青岛为例证实 RBD 的驱动及演变进程。任秀玉（2012）对城市特色餐饮街区的空间布局及发展建设状况做了研究，并总结出了空间布局特点。林慧（2014）对饮食类节庆活动的旅游开发做了研究，并以广州国际美食节作为个案分析提出了一些旅游开发构想。陈曦、王晖（2005）等学者阐述了中国会展业的发展现状并给出了相应的发展策略。姚婷婷（2015）以上海为例阐述了城市旅游背景下旅游品牌的重要性，为其他城市构建商务会展、主题乐园提供了借鉴。

2. 旅游产业与商业融合发展的意义

（1）商业促进旅游产业的发展。首先，商业的发展拓宽了旅游业的范畴。游客来到旅游目的地，不仅要参观名胜古迹，体验风土人情，还要满足其购物的欲望，商业本身就是一种旅游吸引物和旅游资源。大型休憩商业区、商业中心、会展场馆等都能在一定程度上拓展旅游业的发展空间。其次，商业的发展促进了旅游产品的优化升级。商业的不断开发，不但在很大程度上繁荣了旅游目的地旅游商品市场，而且使目的地旅游产品体系更加多元化、多层次化，给旅游业带来了新的旅游项目和旅游产品，旅游购物的空间不断扩大，有利于当地旅游产品朝综合化、品质化方向发展。

商业的发展还能增加旅游业的吸引力和核心竞争力，有效调节甚至消除旅游淡旺季的差别。不论是商务旅游、会展旅游还是美食节等商旅融合形式，都能为城市带来大量的客源，而较完善的商业环境及配套设施会极大增加游客的购买力，刺激当地经济发展。如果开发管理得当，则既能调节旅游淡旺季的问题，又可以增强当地旅游业的核心吸引力，带来长足、稳定的经济增长。

（2）旅游产业拉动商业的发展。旅游产业的发展能带动相关产业的发展，带来巨大的商业效益。旅游产业作为综合性强、带动性强的产业，不仅在发展中需要其他产业的扶持帮助与协调配合，还能拉动其他相关产业的发展。旅游产业能够在短时间内聚集大量的人流，旅游者在旅游活动中必然会产生消费行为，这就为旅游目的地带来了消费和资金，与旅游产业相关的商铺、交通、酒店、餐饮等行业也能得到发展，强有力地拉动当地商业的发展。

旅游产业的发展能促进商业的多元化，提升其竞争力。休闲旅游使旅游者在获得物质满足的同时，精神上也得到放松，商旅联动发展能为商业发展注入新的成分与活力，能有效促进商业功能的多元化，打破商业过分追求经济唯一性的思想桎梏，使商业更具休闲娱乐的功能性，体现人文关怀。在满足消费者多元化需求的同时，还能有效提升消费者的生活质量与品位，为挖掘商业本身的旅游魅力提供可能，使商业充分发挥自身经营的特点，并为商业适应激烈的市场竞争提供了必要条件①。

（3）促使城市功能分区更加合理化。商业与旅游产业的融合突出表现为城市大型游憩商业区的形成与发展，大型游憩商业区的出现正是城市功能分区趋于合理化和人性化的体现。在该区内，原本分散经营的商家因级差地租效应的驱使走向集聚化、规模化，区内能够集中商场、绿地、步行街等大量开敞空间和高质量的游憩空间，使得各类旅游活动能够在此展开，市民与游客可在此同时享受购物与休闲的乐趣。此类高度集中的商业、休闲等公共设施的多功能区域，正是城市规划从注重硬件到注重软件的体现，城市规划和设计将更加追求社会、经济和精神的高

---

① 梅青：《论城市商旅联动及其商业游憩区的发展》，山东师范大学硕士学位论文，2003。

度统一，更加体现以人为本的发展思路①。

**（二）江西旅游产业和商业融合发展**

1. 江西旅游产业和商业融合发展概况

旅游产业与商业融合交叉、相互渗透，能在推动城市商业发展的同时增强城市旅游的吸引力。由于商业与旅游产业的融合领域广泛，所以本章将所讨论的融合发展的领域进行了界定，把大型游憩商业区、会展旅游、特色餐饮旅游、旅游服务贸易和商务考察旅游，作为商旅联动的主要表现形式。

（1）大型游憩商业区。大型游憩商业区（RBD）的概念最早提出于1970 年左右，由斯坦斯菲尔德（Stansfield）和里克特（Rickert）在研究旅游区的购物问题时提出，他们认为：RBD 的出现是为满足季节性涌入城市的游客的需要，从而形成在城市内集中布置饭店、娱乐业、新奇物和礼品商店的街区。而我国学者保继刚、古诗韵在研究 RBD 的同时也给出了新的定义，他认为 RBD 是城市中以游憩与商业服务为主的各种设施（购物、饮食、娱乐、文化、交往、健身等）集聚的特定区域，是城市游憩系统的重要组成部分②。前者重点强调 RBD 的消费主体为季节性涌入城市的游客，后者着重强调旅游吸引物以及城市设施的重要性。基于上述的定义，该文认为 RBD 不仅需要季节性涌入旅游地的游客，还需要本地居民的消费支持。RBD 除了具有必要的休憩功能和完善的设施设备外，还需要结合和凸显当地特色，最大限度地向旅游者展现其独特的吸引力。所以，本章认为城市大型游憩商业区（RBD）是为了满足固定的本地居民和流动的外来游客的消费需求，以城市商业中心为基础，形成的提供休闲娱乐、餐饮购物、观光住宿以及相关配套服务设施的综合区域。城市 RBD 大致可分为四种类型：大型购物中心、特色购物步行街、新城文化旅游区和城市历史文化区域。

大型购物中心。在城市旅游中，购物作为旅游六要素之一，是人们出游的重要动机，在国际上，游客的购物支出能占旅游总支出的30% 以上，大型购物中心的重要性逐渐在城市旅游中凸显出来。大型购物中心

---

① 王娟：《城市商业与旅游业联动发展研究》，山东师范大学硕士学位论文，2004。
② 何佳梅等：《城市商旅联动发展新思路》，《商业时代》2005 年第 26 期。

一般位于城市区域交通枢纽，是一个可以提供多元化消费及服务的商业中心，集购物、休闲、娱乐、餐饮等多功能于一体。

南昌市作为江西省的经济中心，在大型购物中心规划与建设上成效显著。根据《南昌市商贸服务业发展规划（2011－2020）》，南昌市将根据南昌人口、交通、土地和现有商业资源，在规划期内着力打造两大市级商业中心、七大区级商业中心和五大组团区商业中心，逐步建成完善的三级商业中心体系①。其中最具代表性的是红谷滩万达广场，红谷滩万达广场位于南昌市红谷滩核心中央商务区，占地面积近 200 亩，总建筑面积约 55 万平方米，总投资超过 60 亿元，是南昌地标性建筑，也是规划中的两大市级商业中心之一。红谷滩万达广场位于红谷滩新区核心地段，地铁一号线可直达，二十分钟即可抵达昌北国际机场，十分钟可抵达老城区和南昌西铁路客运站，并与 2011 年 4 月通车的红湾公路相邻，交通便捷。红谷滩万达广场涵盖了大型商业中心、五星级酒店、室内外步行街、高级写字楼等，以室内外步行街为主线轴，将商业中心的多种业态进行组合，建成一个能从商业、休闲、娱乐、文化、餐饮、商务等各方面一站式满足游客的商业购物中心。为满足本地以及外地游客多样化的购物需求，大型的购物中心不仅规模、数量需要与城市经济发展速度相匹配，还需要彰显其独特的个性吸引力。2015 年 7 月，首创奥特莱斯项目决定入驻南昌，将成为零售、餐饮、休闲、娱乐以及配套服务等多种复合业态的大型国际化奥特莱斯综合体，南昌首创奥特莱斯于 2017 年 12 月开业，引领赣江西岸休闲购物新时尚。

特色购物步行街。此类步行街较大型购物中心而言规模稍小、更为精致，一般适用于旧城区改造或是缺乏历史文化沉淀的地区。此类步行街注重统一规划，讲求整体格调和风貌一致性，致力于营造出一种独特而统一的休憩环境，既具有购物中心舒适、休闲的购物氛围，又能以其独特的文化吸引游客。此类商业步行街还能将当地的特色商品聚集起来方便游客购买，极具城市个性。

2013 年 1 月，经过省商务厅的审核评定，首批"江西省特色商业街"名单出炉，总共 15 条特色商业街上榜，其中综合型 7 条：南昌市胜

---

① 曲倩影：《南昌全力打造三级商业中心体系》，《南昌日报》2011 年 10 月 18 日。

利路步行街、九江市都昌县东街步行街商业区、九江市大中路步行街、宜春市鼓楼商业步行街、上饶市抗建步行街、赣州市文清路商业街、吉安市文山商业步行街。专业型 8 条：南昌市赣江新天地商业街、南昌市791 艺术街、新余市暨阳商业街、余江县江西省雕刻创业示范街、上饶市婺源县朱子步行街、庐山牯岭商业街、吉安市青原区庐陵风情美食街、井冈山市天街商业旅游文化广场①。其中南昌市胜利路步行街和上饶市婺源县朱子步行街被中国商街委分别认定为 2013～2014 年度"中国著名商业街"和"中国特色商业街"，实现了江西国家级品牌商业街零的突破。

新城文化旅游区。近年来文化旅游成为热潮，新城是城市新的经济增长点和新的功能区，为了聚集人气、制造商气、打造文气，一般都会规划建立新的文化旅游区以及相关的配套服务设施。在城市扩展和改造过程中，这类区域多数选择在城市的郊区，一般以郊野公园、大型主题游乐园或其他新的旅游景点等形式出现。这些新城文化旅游区的建设，大大提高了城市美观度和可进入性，吸引了大量旅游者和城市的游憩人群，带动了基础服务设施的改善和集中，在此基础上，零售商业被引入，又形成新城游憩商业区②。新城文化旅游区关键在于文化，需要充分挖掘旅游地的文化元素并将其合理利用，以体现鲜明的地方特色和时代特征。

以深圳华侨城为代表的新城文化旅游区大获成功，江西省作为自然资源与文化内涵丰富的旅游大省，也开始引入文化旅游城的模式。截至2015 年底，江西省在建的有南昌万达文化旅游城、景德镇国际陶瓷文化旅游城和庐山文化旅游城。南昌万达旅游城是万达集团继哈尔滨万达城之后，在全国开工的第二个万达城，也是江西省三十年来投资最大的单个项目，总建筑面积 475 万平方米，总投资超过 400 亿元，建成之后将成为江西省配套最齐全的核心区域，助力江西省旅游产业与文化产业共同腾飞。

城市历史文化区域。作为历史文化沉淀区，旧城区丰富的文化内涵对旅游者有非常强的吸引力。对历史文化区域进行改造，不仅能够保护当地的文化古迹，还能建立与旅游相关的配套设施，给旅游者提供一个

---

① 秦海峰：《江西公示 15 条特色商业街　将择优申报"国字号"》，中国江西网，http://jiangxi. jxnews. com. cn/system/2012/12/25/012227805. shtml。

② 郭蔓：《我国城市 RBD 核心功能研究》，暨南大学硕士学位论文，2007。

良好舒适的游览环境，满足其对旅游产品的消费需求，达到在宣传当地历史文化的同时促进经济发展的目的。著名的城市历史文化区域南京夫子庙、北京王府井、上海豫园－城隍庙等，都是典型的依托旧城历史文化地段改造成的城市 RBD。江西省对历史文化区域的建设也不曾停滞，南昌万寿宫、滕王阁等作为著名的历史文化区域给南昌乃至整个江西提供了一定的示范效应。

（2）会展旅游。会展业是会议业和展览业的总称，是通过商品、人员、资金、信息等来谋求经济效益的商业模式。会展业最初并不是以旅游吸引物的形式出现，而是衍生于市集贸易，发展于商业展销会，现在已经成为一种独立的新兴产业，也是城市经济发展新的增长点。由于旅游业与会展业的产业关联性较强，相互融合介入已经成了较为普遍的发展模式，会展与旅游早已密不可分，成为商旅互动最具代表性的表现形式之一。

江西省的会展业虽然与沿海发达城市相比尚欠发达，起步也较晚，但是近年来在省委、省政府的正确领导下，江西会展业发展势头强劲并且呈现国际化发展趋势，在规格和专业性上都有很大的提升。江西会展业和旅游产业融合具备以下特点：会展设施初具规模，办展能力提高；会展数量增加，涉及领域广泛；会展拉动效益日益明显，城市知名度得到提升；建立了专门的管理机构，省商务厅设置了相关处室，南昌市成立了会展工作管理办公室；配套设施需完善，接待能力需提高；会展市场化水平低，缺乏有效合作，由于没有建立起旅游业主动参与会展业的模式，始终处于被动的接待状态。

南昌市也被业内人士评为"中国十佳会展城市"之一。据不完全统计，全省共有专业展馆 8 个，其中南昌市 4 个、景德镇市 1 个、九江市 1 个、宜春市 1 个、新余市 1 个，展览面积约 30 万平方米。其中江西省展览中心、南昌国际展览中心、九江国际展览中心等都是较为国际化、专业化的会展中心，也是高标准、大规模、多功能的现代展馆，每年举办的各类会展（展览、交易会、物资交流会等）有近 200 个，其中综合类会展约 80 个[①]，会展形式正在从简单的政府会议向专业展览、综合性会

---

① 《关于推动我省会展产业发展及规范管理的几点思考和建议》，江西商务信息和电子口岸中心网站，http://www.jxdoftec.gov.cn/zwgk/swyj/llyj/201412/t20141216_343954.htm。

展全面发展，项目规模也由几十个国际标准摊位发展到 500 个以上。其中，影响较大的会展有：中国绿色食品博览会、景德镇国际陶瓷博览会、樟树全国药交会、南昌国际汽车展、江西年货购物节、江西省绿色建筑展等。

虽然江西会展业有了长足发展，但由于起步晚、基础弱，会展规模、会展综合效益、会展秩序等各方面都与发达省份存在较大差距。2015 年12 月，江西省商务厅召开了促进全省会展业改革发展座谈会，将根据《国务院关于进一步促进展览业改革发展的若干意见》出台相关的管理办法和扶持政策，积极营造有利于会展业发展的良好环境和浓厚氛围，致力在下一个五年规划中开创全省会展业的新篇章。

（3）特色餐饮旅游。在当今旅游活动中，随着人们生活水平的提高，以追求旅游舒适休闲度为目标的体验式旅游受到了广泛的青睐，依托丰富的美食资源和多元的人文胜迹，美食旅游毫无疑问成为旅游者追求的新时尚。在城市发展进程中，重点发展美食特色产业，有利于打造精品，塑造品牌，带来大量延伸产业，促进产业结构多元化，刺激经济发展。大量的美食旅游研究都注重其文化效应，江西位于中部地区，简称赣，菜系称为赣菜。由于江西的气候环境以及地域条件，赣菜偏向咸辣，口味较为浓郁，有点类似邻省的湘菜，但是相较于红遍大江南北的湘菜，赣菜更注重结合当地特有的土特产，保持食物的原汁原味，有着浓厚的赣都生态特色，如乡土浓郁的红色美食、原汁原味的鄱阳鱼宴、养生修性的"天师宴"、藏精纳瑞的客家菜。此章主要讨论与商业有关的美食街、美食节。

从 2012 年开始，江西省商务厅每年都会开展一次美食街（乡）的评选，目的是推广各地美食和建设美食之乡，丰富江西省的餐饮市场，增加江西旅游吸引力，满足大众消费需求。至 2015 年，江西省已有省级美食街（乡）18 条，分别为上饶市余干县[①]、赣州市章贡区章江北大道、南昌市青云谱区象湖东岸美食街、九江市浔阳区庐山南路、宜春市袁州区正荣美食街、南昌市樟树林餐饮美食街、鹰潭市沿江餐饮特色街、上

---

① 《2012 年江西省美食特色街（乡）名单公示》，江西省商务厅网，http://www.jxdoftec. gov.cn/zwgk/tzgg/201301/t20130114_255042.htm。

饶市凤凰东大道餐饮街、南昌市西湖区绳金塔美食街、萍乡市红安源城郊美食之乡、新余市渝水区水北镇美食之乡、上饶市铅山县美食之乡、吉安市安福县沿河北路美食之街、南昌市青云小镇特色美食街、萍乡市红色安源美食之乡、新余市洪城商业美食街、赣州市赣州美食城、抚州市南丰县国安美食街①。截至 2018 年，全省有江西省美食特色街（乡）26条：2016 年新增 3 条——九江市永修县柘林镇美食之乡、萍乡市芦溪县新家乡美食之乡、南昌市进贤县军山湖美食街②；2017 年新增 5 条——新余市沿江路暨阳美食街、上饶市玉山县七里街、鹰潭市梅园美食、萍乡市湘东区麻山镇美食街、吉安市遂川县商贸城美食街③。

除了美食街的评选与推广外，江西省还积极举办各类美食节活动，如中国辣文化美食节、中国赣州脐橙节、江西休闲农业乡土美食节、赣菜宣传推广暨绳金塔文化美食节以及各地市组织的美食文化节等，让人们直观地感受到当地美食的魅力、餐饮企业的实力以及经济发展的活力，其中，赣州脐橙节由政府主办，结合江西革命老区的红色文化开展各种文艺演出，对江西红色文化的传播有积极的促进作用。在京九铁路开通之前，赣州的脐橙一直都是自产自销，果农们的市场意识非常薄弱，之后随着赣州的脐橙走向全国，果农们脱贫致富，这座橙乡也越来越吸引着全国各地游客的目光，脐橙节是江西省旅游和美食融合发展的经典案例。

（4）旅游服务贸易。旅游服务贸易是指旅游从业人员运用本国可控制的旅游资源，向其他国家或地区的旅游服务消费者提供旅游服务并获得报酬的活动④。旅游服务贸易既包括外国旅游者的入境游，也包括本国游客的出境游。

根据《江西省统计年鉴》所统计的数据，2014 年全省接待入境游客171.68 万人次，相比 2010 年增长了 57.6 万人次，实现旅游外汇收入5.5687 亿美元，相比 2010 年增长了 2.1084 亿美元（见表 6-5）。从中

---

① 资料来源：由江西省商务厅 2013~2017 年相关公告整理而成。

② 《2016 年江西省美食特色街（乡）名单公示》，江西省人民政府网，http：//xxgk. jiangxi. gov. cn/bmgkxx/swjmt/gzdt/gggs/201611/t20161118_1309797. htm。

③ 《2017 年江西省美食特色街（乡）名单公示》，江西省商务厅网，http：//www. jxdoftec. gov. cn/zwgk/tzgg/201711/t20171123-602012. htm。

④ 于博：《中日旅游服务贸易的现状、问题及对策研究》，大连海事大学硕士学位论文，2012。

国统计年鉴得到的数据可以看到，江西省旅游外汇收入一直处于稳步上升状态，江西旅游的入境人数和消费水平都在不断提高。2005 年到 2014年将近 10 年的时间里，江西省的旅游外汇收入增长了 4 倍，可以看出江西省的旅游服务贸易形势长期向好。但就全国范围而言，虽然江西旅游外汇收入一直呈现上升态势，但在全国排位中依然处于中等偏后的位置，而且在旅游总收入中所占比例非常小，高品质旅游资源丰富的优势未能充分发挥。为了推动江西入境旅游发展和国际旅游目的地建设，2016 年省旅游发展委员会和省财政厅研究制定并印发实施《江西省入境旅游奖励试行办法》，针对境内外旅游企业，以发放奖金的形式支持开拓来赣入境旅游客源市场，全方面促进江西省旅游服务贸易的发展，推进江西旅游强省建设进程。

表 6 – 5　1995 ~ 2014 年全国旅游外汇收入与江西旅游外汇收入比较

单位：百万美元，%

| 地区 | 1995 年 | 2000 年 | 2005 年 | 2010 年 | 2013 年 | 2014 年 |
|---|---|---|---|---|---|---|
| 江西 | 24.99 | 62.34 | 103.95 | 346.03 | 525.08 | 556.87 |
| 全国 | 8733 | 16224 | 29296 | 45814 | 51664 | 56913 |
| 所占比例 | 0.286 | 0.384 | 0.355 | 0.755 | 1.016 | 0.978 |

资料来源：国家统计局。

（5）商务考察旅游。商务旅游是指旅游者以经商为目的，把商业经营与旅行、游览结合起来的旅游形式。除了传统的经商外，还包括参加展会、调研考察、商务访问以及公司奖励旅游等。商务旅游作为一种新兴的旅游形式发展非常迅猛，已经成为旅游产业中的重要市场，全球商务旅游协会最新的报告显示，中国商务旅客在 2015 年共花费了 2912 亿美元，已经成功赶超美国成为全世界商务旅游花费最多的国家。

商务旅游的目的地一般是城市，这就要求城市的经济发展程度和政治、文化的活跃状态能适应商务活动的开展，城市丰富的旅游资源与便捷的对外交通使其具有足够的吸引力，完善的基础设施以及城市配套功能可以满足商务活动者的需求。江西作为建设中的旅游强省，不仅历史文化底蕴深厚，经济发展势头强劲，城市配套服务设施也在不断完善。拿对商务出行者最为重要的酒店住宿来说，江西省的酒店业建设正处于一个井喷期，不仅各式经济型酒店遍地开花，洲际、香格里拉、喜达屋等国际五星级酒店集团也瞄准了江西这块宝地，开始其战略性的规划布局，为各阶层商务游客提供了广泛的选择空间。

2. 江西省旅游产业和商业融合发展的驱动因素

（1）两者关系源远流长。第三次社会大分工后，商业逐渐开始从手工业和畜牧业中分离出来，为了商品交易更为便利，人们开始外出经商，了解其他地区的市场状况，这种出于功利性质的外出行为，成为旅游业与商业融合发展的起源。当时的商人通过异地买卖来获取差价，并将地区之间的资源重新优化配置，这种行为大大促进了城市经济的发展，越来越多的人来到经济较为发达的地区进行商业活动，与之配套的餐饮、宾馆、交通等设施也逐渐发展起来，为旅游业的发展提供了重要保障，而旅游业的发展能够带来大量的人口活动和购买行为，从而促进城市经济的发展，城市商业经济的进一步发展又能促进景观的利用与开发。可以说旅游业是从商业中慢慢分离出来的，但是两者又有着密不可分的联系，在现代经济发展的今天，商业和旅游业融合发展依然有很大的积极意义。

（2）城市商业发展需要新的刺激点。当前城市商业发展模式正在趋于多元化，人们不再简单地局限于物质上的满足，也开始追求购物与休闲娱乐相结合的商业形态。现今我国各城市的商业竞争非常激烈，市场长期靠打价格战来保证一定的份额，但是长期的价格战会使商业竞争进入恶性循环，商业发展容易显现疲态。此时应当积极转变商业经营思路，为商业的发展寻找新的刺激点，不局限于单纯的价格竞争，而是从质量、服务、特色等更深层次去实现商业发展的多元化，这才是加速城市商业发展的良策。而旅游业作为发展速度最快的支柱产业之一，具有极强的经济拉动作用，与商业的融合可以为商业发展注入新的血液，使商业融合新的服务内容，展示其独特的魅力，在激烈的商业竞争中稳步发展。

（3）旅游产业结构亟须优化升级。从旅游产业结构的角度出发，可以大致将旅游六要素分为两类：基础要素与提高要素。基础要素主要指吃、住、行、游这四种要素，提高要素主要是指购和娱这两种要素。在以观光为主的传统旅游中，游客的旅游消费基本用于基础要素，提高要素在旅游消费中所占比例极低。但随着大众旅游和休闲体验式旅游时代的来临，提高要素在旅游消费中所占比重将大大提升，这要求旅游产业结构更加合理化，需要不断提高旅游者对旅游目的地的旅游产品和配套设施的满意度。商业的发展能够为旅游业吸引人流、调节淡旺季、延长观光时间、增强宣传力度和提升服务质量，已经成为旅游产业发展和升级的必要条件。

（4）大众旅游、体验式旅游时代来临。随着我国经济的不断发展和带薪休假政策的推广，我国迎来了大众旅游和体验式旅游的时代，人们对旅游的消费需求也发生了巨大的变化，参与意识有了很大的提高。人们不再满足于走马观花式的旅游形式，而是更加注重自身的体验感受，旨在获得精神上的满足和愉悦的心理体验。满足旅游者对娱乐休闲、人际交往、知识增长等多方面的旅游需求，集休闲旅游和经济活动于一体，已经成为旅游业发展新趋势。

3. 江西省旅游产业与商业融合发展路径

（1）塑造形象，营造良好的城市环境。第一，调整商业区业态布局和结构。由于起步晚、产品短缺等原因，现今江西省大型商业游憩区和美食街等都存在功能单一、商铺混杂、人流拥挤等问题，严重落后于旅游者和当地居民对休闲购物的需求。因此，应当积极转变观念，将商业区的重点转向休闲体验，对商业区以及美食街区进行文化主题定位，更好地展示城市风貌；对街区空间布局进行调整，对商铺进行统一聚集管理，便于游客的观赏体验。第二，完善旅游产品服务设施。不管是会展旅游、商务旅游还是旅游服务贸易，都在服务设施的建设上存在诸多问题，旅游服务设施的不完善直接影响整个地区的旅游发展。目前应致力于解决旅游服务设施存在总量少、规模小、服务水平低下、发展不均衡等问题，尽早缩小与一线城市的差距。具体措施：兴建或充分利用现有现代化大型展馆，争取多承接大规模、高层次的国际性展会；鼓励和扶持多档次酒店建设，完善酒店结构；完善公共交通设施，加快各城市地铁修建进程；加快旅游电子平台的建设，提高旅游信息化水平[①]。

（2）打造精品，拓宽商旅市场。第一，调整旅游产品结构。产品的不断更新升级、资源的不断整合是牵动旅游业发展的"牛鼻子"，不断

---

①　彭品志、杜岩：《推进城市商旅的联动效应》，《江苏商论》2003 年第 7 期。

地对现有旅游产品进行综合开发、深度开发，才能使旅游业从多层次的角度展现旅游产品的深层价值。旅游产品应当与当地文化相融合，打造出独具特色的商旅产品，这样的旅游产品才是具有灵魂的，也是整个城市文化的缩影。南昌万达文化旅游城作为大型的商业游憩区，以青花瓷为主题打造整个商业区，不仅挖掘了江西独特的文化内涵，还以其独特的主题色彩为商业区烘托了宜人的氛围。第二，加强与旅游企业的合作。旅游节、大型游憩商业区、会展旅游等都可以作为旅游产品加入旅行社的线路设计中，不仅能促进商旅活动更好展开，拓展商旅市场，还能给大众提供更多选择，丰富旅行社产品线路；旅游企业可以积极参与会展、商务旅游、旅游节等商旅活动的承办运作过程，不仅可以弥补政府重形式轻服务的不足，还能拓展自身的经营范围，以高端旅游服务占领市场高地。第三，拓宽宣传渠道。由于地区的限制，大多数的游客都通过不同的宣传渠道获得相应的旅游信息，因此商旅活动以及相关产品的宣传力度、宣传渠道显得尤为重要。商业游憩区、会展、旅游节等都可以通过电视、网络、报纸、电台、宣传册、旅行社等渠道进行形象宣传，尤其要善于利用信息传播速度最快、用户基数最大的网络进行宣传，可以建立专门的官方网站，还可以利用微博、微信等平台及时发布旅游动态和信息，方便快捷、形象生动地向旅游者展现商旅产品的风貌。除此之外，旅游节、商业区等可以设计形象生动并让人留下深刻印象[1]的体现地方文脉的宣传口号和标志。

（3）打破行业界限，加大扶持力度。第一，加大投资的力度，进一步拓宽投资的渠道。在商旅活动发展中，一味地依赖于政府专项资金的投入以带动发展往往随之而来的是资金链断层而难以为继的问题，从而导致整个发展失去依凭。因此，江西应该在资源的整合以及融资渠道的拓展上，优化实现商旅融合发展的金融环境。具体而言，首先是在商旅产业投资的准入条件设置上，应该适当予以放宽，支持各类企业和社会团体依托合资、租赁、托管等方式参与旅游项目的开发建设。其次是在资金补贴上，应致力于进一步完善贷款贴息举措，发挥好产业扶持基金的作用。最后在金融产品的开发和后续服务上，致力于省内金融机构在

---

① 宋州：《浅谈商务旅游的特点和发展策略》，《投资与合作》（学术版）2014年第3期。

商旅产业方面的产品开发，同时利用优惠政策和相关扶持措施，吸引国内外金融机构在省内设立分支机构和后台服务机构，不断完善商旅行业的金融服务体系，实现融资水平的提高和能力的增强。第二，鼓励成立行业性的专业协会、专职管理机构、行业服务协会。行业性的专业协会能够对商旅活动进行规划与组织，集中发布行业信息，实现资源公开、共享；专职管理机构能够组织、协调、监督商旅项目的实施，明确项目的权利与责任；行业服务协会能有效规范商旅活动中的服务行为，推动商旅之间的交流互动，打破部门之间的障碍。各协会和机构在参与商旅活动的过程中，都要建立完善的体系，坚持公开、透明的原则，广泛接受大众的监督。第三，加强人才的培养与引进。长期以来，会展旅游、旅游服务贸易和商务旅游的发展都存在人才短缺的问题，旅游产业的不断发展对商旅工作者的数量和质量提出了更高的要求。一方面应当加强现有人才的培育，可以邀请各行业的专家进行授课指导，不断提高人才的专业水平；可借鉴发达国家的成功经验，并派遣员工前往学习；不断创新培训模式，形成多渠道、多形式、多层次的人才培养机制。另一方面要加强专业人才的引进，发挥高等院校培养人才的主渠道作用，加强院校的师资力量与教研水平，不断改进引进机制。

## 五　旅游产业与科技融合发展

### （一）旅游产业与科技融合的初步研究

现代科技的发展对旅游产业产生了深刻影响，高新技术手段的运用，既推动了旅游产业的快速发展，也促进了旅游产业的转型升级，甚至改变了旅游业经营模式和消费模式，同时也催生了一大批基于现代科技的新兴旅游产品和服务提供商。当然，也促进了旅游市场的优化，丰富了旅游市场的内涵与外延。

近年来国内学者的研究表明，旅游和科技的相互促进关系，有利于保护旅游资源，减少环境污染，提高旅游安全性，并产生新的旅游产品，改进旅游业的经营管理模式。旅游产业发展中对科技的运用，对某些科技产品提出新要求，从而促进涉旅科技进步。进入21世纪，学者们对科技和旅游的关系进行研究。2003年郭琳、李翠军就科学技术是旅游业发展的基础，在发表于《科技进步与对策》的论文中做了深刻阐述；尹泽生就科技对旅游各要素的作用进行了论述，明确指出科技对旅游资源调查与评估等的作用。2000 年卢劲新在《科技，让旅游更安全》中，论述了科学技术进步对"探险旅游"安全保障性提高的积极作用①。2004 年，张捷在《科技与旅游发展》中总结了各种现代科学技术对旅游发展的作用，指出科学技术的发展，给出游条件、人们的理念、旅游产业运行以及旅游研究本身都带来了积极的影响②。2004 年李廷勇从"旅游"与"科技"两者特性着手，阐述发展科技旅游的意义，一方面科技旅游扩充了旅游的产业构成；另一方面，科技旅游扩展了教育的科技内涵，能够有效地提高公众的科学文化认知和素质③。2007 年刘艳在《科技和旅游关联性分析》中，从逻辑学的角度对旅游和科技之间的相关性进行深入分析，并且重新定位旅游对于科学技术发展的反作用④。2012 年鲍文玉阐述了旅游和科技融合关系，着重分析了旅游与现代科技融合而形成的科技旅游⑤。2013 年王闻道、吴倩基于河北省旅游资源深度调研与开发的需要，提出了旅游业要和文化、科技融合发展，并分析河北省旅游与文化、科技融合发展的现状，提出了河北省推动旅游与文化、旅游与科技融合发展的具体途径⑥。2014 年王玥论述了科技发展对我国旅游业的影响，分析了科学技术与旅游业相互作用的关系，为促进我国旅游产业可持续发展提出了建议⑦。可以看出，学术界对旅游产业和科技融合发展有一定研究成果，研究主要阐述两者的关系，探讨科技应用对旅游业发展的影响，但从两者融合发展路径方面探讨新型旅游业态构建和旅游产品建设，有待进一步关注。

**（二）江西旅游产业与科技融合发展现状**

1. 江西旅游业步入"互联网＋旅游"时代

江西积极推动"互联网＋旅游"，省人民政府制定并发布了《关于

---

①　卢劲新：《科技，让旅游更安全》，《广东科技》2000 年第 12 期。

②　张捷：《科技与旅游发展》，《旅游学刊》2004 年第 3 期。

③　李廷勇：《浅论我国新兴旅游产业——科技旅游的开发》，《经济问题》2004 年第 2 期。

④　刘艳：《科技和旅游关联性分析》，《辽宁经济职业技术学院》（辽宁经济管理干部学院学报）2007 年第 3 期。

⑤　鲍文玉：《论旅游与科技的融合》，《商业经济》2012 年第 9 期。

⑥　王闻道、吴倩：《河北旅游资源深度挖掘：与文化、科技融合发展》，《北华航天工业学院学报》2013 年第 2 期。

⑦　王玥：《科技发展对我国旅游业的影响研究》，渤海大学硕士学位论文，2014。

加快推进"互联网＋"行动的实施方案》，方案中明确提出，到2018年，力争开展智慧旅游城市试点10个，建设智慧景区30个，建成全省旅游产业运行监测及安全应急管理平台。

同时，江西省积极发挥"互联网＋旅游"营销的作用，积极搭建旅游新媒体平台。旅游新媒体营销体现在外部的基本形态，就是应用互联网进行营销与推广，实现生动形象地宣传旅游目的地及其相关旅游产品、服务项目，及时与顾客互动并进行有针对性的旅游要素推荐与介绍，将旅游服务的触角延伸至旅游计划安排建议及辅助设计、网上预订和通知等，实现更及时、更直观、更高效的个性化营销。对于内部支撑系统，主要是运用大数据、物联网等信息化技术，搜集、汇总、分析游客及其旅游消费信息，确定旅游宣传、推广、营销的目标地域、人群，并依据其往常的选择旅游目的地及产品、服务的特点，使用对应的推广与营销方式、时间，从而增强旅游营销的针对性、个性化和精准度并使得效果更好[①]。

互联网给旅游营销带来的最大改变就是，自媒体自由畅通的运营权，为旅游目的地和景区带来了各种极大的市场可能性，在这种背景下，除了做好传统的官方门户网站推广外，将现有的新浪微博、微信等自媒体经营好，是景区做好营销的根本，同时也是将来对游客进行大数据分析的保证。一个将自媒体经营好的景区，才会是一个顾客口碑好、市场反馈好的热门景区。

在这个"微博"全民参与的年代，2012年江西省旅游局就曾经成功引爆了"博动江西风景独好"的话题，20天累积了276万多条内容，很多线下媒体进行了宣传报道，关于这个活动的专题共有44个，直接参与活动的互动微博内容超过两万条。活动进行到后半期的时候，进入"五一"黄金周，宣传效果持续发酵，整个增量高峰期最多超过70%。互联网时代下这样典型的营销活动，使"江西风景独好"借此机会成为江西旅游新形象。

从当时《中国旅游报》公布的旅游景区新媒体排行榜可以看出，江西省在全国排前10位的有龙虎山景区、三清山景区。2013～2015年，随

---

① 何剑波：《"微时代"的旅游市场营销》，《青年记者》2014年第12期。

着上饶、鹰潭等在江西率先迎来高铁时代，加上成功的借助新媒体运营景区，取得的成效可观。从上饶市来看，高铁开通贯通了景区与客源市场，极大缩短时空距离，自由行人数大大增加，让上饶旅游市场更加火热。2014年12月10日高铁开通后，首周全市各景点乘坐高铁游客3.7万人次，旅游综合收入1.19亿元，同比增长48.9%。其中，三清山接待2.65万人次，同比增长78%，乘坐高铁游客8958人次；婺源接待2.95万人次，同比增长56%，乘坐高铁游客8656人次。高铁开通当月全市接待游客370万人次，同比增长40.8%，旅游综合收入25.8亿元，同比增长46.9%。在"互联网+"的大环境下，赢得先机就是赢得优势，两地的成功经验值得借鉴。

2. 智慧旅游建设全面推进

进入"十二五"时期，江西为推进智慧旅游建设做了许多有效尝试。江西较早建设智慧旅游网并使其上线，正以全省之力，打造智慧旅游的航空母舰①。目前，智慧旅游建设需求越来越大。三清山、井冈山、庐山、龙虎山用于智慧景区建设的投入已近8000万元。一方面，积极策划并实施了"江西风景独好"等一系列相关营销活动，进而实现了旅游宣传营销上的提升。另一方面，开展智慧门票电子商务平台建设，实现游客在线预订、支付、现场智能取票功能。积极推动江西智慧旅游项目建设合作备忘录，初期投资达1.25亿元，全面推进智慧旅游景区、旅游电子商务、旅游公共服务等项目建设。同时，积极推动宜春、赣州、上饶等市创建智慧旅游城市。旅游目的地的游客可以通过移动端下载景区客户端，实现自助导游、在线信息查询、实时信息播报、在线支付等多项智慧服务。

3. 旅游产业和科技产业不断嫁接融合

科学技术是第一生产力，要实现建设旅游强省的目标，就必须更新思想观念，在旅游产业与科技产业深度融合上下功夫，充分实现两大产业的优势互补，以创造出新的经济增长点。围绕旅游活动的吃、住、行、游、购、娱六大要素，旅游产业与科技产业的交叉融合体现在：高新科

---

① 刘春莲：《智慧城市背景下江西旅游业发展的策略》，《华东交通大学学报》2014年第2期。

技展示旅游、科技馆旅游、工业园区旅游、生态科技旅游。

高新科技展示旅游主要依托在当代科技开发和研究方面取得较高成就的高新科技园区、机构和企业，以及那些拥有先进科学技术设施设备的科技场馆①。江西作为五大国家级 LED 主产区之一，拥有硅基 LED 原创技术优势和全产业链生产能力，一直对 LED 产业的发展非常重视。2015 年，江西省人民政府印发《关于打造南昌光谷建设江西 LED 产业基地实施方案》，旨在推进江西省拥有自主知识产权的 LED 原创技术优势加快转化为产业优势，由技术优势转化为市场发展规模，使之成为"十三五"时期江西省经济发展的新突破口。这些为打造南昌光谷、建设江西 LED 高新科技产业基地夯实了物质基础。这是江西省在推动高新科技旅游上得天独厚的优势，值得在规划阶段就予以关注并进行旅游利用设计。

科技馆旅游在追求经济效益的同时，也注重社会效益，在科技旅游产业中，最能体现科技旅游的科学文化事业属性，实现旅游与科普的统一。截至 2015 年，江西省已建成科技馆 6 个，分别是江西省科技馆、上饶市科技馆、吉安市科技馆、赣州市科技馆、宜丰科技馆、抚州科技馆②。其中江西省科技馆科教展示资产达到 2700 万元。江西省科技馆展品涵盖范围广，包括基础科学、应用科学等学科，结合声、光、电、磁、力等物理效果，投入应用的展品具有较强的趣味性、互动性。自 2002 年 9 月开馆以来，累计接待观众 400 余万人次，每年举办各类流动科普巡展，累计受众为 200 万人次以上。自 2016 年 4 月 20 日以来，江西省科技馆对市民免费开放，仅 2016 年"五一"期间就接待游客 14898 人次。

### （三）江西省旅游产业与科技融合机制

伴随科学技术不断进步，产业发展逐渐突破了原有的边界，改变了产业原有的生产方式，不同产业相互融合的现象已经成为一种常态③。旅游产业和科技这两个不相同又密切关联的产业，在旅游市场需求导向下，可以融合发展、相得益彰。

---

① 侯利民：《我国科技旅游资源类型分析及评价研究》，南京师范大学硕士学位论文，2008。
② 黄细嘉、龚志强主编《江西导游》，江西科学技术出版社，2011。
③ 宋馨：《产业重构背景下的复合型旅游业态研究——以南京中山陵景区为例》，上海师范大学硕士学位论文，2011。

1. 融合发展的动力

旅游产业与科技产业融合动力可划分为内在动力和外在动力，其中内在动力主要是指旅游市场竞争和旅游者需求；外在动力主要是指科技进步和政策扶持。

旅游者需求变化是旅游产业与科学技术融合的初始动力。伴随着人民生活水平的提高和旅游观念的成熟，休假制度的完善，传统的观光旅游不再能满足游客的多维需求，越来越多的游客更希望通过旅游获得精神上的愉悦和好奇心的满足，正是旅游需求的转型升级促使旅游产业与其他产业、行业不断融合，产生新的旅游业态和旅游功能。

市场竞争是旅游产业与科技产业融合的内在动力。旅游产业的综合性特征使它必须与科学技术进行深度融合。各类企业在市场竞争中，基于共同利益和长远发展预期，通过与旅游企业的资源整合，推出与主业互补的新业态，延伸产业链，增加附加值，从而发挥产业整体优势，并与旅游企业实现合作双赢。

政策支持是旅游产业与科技产业融合的外部支撑。旅游产业的综合带动作用不断凸显，政府开始认识其在促进消费、拉动内需等方面的积极作用，并相继出台了一系列关于加快旅游产业与科技融合发展的互惠互利政策。这是因为，融合是新兴事物，在发展的过程中有很多不确定的障碍性因素，亟须一系列政策支持，以创造产业融合发展的良好社会环境。

科技进步是旅游产业与科技产业融合的外部助动力。高新技术的普及正推动着旅游产业与科学技术的渗透融合，并带动了传统旅游产业的转型升级，创造了全新的科技型旅游业态，有利于直接推动新兴旅游业态间及与科技产业之间的融合。

2. 融合发展的机制

旅游产业和科技产业的融合发展过程，是在一定的时间内相互协调关联的过程。这个过程是科学技术在不断进步过程中作用于旅游产业的过程，同时也是旅游产业不断反作用于科学技术发展的过程[1]。

旅游产业和科技产业的融合是指将先进的科学技术与旅游产业的市

---

[1]　陈国宏、朱建秋：《科技创新与旅游产业发展的耦合机制——以沈阳旅游产业为例》，《沈阳师范大学学报》（社会科学版）2013 年第 5 期。

场需求相结合，经过旅游产品的科技开发、商品化、规模化等阶段，并进行相应的功能定位，逐步提高旅游产品的科技水平和专业化程度，进而从根本上改变了旅游产业的消费、服务、营销和管理方式。

消费方式多元化。购买旅行社推出的旅游线路产品，仍是大多数消费者选择的主要消费方式。随着科技进步和新型基础设施建设，旅游出行消费方式不断创新，更多的消费者开始接受从互联网和移动设备等进行消费预约。同时，随着网络的迅速普及、旅游基础设施的日益完善，为满足旅游者各种消费需求，涌现了各种契合消费心理的消费方式，成为旅游业和科技产业融合发展的重要契机。

服务方式个性化。个性化产品、服务和出行，成为越来越多游客的诉求，大量的旅游消费者加入自助游的行列，他们根据个人喜好，追求个性化的旅游线路。同时，出境旅游也成为越来越多所谓资产阶层的选择。这部分消费市场群体潜力巨大，有待深度开发。为此，旅游经营管理者要了解消费者心理，充分利用先进科技成果，改善服务接待条件，提升服务专业化水平，创新服务手段，提高服务质量，满足市场变化提出的新需求。

营销方式多样化。对于高端旅游者来讲，高科技所衍生的新型旅游模式，对他们有较大的吸引力，蕴藏着巨大市场潜力。而对于追求实现低成本旅游的旅游者来讲，他们追求性价比，容易被"价廉物美"的旅游产品所吸引。为此，结合科技手段实施先进的营销方式，对于吸引游客很有必要。经济型旅游者关注所谓的最佳线路和行程的性价比，较富裕群体期望享受最佳的旅行感受和体验。旅游经营者应该针对不同消费者的不同需求，通过现代先进的科学技术，采取有针对性的营销方式。

管理方式效率化。科技的进步大大地缩短了人际间的沟通距离，提升了处理事务的效率。通过发挥科学技术在信息传递功能方面的及时性、智能性，旅游企业实现了垂直化管理，管理流程更加直接高效，有利于节约旅游管理成本。同理，运用科技手段，进行高科技设施的时尚性和宜人性设计，不但可以为游客定制符合其消费需求的旅游线路和设计关联性强的旅游产品，提供实时的可靠信息来源，也可以极大地提升旅游产业的运营及时性、高效性和实效性。

### （四）江西省旅游产业与科技融合发展路径

旅游产业和科技产业分属于不同行业，实际上也存在不少互为补充和互为利用的交会点，旅游产业和科技产业都有给人们提供消费娱乐和满足精神心理需求的使用功能，其实质是实现改善人们的生活方式的目的。在旅游产业和科技产业交叉层面上拓展发展机会，有利于促进融合发展的深度开发，并促使旅游产业和科学技术在各自领域的延伸扩展，最大限度发挥产业融合的带动作用。

1. 建立产业融合机制，促进资源开发的有效整合

虽然旅游和科技部门在"融合导向"方面达成了一致，但在实践中也总结出了一些成功的案例经验，还产生了一些二者融合互动发展的成功案例，但总的来说，旅游、科技两大产业融合的体制机制还很不完善，制度化的设计还停留在初级阶段，还存在融合机制不顺畅、融合领域不全面等问题，旅游和科技融合发展现状与当下不断发展变化的旅游市场需求还不完全契合①。迫切需要建立产业融合机制，确定企业的市场主体地位，加强区域产业规划整合。

建立产业融合机制。江西旅游管理部门与涉旅部门要进一步加强融合意识，改革不符合融合发展的分割式多重管制体制。各涉旅科技部门通过破除行业壁垒、放宽行业准入限制，积极参与管制框架的融合；旅游管理部门应采取单一间接管制模式，为江西产业融合和旅游企业发展提供宽松的宏观环境。同时，旅游和科技部门要加强彼此的合作共识，在旅游与科技产业的科学规划、投资项目管理、宣传推广和人才培养等方面，建立起相互支持、互动发展的融合机制。

确定企业的市场主体地位。在市场经济活动中，如果企业缺乏参与的积极性，市场就成了无本之木、无源之水。同样，旅游、科技产业要实现产业的充分融合，若是没有众多旅游、科技企业的积极主动参与，产业融合也就像空中楼阁，没有坚实的产业融合根基。产业融合确实离不开政府的激励、政策的引导，但最为重要的还是要明确企业在市场中的主体地位。因此，承认、确立并尊重企业的市场主体地位，与发挥政

---

① 黄细嘉、周青：《基于产业融合论的旅游与文化产业协调发展对策》，《企业经济》2012年第9期。

府、政策的导向性作用同等重要。承认相关企业的市场主体地位，就必须摒弃陈旧理念，树立创新观念，切实从思想上确立、制度上建立、实际中树立企业在促进产业融合中的市场主体地位，根据企业需求，为市场资源合理配置提供持续的、稳定的政策保障。同时，要规范政府和相关行政主管部门的行为，在产业融合中做到既不失位、缺位，也不错位、越位，把握好分寸，履职尽责，切实发挥好政府的政策引导作用，尊重旅游科技企业的自主发展权，鼓励企业通过自主创新研发，开发具有自主知识产权的科技旅游产品，提高旅游科技企业的核心竞争力。

加强区域产业规划整合。坚持"互通有无，共同繁荣"的原则，研究制定旅游－科技一体化发展战略，协力做好旅游、科技产业融合发展的定位和空间布局，共同开发一批综合效益明显、起积极带头作用的旅游科技重点项目，共同打造兼具旅游、科技型的有江西特色的复合型产品。以景德镇陶瓷产业为试点，以科技创新为导向，融合传统技术与现代需求，健全陶瓷与科技融合的产学研合作机制和保障体系，不断开发高质量的陶瓷新产品，推动高新技术陶瓷创意产业园区的发展壮大，进一步扩大旅游吸引力，增加城市旅游魅力，全面促进旅游与科技的一体化发展。

2. 紧跟"互联网＋旅游"时代，打造智慧旅游旗舰

2015 年国家旅游局下发《关于实施"旅游＋互联网"行动计划的通知》，提出了实施"旅游＋互联网"行动计划的行动要求：到 2020 年，在线旅游投资占全国旅游直接投资的 15％，在线旅游消费支出占国民旅游消费支出的 20％。旅游产业各领域与互联网达到全面融合，互联网成为我国旅游产业创新发展的主力。

在此大环境下，智慧旅游建设在为江西省带来公共价值与社会价值提升的同时，还能提升整个江西旅游服务环境，为江西省带来更多的旅游商机，从而带动江西省旅游城市的景区、酒店、餐饮、交通以及其他与旅游相关的服务行业的发展，为江西省旅游经济发展带来巨大商业价值。打造智慧旅游的途径如图 6－1。

信息化建设。信息化建设是"智慧旅游"内在要求和建设的基础，它是指以系统工程、战略管理、产业经济学为基础，以计算机、信息、数据库和通信网络等技术为载体，集成应用地理信息系统（GIS）、遥感

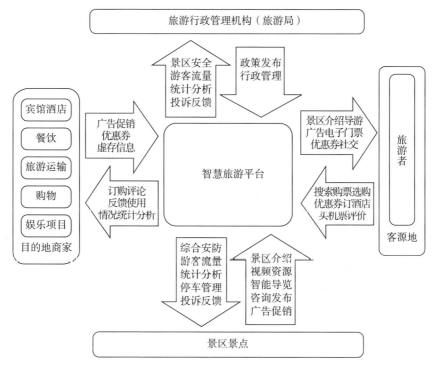

**图 6 - 1　打造智慧旅游的途径**

系统（RS）、全球定位系统（GPS）、虚拟现实（VR）等现代方法和科学技术，不断整合旅游信息资源，搭建数据基础设施、信息基础设施、决策支持平台和信息管理平台，成为推动江西旅游景区发展和提高管理水平的重要手段①。信息化建设有利于加快信息的收集、加工、传递和处理速度，实现对景区、经济、社会三大方面最全面清晰的感知，更广泛的互联互通和更深度的智能化，并及时、准确、全面地为旅游发展提供科学依据，游客能够从中获取更多有价值的旅游信息。

　　建立战略联盟。"智慧旅游"的建设需要旅游景区同科研院校、研究机构、旅行社、酒店、航空公司、IT 公司等通过战略合作而结成资源共享、优势互补、风险共担的战略同盟②。战略同盟具有集聚资源、节约成本、规避风险、增强旅游景区综合竞争力等优势。同时，还可以缓

① 盛方清：《智慧景区游客体验维度及调控策略研究》，南京师范大学硕士学位论文，2014。
② 陈涛等：《智慧旅游》，电子工业出版社，2012。

解建设"智慧景区"所需资金、人才、技术的不足。江西省旅游景区在建立战略同盟时，也需要认真选择战略伙伴，由专业管理团队参与战略同盟进行动态监督管理，从而有效维持战略同盟的稳定性。江西发展智慧旅游，要积极探索其建设的商业模式，坚持走市场化运作的新路子，确保旅游经营者能切实从中获益。比如，在信息推送系统建设中，将公益宣传和有偿服务结合，将信息推送和在线交易结合，将企业加盟和产品分销结合，找到有效的运营模式。

危机管理。危机管理对于江西省智慧旅游的可持续发展有着重要的意义。是否能够有效迅速应对各种风险危机是"智慧旅游"建设成败的试金石。"智慧旅游"的建设不仅要加强旅游发展过程中的常态化建设，还应努力提高危机管理水平。旅游景区应在先进科学技术基础上建设智能实时监测系统、风险评估系统、应急响应系统，这样才能有效应对火灾、洪水、地震、极端天气、泥石流等自然灾害对"智慧景区"建设的冲击，尽量避免或减少对游客、社区居民、景区工作人员造成的人身和财产伤害和损失，实现江西省旅游景区健康、和谐发展。

政府、企业和游客服务一体化发展。政府、企业和游客三大应用层级是整个旅游规划和智慧旅游一体化建设的核心。其中政府应用层级主要通过旅游公共服务平台、旅游电子政务平台、旅游营销平台、旅游项目资源综合监控平台以及旅游数据资源中心的建设，完善智慧旅游建设的后台服务；企业应用层级主要是指旅游景区、旅行社、旅游交通、酒店以及乡村旅游五大业态的智慧运营，其中，旅游景区又是整个智慧旅游建设和发展的主要原动力，它涉及智慧开发、管理、服务、营销、体验五个序列的系统应用和平台建设[1]。要想使得旅游景区真正实现智慧运营，从传统票务经济转向资源产业经营，其根本动力还在于发挥旅游景区的自主市场化管理和景区旅游策划资源整合，将旅游景区的开发、管理和服务、营销等各个职能统一运营、一体组织、有节奏地系统建设，不然，很容易陷入旅游景区智能化升级的死胡同，这虽能解决部分旅游景区接待能力扩容问题，但解决不了旅游景区走效益化市场发展道路问题。所谓的游客层级主要以在线信息共享参与和以信息技术媒介为载体的物联网应用两

---

① 包硕：《智慧旅游信息系统的分析与设计》，厦门大学硕士学位论文，2013。

部分构成，它在整个智慧旅游建设中主要扮演终端体验和展现的角色，为此要重点关注旅游产品的智慧化营销。江西省"互联网＋旅游"首先应重视智慧旅游基础设施建设，消除行业壁垒，建立大数据平台，实现数据共享，突破产业边界融合发展。其次，打造江西省智慧旅游旗舰，建立江西智慧旅游系统，涵盖统一智慧旅游云平台、统一电子商务平台、统一游客服务中心，督促我省主要景区及配套的旅游服务如餐饮、酒店及时进行 GPS 采集，完善服务消息，加速智慧旅游建设，尽快加入智慧旅游系统中，使游客能够通过便携客户端享受门票购买、酒店预订、餐饮服务、纪念品采买、旅游咨询、旅游投诉等多种功能。最后，发展旅游教育，培养复合型旅游人才，一方面，引进复合型高层次人才，另一方面，改革旅游教育体系，注重培养学生的实践技能，培养复合型旅游人才。

3. 做好"科技＋旅游"工作，着力发展科技型旅游新兴业态

旅游产业和科技融合形成科技型旅游新兴业态，是现代旅游产业发展的大趋势，对于具有可持续发展能力的旅游产业来说，必须合理利用科学技术。用长远眼光看待江西旅游产业和科技融合，从宏观视野寻找旅游产业和科技产业融合发展的战略需求点。要明确科技产业和旅游发展的产业交叉点、产品交会点与企业互动点，寻找融合发展的具体途径与方法。在资源的整合开发中，可充分发挥产业的联动作用，以及旅游产业的龙头带动作用，开发关联性产品，延长产业链，并大力推动相关产业发展。旅游相关产业的发展和产品的开发销售，旅游与科技融合发展的新型业态以及旅游产品建设，应归入旅游产业发展的体系中，进而实现资源整体开发、形象整体宣传以及市场统一促销。

科技型旅游新兴业态是指应用科技新成果，运用新原理、新技术、新工艺和新材料开发的市场上前所未有的旅游业态[①]。它一般是由于科技进步或为满足市场上出现的新需求而开发出来的，该类业态具有明显的新特征和新性能，甚至能改变用户或消费者的生产方式或消费方式。科技型旅游新兴业态的内容、形式、功能等都是前所未有的，不同于现有的任何业态的经营方式和经营内容。这类旅游业态是旅游市场需求不

---

① 汪燕、李东和：《旅游新业态的类型及其形成机制研究》，《科技和产业》2011 年第 6 期，第 9~12、65 页。

断变化催生的全新旅游模式，也是技术发展、社会进步的产物，其特点是旅游内容和形式十分新颖，同时旅游产品中能够体现出社会经济技术进步、消费者求新求异的需求变化特征。江西科技型旅游新兴业态产品以科技型体验旅游发展较为成功，如 2016 年 5 月 8 日开园的南昌万达文化旅游城中的电影科技乐园、过山车、纯重力跳楼机等项目较为完善，将旅游与科技融合，满足旅游者的猎奇需求。

4. 转变政府职能，加大旅游业和科技融合发展扶持力度

政府在发挥宏观调控旅游市场作用的同时，要注重引导旅游、科技企业的生产经营活动。在鼓励支持旅游、科技企业间的合作，共同开发高水平、专业化旅游产品的同时，要帮助解决旅游与科技结合发展中的具体问题和困难。在继续深化旅游、科技企业体制改革中，建立产权清晰、政企分开、权责明确、管理科学的现代企业制度。为此，要在转变政府职能过程中，加大旅游产业和科技融合发展的扶持力度，创造旅游和科技产业互动发展的坚实基础。

第一，建立多元化投融资支持机制。江西旅游产业走向"互联网时代"、迈向"资本时代"是旅游产业转型升级，也是旅游产业融合发展的必然趋势。为此，要始终坚持开门办旅游，广纳社会闲资、贤才建设旅游，采取网上招商、活动招商等多种手段，不断拓宽江西旅游招商渠道，努力把江西旅游资源优势转换为旅游经济优势。鼓励社会资本和民间资本对旅游和科技融合领域的投入，多方位筹集旅游和科技融合产业发展资金，建立财政引导性投入，社会资本、民间资本以及外来资本多渠道投入的投融资体系机制。积极筹措和安排一批文化旅游与科技融合型企业上市融资，鼓励和促进上市公司参股、控股、兼并、收购旅游与科技融合型企业，打造规模化科技型旅游企业。同时，鼓励支持风险投资进入旅游与科技融合产业，增加多种类资本进入江西旅游产业和科技融合发展领域[①]。

第二，整合全省文化和旅游产业项目资源。充分发挥国家市场宏观调控对旅游和科技资源配置的基础性作用，打破地区、部门、行业、所

---

① 张洁、杨桂红：《云南省文化产业与旅游产业互动发展的对策措施》，《经济与社会发展》2009 年第 9 期。

有制界限，对科技旅游资源重新进行整合，提高产业集中度和规模化经营水平。充分利用财政、税收、信贷等经济杠杆，重点扶持一批示范性、先进导向性的重点科技型旅游产业项目。加大对诸如现代生态农业园、水土保持生态农业科技园、南昌光谷基地修学与培训、鄱阳湖生态经济区展示馆等重点科技型旅游产业项目资金补助和信贷贴息等的支持①。

第三，建立科技型旅游人才教育和激励机制。发展科技型旅游产品，就必须有科技型旅游人才，要重视此类专门人才的定制化培养。经营科技型旅游产品的企业可以与高校建立联合培养机制，学校可以选择旅游企业进行订单式人才培养，根据科技型旅游企业的需要，适当调整选修课程和个性化课程设置，为特定科技型旅游企业输送专门人才；旅游企业接收指定学校培养的高素质的具有科技知识的旅游管理人才，可以实现互利双赢。在人才培养过程中，增加旅游信息管理系统、旅游电子商务等中高档旅游企业应用软件课程，适应科技型旅游的高速发展。此外，重视人才激励机制，为综合素质优异的科技型旅游人才不仅要提供经济上的高额薪资和补助，还要给他们不断进修的机会和事业上的上升空间，以此来引进高层次人才并激励他们在科技旅游领域不断探索。

## 六　旅游产业与中医药产业融合发展

习近平总书记2016年2月视察江中药谷制造基地时指出：中医药是中华民族的瑰宝，一定要保护好、发掘好、发展好、传承好。3月28日，总书记对捷克进行国事访问，江中集团董事长钟虹光作为唯一医药企业代表随行前往。这体现的不仅仅是国家对中医药文化弘扬的重视，还预示着中医药将大踏步地走出国门，为世界人民健康发挥重要作用。2016年2月，李克强总理在国务院常务会议上谈到"促进中医药与健康养老、旅游文化等融合发展"。中医药健康旅游是中医药产业发展的创新模式和重要组成部分，江西中医药文化资源和遗产丰富，具有良好的中医药产业发展基础。但在实际工作中，初步的中医药产业优势未能与健康旅游融合发展，中医药健康旅游严重滞后，造成资源浪费。培育中医药健康旅游新业态、打造中医药健康旅游目的地是江西中医药产业和旅

① 张威：《旅游业态演化与商业模式创新》，知识产权出版社，2014。

游产业融合发展的必然趋势。

**（一）认识发展条件：江西发展中医药健康旅游的优势**

中医药健康旅游是一种综合产业，打造中医药健康旅游目的地是一项系统工程。我省具备发展中医药健康旅游的契机和打造中医药健康旅游目的地的资源、产业、市场、政策等方面的条件。主要表现如下。

一是中医药养生资源丰富。驰名中外的有"药不到樟树不齐，药不过樟树不灵"誉称的"中国药都——樟树"，是江西中医药养生资源具有品牌价值的最直接体现。江西不仅拥有规模巨大的种植、研发、生产、营销等产业资源，还拥有底蕴深厚的中医药文化资源，诸如，保留传承了工艺精良的中药材种植、采集、炮制等秘传妙法，阁皂山、龙虎山、葛仙山、三清山等境内仍有不少保存完好的炼丹井、洗药池、古寺、药庙等中医药文化胜迹，历代中医药名家留下了丰富的中医药著作，如东晋著名医药学家葛洪在江西种药行医过程中创作的《肘后备急方》，屠呦呦在获得诺贝尔奖之后坦言，她从此书中获取灵感，先驱性地发现了青蒿素，开创了疟疾治疗新方法，拯救了千百万人的生命。

二是中医药人才辈出。江西古代有史可考的名医近千名，著作有800多部。陈自明、崔嘉彦、严用和、危亦林、龚廷贤、李梴、龚居中、谢星焕、喻昌、黄宫绣并列为江西历史上十大名医。古南康、盱江、赣中及婺源四大地域，名医辈出，群星璀璨。南康是宋元明时期军、路府名，辖地在庐山、永修、都昌一带，江西医学最早就发端于此；盱江源自广昌县血木岭，流经赣东11个县市，北入鄱阳湖，产生了数以百计的杰出医药学家，被称为"中国医家的荟萃之地"，其医学群体的业绩与贡献，堪与安徽"新安"、广东"岭南"、江苏"孟河"等地医学群体相媲美；赣中为赣江流域之中部，其医学群体多由儒医、官吏构成，充分显示了宋朝以后"医儒结合"的趋势；婺源地处皖浙赣三省交界地，历来茶商、盐商、木材商云集，加上药材资源丰富，各省名医精华集中于此，历来医学氛围浓厚。近现代江西涌现的程门雪、姚国美等名医，誉满神州。还有葛玄与葛洪等外籍医学家在江西行医、采药、炼丹、制药、著述时等留下的丰厚中医药文化遗产。

三是中医药产业基础良好。江西不仅中医药养生资源丰富，而且中医药产业发展基础较好，出现了一大批诸如江中、汇仁、济民可信、开心人等著名的中医药企业，全省中药行业规模在全国名列前三位。我国药材交易的盛会——樟树药交会，已连续成功举办了48届[1]，参会人数、成交（订单）金额及在药商中的影响力均名列前茅。另外，江西还拥有江西中医药大学和江中集团辖属的三个国家级科研机构等中医药研发机构，为中医药产业发展提供技术支持。良好的中医药产业发展基础，是江西发展中医药健康旅游产业的重要保障。

四是健康旅游市场前景广。我国进入全面建成小康社会决胜阶段，养生保健是全面小康的重要组成部分。随着人们生活水平不断提高，人们对养生保健的意识逐渐提高，对养生保健的需求逐步扩大。据预测，我国每年的养生保健市场规模超万亿元。中医药健康旅游是集中医药养生保健、旅游休闲、文化体验等于一体的综合养生保健模式，深受市场欢迎，中医药健康旅游将逐渐转变成为一种生活方式，且能够有效吸引入境旅游客源，未来市场需求量巨大。该行业发展前景广阔，但与之相适应的供给还显得非常薄弱。

五是产业政策支持力度大。在《中华人民共和国国民经济和社会发展第十三个五年规划纲要》中，提出广泛开展教育、科技、文化、体育、旅游、环保、卫生及中医药等领域合作。2016年2月，我国首个国家级中医药发展规划《中医药发展战略规划纲要（2016—2030年）》，明确提出将中医药产业发展成为国民经济重要支柱之一，重点培育发展中医药文化和健康旅游产业。为推动旅游与中医药的融合，2015年11月国家旅游局和国家中医药管理局联合下发了《关于促进中医药健康旅游发展的指导意见》。江西在十三五规划纲要中提出创新中医药服务模式，着力推进"健康江西"建设，培育健康旅游、健康养老等多元化业态。2016年4月和2016年6月，江西分别出台的《江西省中医药健康服务发展规划（2016-2020年）》和《江西省人民政府关于加快中医药发展的若干意见》，均提出打造中医药强省战略，坚持以中医药科技创新为驱动，以中医医疗服务、养生保健、康复养老、健康旅游等为重点，推进中医药健康服务快速发展。另外，在第61次省政府常务会议中，鹿心社提出，江

---

[1] 《2017国际（樟树）中医药博览会暨中国药都（樟树）第48届全国药材药品交易会新闻发布会在南昌举行》，江西省人民政府网，http://www.jiangxi.gov.cn/xzx/xwfbh/201709/t20170921 1396810.html。

西要重点发展中医医疗服务、养生保健、康复养老、健康旅游等产业，到 2020 年建成中医药强省。所有这些为江西建立中医药健康旅游目的地带来政策保障和历史机遇。

当然，尽管江西具有发展中医药健康旅游的得天独厚优势，又处在重要的发展机遇期，但同时也存在健康旅游产品服务缺乏创新、品牌尚未形成、氛围不强等不利因素和制约条件，需要我们努力克服困难，锐意前行。

**（二） 实施"＋旅游"行动：推动江西中医药健康旅游发展的路径**

旅游产业具有多样化、多元化特征，江西中医药健康旅游应推行"在养生中体验旅游，在旅游中进行养生"的模式，实施"中医药保健＋多元旅游"行动计划，根据目的地资源特色，打造不同功能的旅游产品，促进中医药健康保健与康体度假、康复医疗、观光休闲、科普体验、异地养老、体育健身等旅游产品的互动融合发展。

一是温泉疗养＋康体度假旅游。依托江西丰富的温泉资源，结合中药温泉泡池、中医特色疗法（康复理疗、针灸推拿、人工按摩、中医蜡疗等）等中医药保健医疗技术，在庐山、明月山、武功山、抚州、赣州等温泉资源丰富或温泉旅游业发达的地区，打造中医温泉医疗中心、中药温泉康体中心、中医药温泉度假中心等康体度假中心，主要项目包括樟树药都"浮生"温泉疗养中心（融合中医药、温泉、盐、酒等康体保健功效）、明月山富硒温泉康体旅游度假区、庐山杏林温泉疗养院、临川盱江医学温泉医疗康体中心、赣州客家温泉与中医药康体度假区、德兴中草药温泉度假区等。

二是治疗理疗＋康复医疗旅游。充分发挥中医药治疗、理疗的独特功效，以优美的自然生态环境为基础，以中医药保健技术为核心，主要包括中草药保健医疗、中医特色疗法（康复理疗、针灸推拿、人工按摩、中医蜡疗等）和中医传统运动（太极拳、健身气功、导引等），与山地避暑、乡村度假、佛教禅修、道教养生等旅游方式结合起来，针对慢性病患者、老年人和亚健康人群，在南昌、庐山、樟树、龙虎山、三清山、葛仙山等山水环境优美、中医药文化深厚的旅游区或区域开发建设中医药养生度假酒店或度假区，在度假酒店或度假区的环境与景观设计中，引入养生文化元素，大力发展中医药医疗康复旅游，主要包括南昌药谷养生度假区、岐黄国医外国政要体验中心、庐山中华杏林国医康复中心、抚州盱江医学馆、葛仙山道医疗养度假区、龙虎山道医康复养生中心、三清山自然山水道教养生度假区等。

三是遗产景观＋观光休闲旅游。依托中医药遗产景观、自然景观和文化资源，结合高端科技手段、现代创意理念和时尚生活元素，融合道教、禅宗、陶瓷、赣茶、理学等具江西地方优势的传统文化元素，通过餐饮、购物、科普、游乐等现代休闲方式，开发药膳食疗、精品购物、科普宣传、文化娱乐等中医药健康休闲旅游产品，创作贴近生活、贴近市场、贴近百姓的中医药文化创意产品和文化精品，广泛开展中医药遗产观光与文化休闲游，实现中医药遗产景观鉴赏、遗产保护传承与文化休闲相结合的目的。该模式适合在中医药文化较深厚、商业基础较好或旅游业较发达的地区开展，如九江（庐山）、樟树、抚州、三清山、阁皂山、葛仙山等，重点包括樟树（阁皂山）药都文化体验园、庐山中华杏林文化中心、三清山（三清宫）道教养生休闲中心、葛仙山葛玄与葛洪中医文化馆，以及在合适的地方建立中医药主题文化街、养生膳食街、文化体验中心、文化宣传教育基地等。

四是种植加工＋科普体验旅游。以中草药种植和加工以及中医药疗效为依托，开发中医药科普体验旅游，了解博大精深的中医药文化，体验中医药疗法和中药加工工艺，主要做法是：首先，在中药材种植基地，结合自然山水景观和中医药文化遗产景观，开发中草药种植景观观光游；其次，在中医药文化场馆和遗产地进行中医药文化科普体验游；最后，在中医药企业、中医药保健品生产厂家开展生产加工观赏体验。该模式适宜于南昌、抚州南城、赣州等著名中医药文化遗产地、中医药企业所在地、中药材种植基地，具体项目和产品包括中国（江中）中医药健康博览园、江西省中医药博物馆、南城盱江中医药文化遗产文化园、江西（樟树）中医药文化创意博览园、百草园、神农园等。

五是中医健康＋异地养老旅游。针对异地养老市场，通过在环境优美的旅游区或度假区建立养老院、护理院、康复机构，以提供中医特色健康管理的老年人养生保健、医疗、康复、护理服务为核心，同时融合温泉疗养、自然观光、山水度假、乡村休闲等度假方式，建立中医医疗机构融合景区养老的机制，形成异地疗养型、候鸟式安居型、景区居住休闲型等新型异地养老模式。异地疗养型，指到环境优美、气候适宜地区的养老院或疗养院进行疗养；候鸟式安居型，指在不同的季节和时期到气候适宜的地区进行养老，建立中医药健康养老联盟，形成四季候鸟式安居养老线路；景区居住休闲型，指到各旅游胜地进行旅游休闲式养老和选择环境幽静安逸、设施齐全舒适的度假型旅游区进行休闲养老。该模式适宜在大中城市周边旅游区和大型景区开展，如南昌湾里、明月山、庐山、三清山、婺源、龙虎山、樟树、三百山、陡水湖等地。

六是传统运动＋体育健身旅游。深入挖掘中医传统运动养身法，加大对太极拳、健身气功、导引等中医传统运动的宣传推广，融合畲族武术、禅定修心、踩高跷、划龙舟、登高、赛马、放风筝、荡秋千等具有江西特色的传统运动，同时结合网球、游泳等现代运动项目，通过建立完善的健身管理机构，提供完备的运动健身指导，开发中医体育健身旅游产品。该模式包括组合型和专项型体育建设旅游两种形式：组合型体育建设旅游即将中医传统运动健身与其他中医健康旅游模式或其他旅游形式相互融合，既可开展体育健身又可进行其他中医药保健养生或观光、休闲、度假旅游；专项型体育建设旅游指以某一种或一类中医传统运动健身旅游产品为开发目标，将其开发成核心旅游吸引物。该模式适于大部分中医药遗产所在地和大中型景区，重点支撑项目包括龙虎山道医运动健身中心、云居山禅修中心、梅岭山地运动健身度假区、靖安乡村旅游运动健身中心、武功山户外运动基地、余江灵溪花谷运动中心等。

**（三）打好组合套拳：促进江西中医药健康旅游发展的多维举措**

在强化顶层设计，科学编制《国务院关于印发中医药发展战略规划纲要（2016－2030年）的通知》（国发〔2016〕15号）、《江西省人民政府办公厅关于印发江西省"十三五"中医药发展规划的通知》（赣府厅发〔2017〕16号）等，各地结合实际将中医药健康旅游纳入旅游业发展整体布局中；建立中医药管理部门与旅游部门合作协调机制；在出台有利于中医药健康旅游发展的财政、金融、投融资、税收、土地等政策基础上，打好组合拳，实施促进中医药健康旅游发展的多维举措。

1. 整合资源。应充分挖掘樟树药都文化、星子（2009年，星子县被中华中医药学会确定为我国中医杏林文化发源地）杏林医学遗产、抚州盱江名医群体、葛洪与葛玄中医理论、龙虎山道教养生等资源；加强对中医治疗手法、中草药种植及疗效、中药制作工艺、中医药名人遗产、中医药发展历史、道家养生文化等的研究；重视贵重中草药优化培植和规模种植，完善中药切片、炮制等中药生产工艺，弘扬中医疗法，展示中医药遗址遗迹等。结合现代人民生活品质追求注入时代内涵，真正实现对资源的整合利用。另外，在促进中医药文化元素之间的整合同时，要促进中医药文化与山水名胜、温泉矿疗、餐饮食品、道教文化、生态农业等资源的整合。

2. 创新产品。一方面，加强江西中医药大学、江中集团、汇仁集团及省内外科研机构和中医药企业之间的产学研合作，促进中医药保健在产品、技术、工艺、疗效、形式等方面的创新研发，开发贴近市场的产品，比如，加强对中药提取物的研发，将其能更好地应用于营养保健品、温泉泡池、健康食疗、治疗理疗等产品中，真正提高中医药保健疗效，从而提高市场接受度；另一方面，建设中医药文化科普队伍，深入研究、挖掘、创作中医药文化艺术作品，通过大众媒体宣传、科普宣传周、主题文化节、知识技能竞赛、科普巡讲等多种形式，将中医药知识纳入基础教育范畴，开辟中医药非物质文化遗产传承的新途径。

3. 塑造品牌。依托江西丰富的中医药文化资源和优越的自然生态环境，将江西打造成国内著名、国外知名的中医药健康旅游目的地，重点塑造三大中医药健康旅游品牌：一是依托南昌的中医药产业和技术以及优良的生态环境，重点塑造"中医药康复医疗旅游品牌"；二是依托宜春丰富的中医药资源和特有的富硒资源，重点塑造"中医药 + 富硒康体度假与养老旅游品牌"；三是依托鹰潭和上饶丰富的中医药文化和特色的道教养生文化，重点塑造"中医药 + 道教养生休闲旅游品牌"。同时，通过有针对性推进中医药健康旅游信息化建设、中医药健康旅游行业标准化服务构建等工作，借助海外中国义化中心、江西高校在海外开设的11 所孔子学院①等平台，推动中医药文化的国际传播，提高国际国内市场对中医药的认可度，树立江西中医药健康旅游品牌形象。

4. 优化布局。按照目的地、旅游小镇、度假区、文化街、主题酒店

---

① 《江西省高校在海外共开办了11 所孔子学院》，网易新闻，http://new.163.com/16/0928/05/C21C142L00014AEF.html。

等不同空间层次，优化江西中医药健康旅游产业空间布局：将南昌、樟树、宜春、鹰潭、庐山（星子县）打造成中医药健康旅游目的地，将南昌湾里区招贤镇、樟树临江镇、樟树阁山镇、庐山温泉镇、宜春温汤镇、龙虎山上清镇、铅山县葛仙山乡等打造成中医药养生旅游小镇。可开发建设中医药健康旅游度假区、中医药文化主题街以及主题酒店等项目和设施。推出南昌—樟树—宜春（温汤）、南昌—庐山（星子）温泉—白鹿洞书院、南昌—龙虎山—铅山、景德镇—婺源—三清山等中医药健康旅游精品线路，同时推动以中医养生保健服务为核心，融中药材种植、中医医疗、中医药健康养老服务于一体的国家中医药健康旅游创新区、综合实验区（示范区）等中医药健康旅游基地建设。加快完善大健康旅游地的景观环境、保健和健康服务设施等。

5. 培养保健型服务人才。加强江西中医药大学、南昌大学医学院、江西省中医院及中医药科研机构和企业对中医药保健专业人才的培养，在江西中医药大学、南昌大学开设中医药养生保健等相关专业；鼓励旅游院校和中医药院校合作，加强中医药专业与旅游服务等学科的合作培养，有计划地选择部分旅游院系开设中医药健康旅游相关课程和专业方向，培养中医药健康旅游服务与管理的复合型人才；将中医药养生保健与现代健康管理理念结合，在旅游接待服务中，引入现代健康医疗管理理念和体系，运用云计算、移动互联网、物联网等信息技术，开展中医药养生保健管理，提高旅游接待人员健康服务水平。

# 第七章　江西旅游产业发展支持体系

旅游产业发展支持体系，即为了促进旅游产业进一步发展和可持续发展，由政府部门、金融系统、社会各界所给予的多角度、全方位的支撑和保障系统。

《江西省旅游产业发展"十二五"规划》中提出，把旅游业培育成为全省国民经济和社会发展的战略性重要支柱产业和人民群众更加满意的现代服务业，带动第三产业快速发展，促进经济社会融合发展。江西抓住旅游产业发展的良好内外部机遇，真正建设成红色旅游领跑省、生态旅游和乡村旅游名省、旅游产业强省，除了创新旅游发展路径，形成成熟的发展模式外，还需要科学、合理、高效地构建适度超前于国民经济发展水平的旅游产业支持体系，保障各支持子系统各环节各司其职，相互联系、相互促进，对旅游产业发展的支撑达到最佳整合效应。

## 第一节　政策支持

### 一　财政政策

1. 争取中央政府资金支持

江西是原中央苏区的主体部分，近几年红色旅游、生态旅游和乡村旅游发展成效显著，离不开国家的财政资金支持。为江西红色旅游继续领跑全国、打造生态旅游和乡村旅游名省、建设旅游产业强省，把旅游产业培育成为全省经济和社会发展的重要战略性支柱产业和人民群众更加满意的现代服务业，使其最终成为引领经济发展主要先导产业，在政府主导旅游发展的形势下，要争取中央预算内投资和其他有关中央转移支付，对江西重点景区、红色旅游经典景区、乡村旅游等的基础设施与重点项目建设的支持。尤其是争取国家旅游发展基金对江西的倾斜，将其重点用于江西旅游形象宣传、规划编制、人才培训、旅游公共服务体系建设等。自 2009 年 12 月，国务院正式批复《鄱阳湖生态经济区规划》，在将建设鄱阳湖生态经济区上升为国家战略以来，至 2013 年底，鄱阳湖生态经济区共争取国家部委重大支持政策 28 项、重大项目 133 个，争取国家资金 945 亿元，取得阶段性的成效①。现在江西正在抓住《国务院关于支持赣南等原中央苏区振兴发展的若干意见》的出台，主动作为，争取一定时期内国家给予赣州和吉安两个试验区的专项资金补助。意见出台后，国资委、审计署、财政部、水利部等诸多国家部委陆续出台了对赣州市的对口支援工作方案，截至 2014 年初，赣州市重点工程项目累计完成投资 700 多亿元。

2. 加大各级财政导向性投入

省级财政要根据旅游产业发展需要和财政增长情况逐年增加旅游产业发展专项资金，将其用于旅游基础设施和公共服务体系建设、旅游宣传营销等，同时，各县、市财政要提供专项资金配套。在安排省财政促进服务业发展专项资金、扶持中小企业发展专项资金、外贸发展基金以及节能减排专项资金时，要对符合条件的旅游企业给予支持。落实好相关扶持政策，把旅游促进就业纳入就业发展规划和职业培训计划。发展与改革、交通、林业、农业等部门在安排建设投资时，应向旅游产业或涉旅产业倾斜。新农村建设、扶贫开发、以工代赈等专项资金的安排使用，应与发展旅游产业结合起来。对专项资金的拨付、使用管理情况进行监督，建立健全资金使用监管机制，制定实行绩效考核评估机制，确保资金专款专用。

## 二　投融资政策

1. 完善旅游产业信用担保制度，加大对旅游产业的信贷支持

政府应加强引导，建立健全江西旅游产业的融资担保政策。一是实施财政担保政策。对于具有良好前景的重大旅游项目，在对开发企业做好信用评估的前提下，以政府信用为项目提供担保，缓解资金瓶颈问题。二是加大各类信用担保机构对旅游企业和旅游项目的融资担保力度，对

---

① 《鄱阳湖生态经济区建设取得阶段性成效　4 年争取国家资金 945 亿》，http://jiangxi.jx-news. com. cn/system/2013/12/11/012853444. shtml。

信用状况好、资源优势明显的旅游项目适当放宽担保抵押条件。三是建立和完善中小旅游企业直接债务融资担保机制，协调落实中小旅游企业债务融资的风险缓释措施。政府加大对专业旅游产业担保公司的资金投入，引导各县、市设立旅游产业担保公司。

改进信贷管理，创新发展符合旅游产业特征的信贷产品和模式。鼓励金融机构根据旅游产业的贷款投放规模，合理确定贷款期限和贷款利率。符合条件的旅游企业可享受江西已实施的中小企业贷款优惠政策。对于有资源优势和市场潜力但暂时经营困难的旅游企业，金融机构要按规定积极给予信贷支持。在依法合规、风险可控和符合国家产业政策的基础上，对商业性开发的景区可以开办依托景区经营权和门票收入权等质押贷款业务。积极开展旅游企业建设用地使用权抵押、林权抵押等抵质押贷款业务。加入对小微型旅游企业和乡村旅游项目实用的信贷模式和服务方式支持，合理扩大基层信贷机构审批权限。加快推进农村"农家乐"、"民宿"和乡村旅游经营户电子信用档案建设，鼓励通过农户小额信用贷款等形式支持乡村旅游发展。鼓励涉农担保资金为"农家乐"等乡村旅游提供担保。根据江西实际情况，省政府和各设区市政府可以采取全额贴息和部分贴息的方式，加大对旅游重点项目的扶持，引导社会资本加大对旅游业的投资力度，以便推动更大规模的外部资金加盟，扩大旅游投资规模，提高投资效益。最后，政府应建立信贷政策导向性效果评估制度和信用担保风险补偿机制，设立企业信用担保风险补偿资金，控制和分散旅游信用担保体系风险。

2. 优化旅游产业投融资环境，发展多元投融资渠道和方式

坚持"让权让利、放开放活、互利共赢"的原则，放宽市场准入条件，创新招商形式，加大政府引导性投入，完善招商引资优惠政策，营造良好的投资环境。拓宽旅游企业投融资渠道，支持旅游资源丰富、管理体制清晰、符合国家发展战略和发行上市条件的旅游企业上市融资。积极支持已上市旅游企业通过适当的方式进行再融资或者利用资本市场进行并购重组做大做强。加强证券交易所、保荐机构等相关机构对旅游企业进行发行上市的辅导培育等工作。鼓励中小旅游企业和乡村旅游经营户以互助联保方式实现小额融资。支持符合条件的旅游企业发行短期融资券、企业债券、公司债券、中期票据和中小企业集合票据，可以尝

试性探索适用于旅游产业发展的彩票融资模式。鼓励社会资本支持和参与旅游产业建设与发展，鼓励包括外商投资企业在内的各种所有制企业依法投资旅游产业，广泛吸纳各种社会资本参与旅游开发。

### 三　税费政策

由于税收具有综合性全和关联性强的特征，对地方税收的贡献也呈现多元化趋势，应当采取符合江西旅游产业发展的税收政策，发挥旅游对经济和税收的拉动作用，促进行业经济快速发展和地方税收快速增长实现"双赢"。

#### 1. 完善旅游产业的税收优惠政策

首先，适当降低旅游税税率。由于为旅游业服务的基础设施建设、城市道路和交通设施及维护的大部分为公益型和一般性项目，建成后维护和经营管理困难较大，设施损坏破坏程度高，应减免相应的税率和税额，同时适当提高交通设施的基本折旧率和大修理率。其次，应大力鼓励入境旅游，对于涉外旅行社，凡组织外国旅客到国内旅游的营业收入为该旅行社营业收入 70% 以上的，在 2 ~ 5 年内可免征一定比例的税额；对合资旅行社外资控股为 25% 以上的可免征两年的企业所得税，两年后按 15% 的税率征收，对旅行社职工的工资支出可以据实在企业所得税前扣除。在旅游景点设立免税商店和摆放免税商品，进一步发展主要旅游城市免税店业务①。对旅游企业发生的符合条件的广告费和业务宣传费支出，可按税法规定在税前扣除。重大旅游建设项目在财税政策上享受省级工业园区同等待遇，落实旅游饭店用水用电用气等优惠政策。研究制定旅游产业园区审批办法和扶持政策，促进旅游产业园区这一新兴旅游业态快速健康发展。

#### 2. 探索旅游税收返还政策和征收政策相结合路径

由于税收优惠效应会随着旅游产业的发展出现累退的现象，因此税收优惠也要随着效应的递减而实行带有累退性质的优惠税率，如可以实行开业之年 90% 的优惠税率，次年 80%，第三年 70%，以此类推。一方

---

① 邱玉莲、周珊：《我国旅游业税收政策存在的问题及对策》，《商业会计》2011 年第 14 期。

面可以提高从事旅游开发投资的业主和企业积极性，另一方面又促进旅游项目开发与建设速度的逐步加快。其中，可以对重要品牌创建，尤其是 A 级景区、星级饭店、国家级度假区和生态旅游示范区创建的企事业单位，三年内企业上缴的所得税中，于本级财政收入部分，可以全额奖励给企业。反之，对破坏和威胁旅游业生存的行为要实行加成征税和征收特别税的政策。对那些不顾景区承载能力，长期超负荷接待的景区，使得一部分著名景区的自然景观和人文景观遭到了毁灭性破坏；以及过度开发，导致当地生态系统渐渐失衡的景区，实行税收加成征收的政策。对于超过核定接待量的景区，按照超过收入额占应核定收入额的比例来进行加成征收税款，以限制景区超限额接待。而对于在生态保护区进行的旅游开发，可以开征生态旅游保护税，以提高生态旅游的门槛，同时通过征收的税收反过来进一步保护原有生态景观。

3. 加强旅游税收征管，逐渐杜绝管理漏洞

首先，应加强旅行社财务管理，对旅游企业财务人员进行培训，要求旅游企业规范财务制度，真实申报成果，并依法纳税，对不符合要求的旅游企业采取公开曝光和税务处罚相结合的方法进行处理。其次，加强发票管理，加大税法宣传力度，增强纳税意识，把发票使用与保护消费者合法权益紧密结合起来，提高消费者对发票的重视程度，提高消费者索取发票的重要性。此外，加强部门配合，形成协税护税网络，加大税务机关的稽查力度，采取灵活的征管办法，对有营业执照、账证健全的业户，采取据实计征、以票管税的管理办法；对无照经营、临时设点的业户，采取定额加发票的管理办法[1]。

## 四　土地政策

旅游产业的快速发展与旅游用地短缺是当今旅游发展一大矛盾现象，江西旅游用地问题也相对突出，优惠的土地政策已成为旅游投资商最为关注的投资重点政策。

首先，争取用地指标，要做好旅游规划与土地利用总体规划的衔接，

---

[1]　邱玉莲、周珊：《我国旅游业税收政策存在的问题及对策》，《商业会计》2011 年第 14 期。

在土地利用总体规划修编中合理安排旅游产业发展用地，对符合国家产业政策，投资大、市场前景好的重点旅游项目优先安排供地，对拟列入省调度的重大旅游产业建设项目，依法按程序进行建设用地项目预审，再按规定程序申请列入，安排省预留新增建设用地计划。

其次，坚持土地活用，一地多用。支持旅游企业利用荒山、荒坡、荒水、荒滩、荒岛、垃圾场、采矿塌陷区和可开发利用的石漠化土地等开发旅游项目。支持企事业单位利用存量房产、土地资源兴办旅游业。在不改变农用地用途和性质且承包农户自愿的前提下，允许依法使用有偿流转的旅游成片绿化用地。在不改变土地集体所有性质和农用地用途的前提下，支持农村集体经济组织利用集体建设用地，以合作方式与开发商开发中小型旅游项目。积极探索引导城乡闲置特色民居、祠堂、寺庙、厂房、桥梁等改造再利用，可一定程度上缓解用地问题。

# 第二节　制度创新

## 一　旅游法制建设

认真贯彻实施《中华人民共和国旅游法》，根据形势的变化、江西旅游产业的发展，进一步完善旅游法律法规体系，重点完善景区管理、资源保护、旅游规划、生态旅游、乡村旅游、红色旅游、旅游市场监管、从业规范方面的一系列旅游专项法规制度。加快旅游行政管理部门的职能转变，支持地方旅游综合改革试点，理顺旅游景区的管理和经营体制，规范资源保护与开发模式。完善全省旅游执法体制，开展旅游、工商、税务、环保、卫生、价格、公安等部门的联合执法检查，开展打击非法从事旅游经营活动，整治"零负团费"、虚假广告、强迫或变相消费等欺诈行为，维护旅游者的合法权益，提高依法治旅、依法兴旅的水平。

倡导文明健康的旅游方式，按照《中国公民国内旅游文明行为公约》和《中国公民出境旅游文明行为指南》，继续实施"提升中国公民旅游文明素质行动计划"，在全省大力倡导健康旅游、文明旅游、绿色旅游、理性旅游，使城乡居民在旅游活动中增长知识、开阔视野、陶冶情操。景区景点、宾馆饭店和旅行社等旅游企业要通过多种形式，引导每一位旅游者自觉文明出行、文明消费。旅游者要尊重自然，尊重当地文化，尊重服务者，抵制不良风气，摒弃不文明行为。出境旅游者要维护良好的对外形象，做传播中华文明的使者。

## 二　带薪休假制度建设

为响应国家旅游业"十二五"发展规划纲要中全面发展国内旅游，积极扩大内需的政策和满足人民群众日益增长的旅游休闲需求，依据《国民旅游休闲纲要（2013—2020年)》，切实推行职工带薪年休假制度，落实《职工带薪年休假条例》，从而刺激人们的休闲需求，改变人们的休闲方式。

首先，积极推出江西省带薪休假制度的实施细则并加以宣传引导，运用法律监管进一步加强用人单位严格遵守制度，最终使带薪休假制度能够真正得以落实。其次，要保障国民旅游休闲时间。鼓励机关、企事业单位、团体引导职工灵活安排全年休假时间，完善针对民办非企业单位、有雇工的个体工商户等单位的职工的休假保障措施。加强带薪年休假落实情况的监督检查，加强职工休息权益方面的法律援助。在保证放假时间总量不变的情况下，高等院校可结合实际调整寒、暑假时间，积极探索安排中小学放春假和秋假。再次，改善全省旅游休闲环境，推进休闲基础设施和公共服务设施建设。稳步推进公共博物馆、纪念馆和爱国主义教育示范基地免费开发，合理制定景区门票，逐步实施低票价；支持汽车旅馆、自驾车房车营地、邮轮游艇码头等休息设施建设，加快公共场所无障碍设施建设，逐步完善街区、景区等场所语音提示、盲文提示等无障碍信息服务。加强旅游休闲咨询公共网站建设和公共城市旅游休闲咨询中心建设，完善旅游服务热线功能，逐步形成方便使用的旅游信息服务体系。最后，加强宣传，培养国民带薪休假的意识。可以通过宣传片、电视谈话节目、印刷宣传册、标识牌以及其他现代宣传方式等来传播带薪休假制度，要使职工认识到带薪休假是《中华人民共和国劳动法》规定的有关劳动者的一项重要权利。企业要尊重劳动者的带薪休假申请，并有义务根据劳动者要求和生产经营的需要适当安排年休假。同时，还要提倡整个社会注重科学的休假方式。

## 第三节　机制构建

### 一　政府采购机制

《国务院关于加快发展旅游业的意见》（国发〔2009〕41号）规定"允许旅行社参与政府采购和服务外包"和"旅行社按营业收入缴纳的各种收费，计征基数应扣除各类代收服务费"。此举措被认为是加快旅游业快速、健康发展的重要促进因素。它把旅行社纳入了政府采购的范畴，使旅行社业务范围有更大的发展空间，打破了旅行社不能承接公务活动业务的禁区，旅行社参与政府采购、服务外包、公务差旅和会议展览服务，有利于促使公务活动清明廉洁，有利于节约行政成本、降低经费开支，从而推进旅游业参与政府采购与服务外包业务的发展。此后，75%的全国省级单位通过地方政府法规或规章做出了相应的规定，将旅行社纳入公务活动定点采购名录，各地规定的主要内容和表述方式为"国家机关、企事业单位和社会团体经批准的公务活动，可以委托旅行社安排交通、餐饮、会务等事项"或"旅行社可参与政府采购和服务外包"。其中上海和广东在实践中落实得比较好。当下，江西应在贯彻落实中央八项规定精神基础上，实施符合新形势要求的具体实施细则。

构建旅行社参与政府采购和服务外包制度是符合我国社会主义市场经济体制特征的，同时也是我国政府反腐败的重要突破口之一。除了常规的旅行社参与政府采购、服务外包、公务差旅和会议展览服务外，还可以探讨把旅游产品纳入政府采购的范畴，并将其作为优先选择的对象，减少政府部门高档饭店会议和宴请，要求将符合标准的乡村旅游产品作为政府采购的定点区域和单位，采购对象包括：农家乐、渔家乐、乡村旅馆、会务接待、土特产品、红色拓展产品、农事体验活动等。选择一部分部门和单位试点，规定每年组织一次公务员前往江西贫困艰苦地区进行乡村体验和修学旅游，最后全省推广。具体举措如下。

第一，支持江西贫困艰苦地区乡村旅游业的发展，把符合一定接待标准的餐饮、住宿、会务、传统文化教育景区作为政府采购的定点单位，并进行统一的等级管理与质量评估。政府采购的对象包括：贫困艰苦地区的农家乐（渔家乐）餐饮接待、乡村旅馆（客栈）、会务接待、红色旅游景区传统文化教育活动、农事体验等。

第二，旅游相关部门应协调发改委、税务、工商、审计等部门，对旅行社发票项目进行调整和规范，明确界定旅行社政府服务与公费旅游的区别。

第三，国家机关、企事业单位和社会团体的外出学习、考察、交流和接待等事务可以委托旅行社安排，其交通、住宿、餐饮、会务等公务活动事项交旅行社具体进行落实，正常公务接待的旅行社发票可作为报销凭证。

第四，建立统一政府采购机构，增强政府采购计划性，配备专业技能的采购人员，建立健全政府采购法律法规体系，建立规范政府采购的监督管理机制和约束制度，努力适应政府采购电子化和绿色化的发展趋势[1]。

## 二 社区参与机制

为实现旅游产业的可持续发展，构建社区参与机制势在必行。实践证明，社区是联系环境保护与经济收益、文化收益与社会收益的重要纽带，是旅游业的核心利益相关者之一[2]。社区居民作为社区管理的客体，更作为社区管理的主体，参加社区各种事务的行为，体现了居民要求自我价值实现和自身潜能的发挥，目标取向是社区发展和人的全面发展，以实现社会的可持续发展[3]。为使社区居民充分享受旅游业带来的经济、社会、环境等各方面的利益，消除贫困，促进当地经济、社会、文化和生态的发展，社区参与旅游发展具有重大的现实意义。

广泛拓宽社区居民参与旅游开发、管理、监督和接待渠道，吸纳社区居民尤其是贫困地区居民就业与从事旅游行业，出台旅游培训优惠政策，鼓励旅游院校和有条件的各类培训学校，来旅游地开设面向社区居民的专业培训班，鼓励社区居民积极参与旅游建设与发展，为旅游产业做出应有的贡献，寻求自我的荣誉感、责任感与归属感，同时也从中获

①　陈燕丽：《探讨政府采购机制的若干问题》，《财经界》（学术版）2013 年第 12 期。

②　陈莎、张海燕：《民族地区旅游产业发展中社区参与机制研究——以凤凰古城为例》，《资源开发与市场》2012 年第 12 期。

③　王刚、汪丽萍：《社区参与简论》，《现代城市研究》1998 年第 5X 期。

取应有的利益，提高生活质量。社区参与旅游渠道主要如下。

（1）参与旅游决策。社区居民对旅游地及其旅游项目享有充分的知情权，尤其是涉及社区和社区居民的利益事件，在规划制定阶段，要广泛征求社区居民意见，让其了解决策过程和结果，并对结果发表自己的意见和建议，事项包括开发商的选择、征地范围的确定、低价谈判、拆迁补偿标准确定、承包费用核定、设施建设、社区改造、收益分配方案的制定等。

（2）参与旅游开发与管理。社区居民通过办理规定的手续，可以直接参与旅游景区（如瀑布景区、峡谷景区、森林公园等）开发与管理。参与旅游项目（如竹筏项目、漂流项目、游艇游船项目、特色展览馆项目）开发与经营管理，其中特色娱乐项目如采摘、垂钓、篝火晚会、旅游节会活动等。

（3）参与旅游经营。社区居民可以通过政府引导，开办农家乐（渔家乐、牧家乐），把富有地方特色的家常菜作为餐饮产品；可以把闲置的房间腾出开办农家客栈，保留或引入地方建筑特色和民族特征；提供特色旅游交通服务；开办休闲娱乐场所，如 KTV、棋牌室、桑拿房等；成立旅游商品生产公司等，如旅游工艺品制作公司、特色食品公司、葡萄酒酿造厂、茶叶公司等。

（4）参与旅游服务。社区居民应该优先被安排到旅游景区或旅游企业就业，参与旅游服务工作，如导游、计调人员、接待员、服务员、销售员、教练员、司机、厨师、竹筏工、救生员、船员、商品生产工人、保洁人员等。

（5）参与娱乐表演。社区居民可以通过正常申请批准从事或参与产业旅游娱乐表演活动，如歌舞表演、戏剧表演、民俗表演、特定文化表演等。

（6）参与文化与环境保护。社区居民可以依法从事文化与环境保护工作，如民俗文化传承与保护、环境卫生维护与保洁、生态环境保护、物业管理、林业巡护等。

（7）参与旅游监督。社区居民在参与旅游过程中，有权监督旅游发展过程中的一切影响社区的行为，有权制止影响社区可持续发展的行为，如资金使用情况、安全生产情况、环境保护情况、治安管理情况等，有权对这些行为进行披露和反映，有权获得信息反馈。反馈单位有当地政府、环保部门、旅游部门、旅游协会、新闻媒体等。

### 三　权益配置机制

旅游收益的分配问题是社区居民关注的焦点，分配机制不合理已成为社区与景区冲突的根源。在旅游开发的利益相关者中，社区居民在旅游资本、技术和市场竞争方面完全缺乏竞争力，是一个弱势群体，处于一种弱势地位。在旅游发展过程中，社区居民往往成为旁观者，很难分享到旅游开发的成果，却要承担旅游开发所带来的诸多不良后果，如居民活动范围受限、区域通货膨胀、物价上涨、供水供电紧张、道路拥挤、污染、噪声、生态破坏等，而受益的是政府和企业。故而，在旅游发展过程中，要发挥政府的主导作用，在旅游开发中应充分考虑当地居民的利益，从制度上保证形成社区居民参与旅游权益分配的机制，社区居民只有从旅游发展中受益，意识到景区的发展与自己的利益密切相关，才会支持旅游业的发展。合理的利益分配机制是旅游开发成功的关键。旅游利益的分配影响到社区参与旅游的积极性，以及社区居民对旅游者、投资者、政府的态度，进而影响社区旅游的发展。

首先，分配给社区的收益不仅要体现社区居民的资金、技能和劳动力投入等显性劳动和服务成本，还应该包含民俗旅游开发中所承担的资源、环境等隐性成本。收益可以表现为货币形式，也可以是其他形式，如旅游的便利性、社区医疗、教育福利等[①]。其次，在发展乡村旅游中给予农民土地补偿，对被征用的社区土地，给予一定的股份，或者以征地补偿＝征地费＋部分旅游设施经营权的方式，为社区居民提供一定的分享旅游开发成果的机会，将农户切身利益与旅游开发效益挂钩[②]。再次，在鼓励外来企业进入社区发展旅游的同时，要严格规定企业应尽的责任和义务，谁污染谁治理。最后，社区收益也应随着景区综合效益的变化而变化。对于因旅游产业发展而对社区产生暂时无法避免的消极影响，也应给予一定的经济补偿。

---

① 樊忠涛：《基于创新视角的乡村旅游社区参与机制研究》，《南方农业科学》2010 年第 2 期。

② 向富华：《乡村旅游社区参与机制研究》，《北京第二外语学院学报》2012 年第 7 期。

## 四　生态购买机制

众多生态建设活动"只见开花，难见结果"，生态建设成果形成比较困难。那些用于生态建设的区域，为保护生态环境，导致生态效益和经济效益难以平衡，一般经济效益较差，在需要管理和维护成本的条件下，生态建设成果不易维持，可以说保护了环境，福利了大家，但牺牲了自己的发展，难免造成眼前和现实的困境。一些农户因生活所迫，不得不毁坏来之不易的生态建设成果，将生态或绿化用地改作他用，生态建设成果往往毁于一旦。那些由政府直接投资的生态建设工程，受益者往往是中间环节和外地施工建设方，或是对社区居民情绪有控制力的当地权势人物，而当地绝大多数农户很少能够从中获取收益，从而引发了当地农户的抵触和破坏[①]。

故而，为保证生态建设地区的发展，建立完善的旅游生态购买机制是实现旅游扶贫开发与旅游业可持续发展的保障。政府应建立专门的生态购买政策制度、机构和队伍，专门从事生态环境及其产品的购买，加速生态产品利用转化，加速生态产品的商品化、货币化和价值化，将"产品生态"化为"商品生态"，强化和突出生态产品经济效益，实现"生态致富"和"生态脱贫"[②]。积极引入产业化"国有私营"式生态购买，借助社会和企业的智慧和力量，弥补政府能力和财力局限，形成"各尽所能，优势互补，互惠互利，共担风险"的利益共同体和接力与协力的群体，提高生态购买的效率和市场化运营管理水平。产业化生态购买能使投资与生产形成规模效应，有效降低成本，分散风险，实现最大限度的盈利。利用产供销一体化、农工贸一体化、林纸一体化、"农户+基地+公司"等经营方式，吸引广大农户参与到生态建设，引导他们将劳动力、闲余时间和闲散资源用于生态建设，即经过长期的定向投资和建设，定将产生"零存整取"规模效益[③]，并对贫困地区为保护生态环境而做出的牺牲进行经

① 吴学灿、洪尚群等：《生态购买是西部生态建设的新战略》，《水土保持通报》2005 年第 5 期。
② 吴学灿、洪尚群等：《生态补偿与生态购买》，《环境科学与技术》2006 年第 1 期。
③ 吴学灿、洪尚群等：《生态购买是西部生态建设的新战略》，《水土保持通报》2005 年第 5 期。

济补偿。此外，在生态旅游开发过程中，应建立"有偿开发、利用、使用"的制度和"谁开发谁保护、谁破坏谁恢复、谁利用谁补偿"的生态购买机制。

# 第四节　金融支持

资金投入不足一直是制约江西旅游产业更好更快发展的瓶颈问题。旅游企业贷款难、尚无一家旅游上市公司的现实情况表明，江西金融业对旅游产业的支持力度和广度明显欠缺，无法满足旅游产业可持续发展的基本要求，因此，迫切需要构建与旅游产业发展相适应的金融支持体系①。金融部门要高度重视忽视旅游业的问题，合理调配金融资源，创新金融工具和产品，抓住旅游产业加快发展的战略机遇期。

1. 规范旅游金融环境

江西应出台相应的政策，鼓励企业和自然人出资参股担保公司，构建多层次的贷款担保体系，创新担保方式，有效解决借款人抵押或质押物不足的难题；建立重点旅游项目贷款业务风险补偿机制。实行政策性贷款和税收优惠待遇，将适当减免税额或税率作为风险补偿，或给予一定的财政贴息予以扶持，吸引商业银行加大对旅游产业的信贷投入；建立旅游市场信用制度，加快信用体系构建，加大对借款人信用信息的采集力度，解决信息不对称难题，防范潜在的信贷风险，为银行和其他金融机构进入旅游业提供良好的金融生态环境；完善旅游金融市场监管体系，规范行业标准，加大监管力度，不断提高综合服务水平，从而有效防范金融风险。

2. 加强银行旅游信贷支持力度

改进银行信贷管理，积极开展旅游投资信贷业务创新。银行应根据旅游行业的财务特征，制定和细化符合旅游企业经营规律的授信标准，建立适合旅游企业的审贷机制，简化贷款审批手续，提高房贷效率。根据旅游项目的风险和经营情况，积极开展多样性和差异性的抵质押贷业

---

① 饶文津：《江西省旅游产业发展及金融支持策略选择》，《金融与经济》2010 年第 1 期，《中国人民银行发展改革委　旅游局　银监会　证监会　保监会　外汇局关于金融支持旅游业加快发展的若干意见》，银发〔2012〕32 号。

务，合理确定贷款利率、期限和还款方式。鉴于 2011 年 12 月 13 日，江西省旅游局与中国银行江西省分行签署《银旅全面战略合作协议》，拉开银旅合作、互助发展的大幕的成功案例，继续建立江西旅游企业和银行之间的有效联结机制，引导银行适度参与旅游项目总体规划、前期考察与后期开发的全过程，形成旅游信贷支持和金融风险控制方面的长效机制。

3. 发挥资本市场旅游资源配置作用

优化江西成熟旅游景区如庐山、井冈山、三清山景区等的资源配置，鼓励旅游企业如江西旅游集团、南昌旅游集团、龙虎山旅游集团、婺源旅游集团等以市场方式兼并重组，进行股份制改造，争取做大做强、具有影响力，树立起国内甚至国际旅游品牌企业形象。支持旅游企业优先发行股票、公司债券或可转债券到资本市场融资，其中，把旅游行业的景点门票收入、娱乐项目收入、酒店收入、餐饮收入、会展收入等可整合资源，作为未来能产生稳定现金流的资产进行证券化，可参照先进发达省份的资源组合、市场运作的成功经验，大力培育和扶持符合国家旅游发展战略、旅游强省建设战略和发行上市条件的旅游企业集团上市融资，通过联合、兼并、资产重组、引进战略投资者等多种形式，组建大型旅游集团，盘活存量资产，实现低成本扩张，提高产业竞争力。引入境外资本投资，开展中外旅游项目合作，活用资本市场。

4. 积极发展旅游保险业务

保险业支持是发展旅游产业的必备条件。首先，商业保险机构要积极开发多层次的保险需求市场，鼓励保险公司针对探险旅游、观光旅游、商务旅游等不同旅游方式，境内和境外等不同旅游地区，以及不同年龄群体，开发涵盖医疗救援、遗体运送、人身伤害、航班延误、旅程取消等保险产品；游客可以向银行申请资产保管或租用银行的保管箱保管重要文件、古玩文物、存折、现金等贵重物品；也可以把大件的财产如住房、私家车等约定好时间在典当行进行保管，旅游结束后再赎回。其次，政府要联合工商、农业、旅游和金融部门建立专项保险基金，为旅游产业中高风险项目的投资人提供担保和补偿，如乡村旅游项目。最后，建立环境保险制度，确保以旅游开发的环境承载力为标准，要在开发中保护、保护中开发,最终实现旅游产业的可持续发展①。

5. 开发和完善旅游金融产品与服务

旅游经济的鲜明特点之一,是游客到旅游点进行二次消费,而持卡消费是二次消费中使用频率越来越高的一种消费方式,这已经成为当前和以后的一种发展趋势②。信用卡所具有的多次透支,不受时间、地点、支付对象限制的优势,实际上起到了一定的旅游消费信贷作用。目前旅游信用卡分期支付旅游费用的业务已在部分商业银行展开。此外,部分景区发行"旅游年票"磁卡,旅游电子网站发行旅游预付卡。江西作为一个旅游大省,必须创建一流的用卡环境,培育发展个人旅游消费信贷,倡导适度负债和超前消费的新观念。

旅游金融产品在我国的最新动态表现为电子支付平台建设,网上支付等支付方式应该成为旅游金融支付的主要手段。建立各旅游地的旅游服务官方网站,提供有保障的支付终结服务以实现先旅游后支付和先旅游后分期支付的服务,并提供旅游支付的事后评价平台,以消费者的支付后评价作为潜在消费者消费的借鉴,实现对消费者的有效监督③。金融部门要完善旅游地 POS 机推广工作、金融网点合理设置和外汇便捷服务,为国内外游客刷卡消费和异地取现提供方便。

# 第五节 服务模式

21 世纪,我国旅游产业进入转型升级和提高质量效益时期,游客的需求更加多样化、个性化,这对服务内容与质量提出更高的要求。旅游服务模式的正确选择极大影响服务的效率和游客的满意度。从方法论上讲,主要有基于动态联盟的旅游服务供应链模式和基于自助游时代的星状旅游服务模式。在旅游服务实践现场,江西要形成具赣鄱特色的旅游服务方式。

---

① 叶春明、赵宇华:《金融对旅游业发展的支持研究》,《北京第二外国语学院学报》2009年第 11 期。

② 杨晨光、鄢斗:《海南省旅游业发展的金融支持模式探讨》,《海南金融》2006 年第 4 期。

③ 那铭洋:《旅游产业的金融支持模式探析》,《吉林工商学院学报》2012 年第 3 期。

1. 基于动态联盟的旅游服务供应链模式

从基本的产业形态来看，"十二五"期间，江西旅游产业还是以旅行社传统单一的旅游机构服务模式占主导地位，辅之以第三方利用电子商务平台（如携程网、去哪儿网）和以目的地为核心的旅游供应链服务模式，然而这种传统的旅游供应链存在诸多的局限，对于如今日益盛行的自助游、商务游并不适用，这就要求进行模式创新，尝试根据旅游动态联盟构建的服务供应链。在这种服务供应链里，各旅游服务机构都是地位对等的旅游服务主体，均有机会接触客户，成为旅游服务的发起人和服务链条的组织/协调人（见图 7 - 1）。它打破了传统固定、僵化的供应链合作模式，有效提高旅游资源的动态配置效率和灵活性。建设这种供应链重点考虑几个环节：一是坚持信息技术是动态联盟的技术基础的共同理念和基本手段；二是设计各主体接受并认可的旅游动态联盟的决策机制；三是研究、制定、落实并不断调整优化旅游动态联盟的共同治理方式。这种服务模式的应用要考虑地区差异性，要从实际出发，综合考虑各种因素，明确目标，设计可行方案和制订实施计划①。

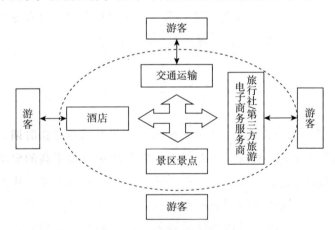

**图 7 - 1　基于动态联盟的旅游服务供应链模式**

2. 基于自助游时代的星状旅游服务模式

星状旅游服务模式是在自助游逐渐蓬勃发展的形势下，以政府主导为核心，以网络技术为依托，建立起来的新型旅游服务模式。其中政府

---

① 李洪磊、侯玥：《动态联盟式旅游供应链服务模式研究》，《社科纵横》2013 年第 5 期。

主导与网络技术是此服务模式的基石，政府应该积极完善各项配套设施，健全法律法规，加大监督监管力度。核心是各种旅游信息点的选择和设置，要设立由政府主导的非营利性服务部门，负责在全省各处设立旅游信息点，其主要被设在火车站、机场、客运站等交通枢纽附近以及景区、景点附近，将全省乃至全国的各项旅游服务信息（公交公司、旅店、餐饮店、购物点、火车站、机场、租车行、旅行社、景点等）汇集于旅游信息点，组织专人接受旅游咨询和旅游投诉①（见图7-2）。

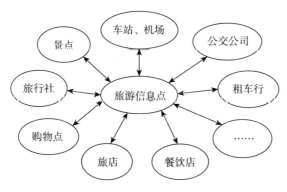

图7-2　星状旅游服务模式

3. 基于个性化特色的江西旅游服务模式

就是形成具赣鄱风格的旅游服务方式。要创新地域特色服务模式。依托江西丰富的民俗文化和风情生活，挖掘一批具有地域特色、传统特征、人文特点的生活方式和待人接物方式，将其融入旅游产品的开发，在旅游服务、经营、管理过程中，形成个性化、参与性、体验型、尊重感的经营服务模式，如挖掘江西代代传承的山乡、湖区、客家、畲寨、苏区等民情风俗、人文生活资源，打造具江西风情、江西风格、江西风尚的旅游服务方式，具体如鄱阳湖渔家游客服务方式、赣南客家旅游服务方式、山里人家游客服务方式、江西畲家旅游服务方式、原中央苏区红军生活服务方式等。这些具差异化的旅游服务方式，不但能增加游客的新奇感、尊重感，而且由于其本身的差异性和赋存的人文内涵，具有吸引游客的功能，其也是一种有特色的旅游产品。该项工作是个系统工程，要认真调查研究，在语言、着装、举止、待人接物、行为方式、服

① 段辉娜：《英国旅游服务对我国自助游服务模式的启示》，《江苏商论》2012年第5期。

务内容、整体环境等方面进行系统设计，形成服务规范。

4. 创新旅游服务质量评价制度

基于以上新型旅游服务模式，全面实施《旅游服务质量提升纲要》，开展全省旅游服务质量评价，建立旅游服务质量持续提升的长效机制。建立由政府主导，以第三方组织、游客为主体，覆盖旅游各要素的游客满意度调查评价体系，发布游客满意度调查测评报告，通过政府的公信力、第三方和游客的客观性、媒体的影响力所产生的叠加效应，反映旅游服务质量水平，引导市场消费选择，督促有关行业、地区、城市、企业、员工改进和提高服务质量。加强旅游投诉电话和质监网站建设，继续完善 24 小时热线及 12301 电话语音系统，建立健全专门的旅游质量监督网，按月或季度发布旅游服务质量公报。

# 第六节　人才培养

高质量的旅游人才队伍是实现旅游强省建设战略目标、调整旅游产业结构、转变旅游发展方式、促使旅游产业转型升级的决定性因素[1]。从"十二五"期间旅游产业发展对人才的需求情况看，旅游人才发展的总体水平与旅游产业发展需要相比还有一定的差距，旅游人才培养过于求量而非求质，与旅游企业的人才需求脱节，进而出现企业人才短缺与学生就业难的现象，影响江西旅游产业的发展。

1. 落实人才强旅战略，顶层设计旅游人才发展规划

以旅游产业发展需求为导向，以解决现实需要为切入点，以旅游人才政策机制建设为突破口，突出可操作性，顶层设计江西旅游人才发展规划，使之能科学指导未来江西旅游教育发展和人才队伍建设。

2. 深化旅游教学改革，培养"人性化服务"理念的专业人才

对接旅游市场需求，以人性化服务为方向，整合旅游教育资源，加强学科建设，优化专业设置，大力发展旅游职业教育和应用型本科旅游教育，确保旅游人才培养对接市场。加强实践和实习环节教学，为保证学生的实习时间和质量，政府支持旅游院校和企业、饭店、行业协会或

---

① 谢苏：《旅游市场需求与旅游人才培养的有关问题》，《边疆经济与文化》2011 年第 1 期。

相关管理部门合作建立永久性的实习基地和创业基地。尽可能结对实行订单式培养，增强人才培养的针对性。

3. 完善人才引进和输入机制

增加旅游人力资本投入，推进江西人才市场及基地建设，建立和完善旅游人才信息发布平台，积极吸引优秀专业人才加入旅游行业。完善旅游系统杰出人才奖励机制，从省、市、县、企业四个层面完善落实旅游人才奖励基金等奖励制度和激励措施，鼓励优秀人才脱颖而出，增强旅游人才的荣誉感和责任感。根据江西旅游人才需求，在省政府支持的"金牌导游"讲解班取得成功经验的基础上，有序开展对红色旅游、乡村旅游、生态旅游和文化遗产旅游从业人员的培训，建设一批示范性省级旅游高技能人才培养基地和公共实训基地。

## 第七节　配套建设

### 一　旅游基础设施建设

旅游基础设施，不仅包括传统意义上的旅游景点、交通业、饭店业，同时也包括融入新技术的旅游信息化基础设施[①]。

景区内部：景区开发与建设要与当地的自然生态、人文环境紧密联系，旅游基础设施建设也要时刻反映景区的独特风貌和旅游地的形象特征，重点建设景区配套的游客服务中心、标识系统、旅游公路、步行道、停车场、供电线路、供排水管线、通信设施、污水处理设施、垃圾处理设施、旅游厕所、消防设施、安防设施、展览（陈列）场馆等，并进行环境整治和绿化美化。根据《旅游厕所质量等级的划分与评定》，实施旅游厕所改扩建工程，使旅游厕所满足景区承载力需求。尤其是乡村旅游和红色旅游景区，在完善井冈山、南昌、萍乡、赣州市—吉安市—抚州市原中央苏区根据地等一期红色旅游经典景区基础设施的同时，着力推进上饶市、九江市、宜春市、吉安市、景德镇市等二期红色旅游经典景区39个基础设施项目建设。响应国家旅游局实施的"厕所革命"工

---

① 黄澄：《旅游基础设施建设新探》，《黑龙江史志》2007年第6期。

程，优化符合标准的旅游厕所布局与建设，通过旅游"厕所革命"，真正使旅游厕所布局合理、数量适中、如厕环境干净整洁无异味、管理与维修到位。

景区外部：加强主要景区连接交通干线的旅游公路建设。规划建设水路客运码头时要充分考虑现实和未来旅游产业发展需求。加快推进江西支线机场建设，完善旅游航线网络。确保景区和交通沿线通信顺畅。加强重点城市游客集散中心建设。完善旅游目的地餐饮、住宿、购物、娱乐等配套设施，视旅游城市发展情况，高、中、低档合理配置。力求旅游基础设施体现整个城市的文化底蕴和形象，例如南昌英雄城、动感之都，婺源中国最美乡村，鄱阳中国大湖城等。

## 二 旅游信息化建设

旅游产品的无形性，决定旅游市场流通的主要对象不是商品，而是有关旅游产品的信息。旅游产业发展离不开网络和信息技术，随着全球社会网络化程度的迅速提高，信息化对旅游产业的影响已深入产业的各个环节，运用好网络和信息技术，才能将旅游行业做大做强。江西旅游信息化建设普遍存在旅游企业对信息化认识不足，应用水平低且发展不均衡，传统的业务操作流程导致旅游企业信息化动力不足，旅游信息服务不能满足消费者的个性化需要，网络规制建设不完善等问题，如何运用好信息技术，是江西旅游产业今后发展面临的"不进则退"的挑战。

1. 发挥政府引导作用，推动旅游信息技术普及化

建立政府主导型的旅游信息化结构，对全行业的信息化建设进行整体规划，制定相关的指导文件，统一标准，规范建设方向，提供必要的资金、技术等方面的支持，一方面将信息化作为旅游企业挂牌、年审、等级评定的必备条件来落实，实现管理部门对旅游企业在团队操作、交通运输和宾馆接待等业务信息方面的了解和实时监控；另一方面可以培育地方重点旅游企业，搭建内外交流与合作平台，主动学习适应信息化发展的业务流程和现代化的管理方式[①]。尤其在规范旅游企业的信息化

---

① 廖钟迪：《欠发达地区旅游信息化建设研究——以广西为例》，《安徽农业科学》2011年第11期。

建设中，倡导建立企业内部资产管理系统、计算机预订系统、网络宣传与营销系统等。

2. 以游客为中心，探索多元旅游信息化模式

以游客需求为中心，加强旅游服务机构与大型互联网企业的合作，发展与新一代互联网特征相适应的多元化旅游营销模式，构建"三网"融合机制下的旅游目的地营销模式，建设目的地旅游数字化宣传营销系统。鼓励物联网、云计算、新一代通信网络、高性能信息处理、智能数据挖掘、遥感技术、虚拟显示和地理信息等技术与旅游文化、节能环保、资源开发、公共信息服务等的应用，提升旅游行业管理信息化整体水平。大力推广"智慧旅游"，使旅游企业经济活动全面信息化，整体双向提升游客在食、住、行、游、购、娱各个环节中消费额和满意度附加值。

3. 完善旅游信息化软硬件设施建设

建立全省统一的旅游基础信息资源标准规范与共享机制，建立以目的地为核心的旅游信息资源开发利用体系，完善旅游预报监测系统和旅游决策支撑体系。深入推进旅游信息化基础设施和基础能力建设，加强旅游信息化的安全保障，逐步建立以身份认证、授权管理等为主要内容的旅游信息安全保障体系。完善旅游信息化法规建设，旅游企业应建立健全信息网络安全机构和规章制度，确保信息网络安全运行；行政管理部门要履行监督协调信息化市场运作的职能，制定和完善旅游信息系统建设、电子商务等的法律法规，维护市场秩序和旅游者权益，保障旅游企业信息化的健康发展。

### 三　安全保障体系建设

旅游产业的快速发展离不开安全旅游环境的保障，旅游安全事故的偶然突发性、客观存在性、情况复杂性、处置紧迫性及其影响的重大性，使得旅游安全成为保障旅游活动正常进行和维护旅游业健康发展的重要因素，旅游安全保障体系的构建势在必行[①]。

1. 构建旅游安全法律体系

可参考发达国家的相关旅游安全法律体系，并结合江西情况，根据

---

① 翟向坤：《北京市旅游安全保障现状及对策分析》，《北京社会科学》2010 年第 6 期。

行业发展的现状和特点，有针对性地制定、改进和完备相应的政策、法规，建立健全旅游产业安全管理标准体系，特别应注意对新型旅游运动项目制定安全的技术标准。

2. 构建旅游安全风险提示制度

重点旅游地区要建立旅游专业气象、地质灾害、生态环境等监测和预报预警系统。《旅游者安全保障办法（初稿）》规定，"各级旅游行政管理部门应建立旅游安全预警信息发布制度。依据对旅游目的地的旅游安全状况的评估，向旅游者发布前往目的地旅游的安全预警信息"。《中华人民共和国旅游法》规定，县级以上人民政府及其有关部门应当将旅游安全作为突发事件监测和评估的重要内容。

3. 构建旅游紧急救援体系

建立统一的旅游救援指挥系统，公布统一的旅游救援电话，在各地区分别建立旅游救援指挥分支机构和执行机构。积极和国内外旅游救援机构合作。以社会募捐、政府投入方式获取专项资金，招募合格的旅游救援志愿者，合理配备救援工具。健全出境游客紧急救助机制，增强应急处置能力。

4. 构建旅游保险服务体系

增加涉旅保险品种，例如高山意外险、旅游救助保险、紧急救援费用险、旅程延误险、旅行取消险等；扩大旅游项目与活动的投保范围，保险与理赔范围应完全覆盖境内和中国公民出境旅游目的地，游客、导游、领队、旅行社都在保障之内；提高理赔效率，将保险和救援紧密结合，使紧急救援服务成为保险服务内容之一，将一般的保险事后理赔服务向前延伸到事故发生时的"立即"援助，既提高救援效率和保险吸引力，还降低风险[①]。

其他安全保障措施具体落实到旅游企业生产方面，以旅游交通、旅游设施、旅游餐饮安全为重点，培训专业人员，严格安全标准，完善安全设施，加强安全检查，落实安全责任，制定应急预案，消除安全隐患。严格执行安全事故报告制度和重大责任追究制度。旅游者要不断强化安全意识，储备专业救援知识，培养自我组织能力和应急反应能力等。

---

① 翟向坤：《北京市旅游安全保障现状及对策分析》，《北京社会科学》2010 年第 6 期。

# 第八章　江西旅游产业发展路径
## 敏感性分析

　　敏感性（Sensitivity）原本是一个心理学和生理学的用语，它是指人或人体器官对外界事物的感觉或反映的敏锐程度，或者用来表达动物情感的反应强度。现在，该词语被越来越多的其他学科借用，其应用范围在不断地扩展。敏感性分析（Sensitivity Analysis）亦称灵敏度分析，是在投资项目评价和企业其他经营管理决策中常用的一种不确定性分析方法。影响投资决策目标的诸多因素的未来状况处于不确定的变化中，出于决策的需要，测定并分析其中一个或者多个因素的变化对目标的影响程度，以判定各个因素的变化对目标的重要性，就是敏感性分析[①]。

　　敏感性用于旅游产业，其实与该词原来用于人的行为与活动更为贴近。笔者认为，旅游活动原本就是居民的一种生活方式，就像居民平时生活行动也受各方面的影响一样，随时随地受自然环境和社会环境变化的影响，加之旅游活动又是一种需要地域跨越的异地生活，而且更是一种求取高质量的享受型生活，所以突发的自然灾害、疾病流行、社会动荡、经济危机、国际紧张局势等都会影响到居民的旅游选择，影响到旅游服务的供给，从而影响到旅游经济活动，进而影响到整个旅游产业。人类在克服危难方面已经积累了相当多的经验，战胜困难也早已是人类的共识，多数情况下人们都会较快地从困境中走出来，人们的生活又开始正常起来，旅游活动和旅游经济现象也就得到了恢复。也正是因为有了灾难与不幸，人们就更加珍惜自己的生活，旅游的反弹有时反倒来得更快。

　　本章主要从江西旅游产业发展路径的制约因素、风险以及偶发性等方面阐述江西旅游产业的敏感性问题。

---

　　①　王真真：《基于敏感性分析的项目风险评估方法研究》，湖南大学硕士学位论文，2006。

## 第一节　生态敏感性

环境问题依然是制约旅游产业未来可持续发展的瓶颈。生态敏感性（Ecological Sensitivity）是生态学中一个综合的概念，欧阳志云等认为，生态敏感性是指生态系统对人类活动干扰和自然环境变化的反映程度，说明发生区域生态环境问题的难易程度和可能性大小①。生态敏感性的强弱，通常以在不降低或者不破坏环境质量的情况下，生态因子对外界压力或变化的适应能力以及其遭受破坏后的恢复能力的强弱和快慢来衡量。课题组认为，目前休闲旅游产业发展存在三大观念误区——"旅游产业即无烟产业""旅游产业是低投入高产出产业""旅游产业为无资源耗竭型产业"，且这种观念一直主导着人们的意识形态。在休闲旅游产业发展过程中，一方面存在无节制地开发旅游资源的现象，另一方面忽视旅游资源与生态环境的固有价值，从而导致旅游资源的破坏和旅游生态环境的污染，最终制约了旅游产业的可持续发展。在江西部分景区的建设与发展中，初期因缺乏市场知名度，核心景区资源往往很快就被开发商看中，加之地方政府开发心切，在招商引资中，山水景区难免就被分块低价出让，造成了景点小、散、低、乱等开发现状，开发主体众多，既破坏了整体生态环境，又侵害了游客完整观赏景观景物景致的合法权益，极大地有损于景区的整体打造和长远发展。现在一些地方已经意识到了这一问题，政府又只能高价从开发商手中回购资源，教训非常深刻。促进旅游资源由分散开发向整体开放开发，并推进景区向整体建设与整合经营转型，就要加强资源统一规划，着眼于更大区域范围的竞争和合作格局，强调开放开发的整体性、协同性和系统性，努力实现旅游与文化、体育、城建、环保等要素的融合，把历史文化生态优势转化为旅游产品、产业与产能优势。要打破行政区划界限，科学把控产业要素布局以及开发强度、开发时序等，着力发挥市场机制作用，加强资源整合，吸引社会和民间资本投资旅游业，打造一批全国一流、国际知名的旅游

---

① 欧阳志云等：《中国生态环境敏感性及其区域差异规律研究》，《生态学报》2000 年第 1 期。

目的地，参与更广泛的区域旅游竞争①。

# 第二节　政策敏感性

江西旅游产业发展已步入政策机遇的叠加期。在国家层面，2009年12月《国务院关于加快发展旅游业的意见》（国发〔2009〕41号）明确旅游业"国民经济的战略性支柱产业和人民群众更加满意的现代服务业"定位，并提出近几年旅游业发展主要任务；2012年2月发布的《关于金融支持旅游业加快发展的若干意见》，为旅游业发展提供了及时的投融资政策支持；2013年2月《国务院办公厅关于印发国民旅游休闲纲要（2013—2020年）》（国办发〔2013〕10号）为推动旅游产业发展、扩大旅游消费提供了政策保障；2014年国务院印发的《关于促进旅游业改革发展的若干意见》，确定了促进旅游业改革发展的政策措施，明确提出要以改革开放增强旅游业发展动力；2015年1月国家旅游局印发的《关于促进智慧旅游发展的指导意见》为智慧旅游的发展指明了方向；2015年国家旅游局印发的《全国旅游厕所建设管理三年行动计划》提出了促进旅游厕所整治提升政策。同时，国家建设"一带一路"（"丝绸之路经济带"和"21世纪海上丝绸之路"），发展长江经济带，建设长江中游城市群，为江西全面开放、对接发展提供了重大机遇。在省内层面，鄱阳湖生态经济区战略的实施，旅游强省建设，推动赣南等原中央苏区振兴发展，打造南昌核心增长极，推进昌九一体化发展，以及九江长江沿江经济带开发开放，为旅游产业全面发展升级奠定了扎实基础。江西山川秀丽、物华天宝、人杰地灵，是一块自然天成与人文造化完美结合的旅游宝地。建设旅游强省，是省委、省政府做出的重大决策，要把江西打造成旅游产业的强省，将旅游产业建设成为江西的先导产业，通过做强旅游产业，发挥旅游产业的联动带动效应，助力全省经济社会发展，使江西成为全国的综合实力强省②。

---

① 朱虹：《论江西旅游强省发展战略》，《江西财经大学学报》2014年第4期。
② 朱虹：《实施旅游强省战略，打造旅游升级版》，《中国旅游报》2015年1月9日。

## 第三节　矛盾敏感性

　　旅游开发要处理好当地政府、旅游企业、旅游者和旅游目的地居民等利益相关者之间的关系。旅游业发展势必对旅游目的地产生影响，这种影响涉及经济、社会、文化和环境方面，并且正面和负面影响伴生。旅游目的地居民是旅游产业发展的重要组成要素，是旅游影响的主要承受者，旅游项目建设、旅游活动开展、旅游产品经营、旅游产业发展使他们和旅游者、旅游开发商与经营者、当地政府等产生直接的利益关系。目的地居民通过为旅游开发者、旅游经销商、旅游经营者及旅游者提供诸如旅游资源、旅游服务、旅游环境等，以期交换获得他们认为与之相当的利益，当居民与旅游产业之间资源交换的程度很高，且处于基本平等位置，或者虽然位置不平等，但交换利益倾向于居民一方时，他们对旅游产业则持积极支持态度；反之，居民的态度则转为消极甚至反对乃至对抗。在研究分析旅游产业发展对旅游目的地居民的影响力问题中，不同旅游目的地之间，不同人口群体之间，不同城乡居民之间对旅游产业的认识存在较大差异，经济相对落后、文化程度较低的居民与其他社会群体有很大的差距。但是，他们对旅游产业的发展均充满期待。因此，在旅游发展的过程中，要因地制宜地采取有效措施保障旅游目的地居民的利益，处理好当地政府、旅游企业、旅游者和旅游目的地居民等利益相关者之间的关系，有效促进旅游业的可持续发展[1]。

　　婺源晓起在正式旅游开发之前村民收入水平都很低，当地的旅游经营活动处于自发阶段。2001 年成立了晓起旅游有限公司之后，当地政府、旅游企业、旅游者和当地居民之间的利益关系得到了很大改善，实践表明，利益相关者之间的关系处理得当将有利于旅游目的地的可持续发展。晓起旅游有限公司产权明晰，所有当地村民是公司产权人，门票收入除去缴税及其他相关费用之外，约 80% 分配给居民，20% 用于村集

---

[1]　胡林等：《旅游目的地居民感知因素和影响力的实证研究——以广东省为例》，《广东行政学院学报》2014 年第 5 期。

体支出①。同时，村内古建筑所有者都能够获得数千元不等的古建筑维护费，利于不可再生资源的可持续利用。在制度逐渐完善的情况下，婺源旅游得到长足发展，日益增长的游客量产生了巨大的旅游商品与旅游服务需求，当地居民在提供旅游服务的过程中获得了较大利益，也促进了景区基础设施的改善。

## 第四节　危机敏感性

发展旅游产业，要提高对因旅游而产生的危机事件的警惕性，建立健全突发事件的危机管理体系。世界旅游组织（UNWTO）在2003年发布的《旅游业危机管理指南》中对旅游危机定义为："影响旅游者对一个目的地的信心并扰乱继续正常经营的非预期性事件。这类事件可能以无限多样的形式在许多年中不断发生。"世界旅游组织对危机的阐释，强调了危机是一个非预期性事件，这一事件的发生，将影响旅游者对目的地的信心，也将打乱旅游业正常的经营计划。亚太旅游协会（PATA）将旅游危机定义为"具有完全破坏旅游业的潜能的自然或人为的灾难"。

旅游产业本身具有时空脆弱性的特点，社会政治稳定与否、经济社会发展程度如何、国际局势变动及自然环境状况怎样，都会使旅游产业发展受到严重的影响，尤其是面临世界经济社会的快速发展，人类社会面临的各种危机也在不断显现，且有上升趋势。2013年以来的雾霾、泰国政治危机、乌克兰战争，2014年突发事件，如昆明3·1事件、马航事件、乌鲁木齐暴徒事件、上海跨年夜踩踏事件，以及2015年的"东方之星"号客轮翻船事件、法国巴黎恐怖袭击事件等一系列危机事件都使旅游目的地及周边地区，乃至旅游目的地所在国的旅游业出现明显的波动，给各地旅游业的发展敲响警钟②。

危机事件在旅游产业中是一个不确定因素，它有一定的潜伏期，在某一节点爆发，然后对地区的旅游市场产生深远的影响，因此，对危机

---

① 郭华：《利益相关者视角下乡村旅游社区制度变迁路径的选择——以江西省婺源县为例》，《江西农业大学学报》（社会科学版）2011年第2期。

② 贾发现、于会霞：《危机事件对旅游业的影响及表现形式分析》，《环球人文地理》2014年第12期。

事件的研究显得十分重要，危机事件的发生虽然具有不可预测性，但是我们应当提前建立适当的防御机制，相关部门应该加强对安全预警系统的建立健全，争取早发现、早预告、早防范，以使它的冲击降到最低限度。建立准确、及时的预警信息系统，能有效减少国家经济损失，确保人们生命财产安全。在安全事故发生之前，通过科学的情报和信息分析，对未来特定的一段时间，一定旅游区域内的旅游动向进行预测和引导，使旅游效果达到最佳。旅游安全预警系统是为了预防旅游活动过程中发生危险而建立的系统，该系统担负着旅游安全信息的搜集、分析、对策制定和信息发布等功能，是国家发布旅游安全信息、进行安全预控的组织机构。同时可以做到警示旅游者和旅游企业，使其增加安全意志、提高安全防范与控制能力，并对旅游者和旅游企业可能预见的问题采取积极的防范措施。

2014 年 4 月 12 日上午即第五届井冈山国际杜鹃花节开幕期间，井冈山杜鹃山景区发生索道轿厢坠落事件，造成一人死亡，四人受伤，二百余名游客滞留空中。接到报警后，井冈山消防大队迅速赶到，吉安消防支队启动重大事故抢险救援应急预案和跨区域救援应急预案，得到了周边十余县市的火速增援，在索道公司技术人员的协助下，当晚 19 点所有滞留人员全部疏散到安全区域。救援过程中，救援人员对被困游客不断进行安慰与心理疏导，事后杜鹃山景区停止开放，接受整改，对被困游客全部进行退款及体检，景区及相关部门对伤亡人员及其家属进行了适当的补偿。井冈山景区及相关部门快速有效地处理突发事件，对景区的安全运营和游客的安全旅行起到了积极效果。①

## 第五节　高铁敏感性

高铁开通呼唤沿线旅游目的地协同发展。在目前强调地区平衡发展的形势下，高铁沿线旅游目的地选择"整合 - 整体，协调 - 协同"发展的方式至关重要，并且要求该发展方式既能实现整体发展目标，又能实现整体

---

① 《"4·12"井冈山索道事故救援纪实》，中国长安网，http://www.chinapeace.gov.cn/2014 - 04/15/content_11031058.htm。

带动局部，强者带动弱者，最终实现共同发展、互利共赢的局面。高铁沿线旅游目的地抛弃其他发展方式选择"整合－整体，协调－协同"发展，既能够实现整条线上旅游目的地全面发展，又能避免个别目的地由于自身实力等因素在激烈竞争中遭遇淘汰。高铁开通运营给沿线各个旅游目的地带来了不同程度的影响，或是机遇，或是挑战，或是观望，或是等待（见图 8－1）。各个旅游目的地或景区急需重新审视自身的优劣势和地位的变化，采取积极应对措施，力图抓住机会，赢得自身发展。然而，越来越多的证据表明，高铁沿线旅游目的地仅凭一己之力，很难完全达到发展目标。相反，只会加重"强者愈强，弱者愈弱"的不合理格局。高铁开通呼唤沿线旅游目的地协同发展，高铁沿线旅游目的地协同发展及其实现路径研究迫在眉睫。①

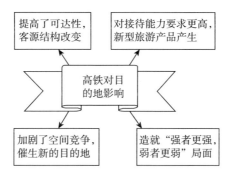

图 8－1　高铁对旅游目的地的影响

## 第六节　科技敏感性

　　产业的互联网时代已经到来，智慧旅游正在深入普及。随着物联网、云计算、大数据和移动互联网等技术的不断推广，我们悄然迎来了第三次工业革命。我国政府高度重视第三次工业革命，旨在紧紧抓住这次数字技术革命带来的各种机遇，2013 年国务院出台了物联网健康发展的指导意见，2014 年又出台了智慧城市健康发展的指导意见。我国产业互联网建构时代已经到来。产业互联网时代意味着各行业如制造、医疗、农

---

① 周杨：《高速铁路沿线旅游目的地协同发展及其实现路径研究》，《经济管理》2013 年第 3 期。

业、交通、运输、教育都将被互联网化，每个行业都具备收集、传输及处理大数据的能力，形成全部产业的智能化融合。早在 2011 年我国提出了智慧旅游的概念，智慧旅游正在深入普及，国家旅游局将 2014 年的宣传主题定为智慧旅游年，以引导旅游目的地智慧化建设。旅游产业作为一个综合性产业，涉及众多行业，单纯的智慧旅游建设往往起不到预期的效果，产业互联网的推进将把旅游产业带入"大智慧旅游"或者"智慧旅游 2.0"时代。①

产业互联网能够为消费者带来个性化的旅游服务和虚拟旅游体验。在云计算、大数据和移动互联网技术全方位覆盖下，旅游消费者可以与旅游过程中的任何节点进行信息互动，快速全面地获取旅游信息，随心所欲地规划和设计自己的旅游行程。旅游消费者可以定制自己开发的、适合自己需要的个性化旅游产品，享受到自我预期的旅游快乐。这种个性化的定制，使旅游者每次到来，即使身处同一景区、同一旅游线路也会有不同的体验和感受。即便在旅游行程中，旅游消费者也可通过产业互联网中的各种智能技术，根据需要随时调整行程，实现旅游智能化决策、控制和个性化服务。

总之，产业互联网能降低旅游者的时间成本，并带来更好的旅游体验，使游客需求得到更大满足，还可以迅速地对服务反馈做出科学分析并实施针对性的改进措施，从而创造出更加满足旅游需求的旅游产品。

---

① 赵西君：《产业互联网对旅游业的影响》，《中国旅游报》2014 年 10 月 29 日。

# 附录　江西旅游产业与文化产业互动发展专题研究

今天，旅游已经越来越成为人们的一种消费时尚、生活方式，并已成为人们一种常态化的休闲方式，旅游产业也成为国民经济中一个举足轻重的重要产业。

国务院颁布了《文化产业振兴规划（2010—2015）》《关于加快发展旅游业的意见》和《关于促进旅游业改革发展的若干意见》等政策文件，文件指出文化产业是国家着力推动的"国民经济支柱性产业"，旅游业是着力培育的"战略性支柱产业和人民群众更加满意的现代服务业"，由此可见，二者的发展都已经上升为国家战略，重要性、必要性和紧迫性不言而喻。不久，文化部、国家旅游局联合下发了《关于促进文化与旅游结合发展的指导意见》，文件的出台顺应了文化与旅游结合的趋势和要求，对促进文化与旅游互动发展起到了积极作用。

## 一　江西旅游产业与文化产业互动发展现状分析

江西省大力推动文化产业成为国民经济支柱性产业。2012 年，江西先后制定出台了《中共江西省委关于深化文化体制改革推动社会主义文化大发展大繁荣的实施意见》《江西省 2013—2015 年文化改革发展规划纲要》等，并出台了一系列诸如《江西省文化产业发展专项资金管理暂行办法》《江西省十大战略性新兴产业（文化及创意）发展规划》《鄱阳湖生态经济区生态文化建设规划》《江西省"十二五"文化创意产业科技发展规划》《江西省"十二五"文化创意产业知识产权保护规划》支持文化产业发展的政策措施，将繁荣文化事业与发展文化产业相结合，而对于与文化产业高关联的旅游产业来说无疑是一次巨大的发展机遇。

### （一）取得的主要成就

1. 增长实施两位数突破，支柱型产业作用日益凸显

至 2012 年，江西省地区生产总值 12948.5 亿元，同比增长 11%，其中

文化产业主营业务收入 1400 亿元,旅游产业总收入 1403 亿元,均占 GDP 比重 10.8%,文化产业和旅游产业均首次突破了所占 GDP 比重 10%。2014 年,全省旅游总收入 2649.7 亿元,同比增长 39.75%;2014 年江西省文化产业主营业务收入突破 2000 亿元,达到 2061.3 亿元,同比增长 15.6%。旅游产业和文化产业均实现了中高速增长,作为江西支柱型产业趋势日益明显。

2. 三色旅游并驾齐驱,文化旅游实现超常规发展

江西三色旅游资源丰富,红色文化独领风骚,古色文化得天独厚,绿色文化独步天下。依托红色文化资源开发形成的井冈山、瑞金、南昌、安源等红色旅游景区闻名中外;依托古色文化资源开发的景德镇陶瓷文化旅游、龙虎山道教文化游、瑶里人文山水旅游、赣南客家文化旅游、婺源乡村旅游以及乐安流坑和吉安渼陂等的传统村落旅游如火如荼;依托绿色山水资源举办的鄱阳湖国际生态文化节等节庆活动,开发的武功山、铜钹山、庐山西海、大余丫山等生态旅游景区异军突起。红色、古色、绿色三色旅游渐成三驾马车并驾齐驱之势,共同促进文化旅游实现超常规发展。

3. 文化项目投资趋热,文化与旅游深度嫁接融合

江西历史源远流长,名家巨擘辈出,文化底蕴厚重。文化是旅游的灵魂,旅游是文化的载体。没有文化的旅游是浅显的、空洞的旅游,没有旅游的文化是难以创造完整价值链的文化。虽然江西文化企业起步晚,但是发展势头迅猛。南昌万达文化旅游城、明月山成功引进宋城高端文化演艺项目、时光赣州(七里古镇)文化旅游项目等多个大型文旅项目落户江西,促进了江西旅游产业的快速发展。截至 2016 年,江西省文化产业主营收入增长至 2460 亿元,年均增速达 24%,在经济下行的情况下,依然保持两位数的增长。文化产业综合指数排全国第九,生产力指数排第七,驱动力指数排第十,江西文化项目的发展彰显出一定的合理化。

与此同时,党中央提出加强文化自信,建设美丽中国,江西明确了打造美丽中国"江西样板"的目标,提出大力发展文化产业,建设旅游强省,发展全域旅游,并出台了一系列重大举措,为文化旅游的发展提供了政策支持,极大地拓展了文化旅游的发展空间。因此,大力发展文化旅游,从深度和广度上促进文化旅游相互融合,实现文化旅游业的良

性互动、共赢发展，具有十分重要的意义。

**（二）存在的主要问题**

文化和旅游的深度结合，有助于推进文化体制改革，加快文化产业发展，促进旅游产业转型升级，满足人民群众的消费需求；有助于推动江西文化遗产的传承保护，扩大江西文化的影响，提升江西省软实力，促进社会和谐发展。但总的来看，文化与旅游融合发展仍存在一些问题。

1. 文化资源的充分挖掘与旅游产业的发展未同步

近年来江西旅游产业得到了高速发展。但目前旅游产业的发展并未与丰富的江西多色文化资源开发同步发展。旅游的各要素是对文化运用的反映和体现，旅游产品的品位高低直接反映了旅游策划、规划、开发者对文化的理解。因此，只有旅游与文化紧密结合起来，旅游产业才更具有发展内涵。江西的历史源远流长，名人文化厚重，亦是革命先烈鲜血染红的一片土地，散落着无数革命遗址，对于这些尘封的文化因素，要有计划地适度开发，在获得成功的旅游区内开发与此有关的手工艺文化，以弥补一直相对落后的旅游礼品和旅游纪念品之不足情况，使旅游产业更具有文化内涵。

2. 对文化是旅游的灵魂认识不足，旅游商品的文化附加值不高

在旅游地不难发现很多旅游商品品质低劣、工艺粗陋、结构单一、特色不特、趋同化现象严重。旅游商品缺乏地域个性，是旅游商品市场最大的弱点和长期存在并难以解决的问题，使得各旅游地旅游商品占旅游收入的比例较小。要改变旅游商品现状，必须重视旅游商品文化附加值的开发，应该更多地承袭、积累和表达地域文化的内容，突出地域特色。

3. 重经济建设轻文化资源的保护、整合和利用的开发战略使旅游地的文化内涵缺失

在经济利益的强烈驱动下，缺乏科学发展观引领的各级政府出台的许多政策和措施，导致文化资源在开发过程中"过度商业化"现象突出。当前文化产业的发展模式基本可概括为：发现文化资源、包装文化资源、向市场推出文化资源的"商业化"发展道路三部曲。按这种模式开发出来的文化产业往往会出现低俗化和非理性倾向，导致许多文化产品和文化服务忽视了其内在的人文精神特质而注重娱乐消费特质的利用和开发。

4. 合作领域不宽广、合作机制不顺畅、政策扶持不到位，文化旅游发展现状与当前日益增长的市场需求还不完全适应

在管理体制上条块分割，各自为战，缺乏协同，甚至画地为牢；在区域发展上，各地发展不平衡，差异较大，协作性不够，甚至存在不良竞争。

## 二 旅游产业与文化产业互动机制分析

江西文化产业与旅游产业虽然各有相对的技术、产品、业务、运作、市场边界，但实际上二者具有共同的属性、特征，从而决定了二者能够实现互动发展（见附图1）。

从共有属性看：旅游产业与文化产业都是既有文化属性又有经济属性的综合性产业，都具有扩大消费需求，促进经济发展方式转变，推进产业结构优化、提升的重要作用。从共有特征看：旅游产业与文化产业具有地域性、消遣性、经济性、传承性、创造性等共同的特征。从互动机制看：文化产业与旅游产业是密切联系、相互作用和相互促进的，文化是旅游的根和魂，旅游是文化的形和体，没有文化的旅游就没有魅力，没有旅游的文化则缺少活力。从文化产业角度看：文化是旅游的灵魂和重要内容；文化与旅游相结合形成旅游的特色和魅力；旅游成为文化生活的重要内容；文化消费是旅游消费的重要内容。从旅游产业角度看：旅游是文化的载体、传播渠道和交流方式；旅游是文化繁荣的重要支撑；旅游产业为文化产业的发展提供更加广阔的市场空间。文化产业和旅游产业的深度融合，不仅能够增强旅游的文化品位和吸引力，促进旅游大发展，而且能够促进文化有效传播和大繁荣。

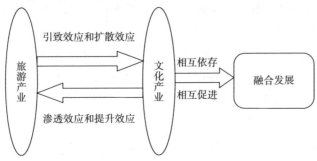

**附图1 旅游产业与文化产业的互动关系**

总结前人研究成果并从江西文化产业与旅游产业融合的实践出发，本部分构建了"三位一体"（即融合路径、融合模式、融合动力）的旅游与文化产业融合机制。该融合机制模型具体见附图2。

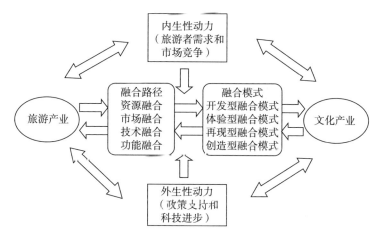

**附图2  旅游产业与文化产业融合机制模型**

## （一）融合路径

各产业由于自身的功能、作用、技术、优势、特色等的不同，以及它们与旅游业关联方式的差异，融入旅游产业的途径也各不相同，主要有资源融合、市场融合、技术融合、功能融合四条路径。

首先是资源融合。旅游业中的旅游资源为文化产业提供了丰富的可利用、可挖掘元素，从而拓展了文化产业的发展空间。而文化产业将其创意和高科技优势转化为创意旅游产品，从而满足旅游者的多样化需求。

其次是市场融合。旅游业的市场范畴庞大，而新颖时尚的文化产业却深受广大青少年群体的追捧和热爱。市场空隙的存在为旅游业和文化产业的融合发展找到了现实需要的路径。

再次是技术融合。旅游产品的更新换代比较快，而旅游产品的创新离不开技术手段的支持。文化产业的技术优势明显，它的引入和融合会带来旅游业科技含量的提高，促进旅游产品结构的优化。

最后是功能融合。旅游和文化产业都具有经济功能、文化功能，而旅游的功能不仅仅局限于此，文化产业因旅游的注入更显生动活泼，也更易于接受；旅游产业因文化的丰富更富有内涵。旅游与文化产业的功能融合有助于发挥其更大的功能效益。

## （二）融合模式

结合文化资源的存在形态与利用方式，有开发型、体验型、再现型和创造型四种旅游与文化产业融合模式。

开发型融合模式从更为多元的角度，融入现代高新科技等要素，对历史或当代文化资源进行深度开发和资源再利用。如"印象"系列实景演出、香港瑞安集团打造的上海新天地等系列项目、北京798文化创意园区等。

体验型融合模式侧重发挥文化资源的体验功能，让现代的旅游消费内容蕴含文化资源的精髓，如迪士尼乐园的建设及附属动画片的制作、用京剧昆曲演绎现代生活的青春版《牡丹亭》等。

再现型融合模式是文化资源的选择性复制和重现，以契合消费者对传统文化资源的内心认同与追求，如西安曲江新区投资重现长安古城之"大唐盛世"的《大唐芙蓉园》《大明宫》《大唐不夜城》等系列文化产业项目，得到了良好的市场认可，在这一块，江西《井冈山》大型实景演出得到了良好的市场反响。

创造型融合模式是文化资源在常规性产品和创意设计中的体现，富有原创意味的综合创意，如杭州宋城《千古情》舞台演出，深圳东部华侨城和世界之窗项目，北京奥运会中富有中国传统元素的会徽、吉祥物、奖牌及相关纪念品等。

## （三）融合动力

旅游与文化产业融合动力可归纳为内生性动力和外生性动力，其中内生性动力主要是指旅游者需求和市场竞争；外生性动力主要是指政策支持和科技进步。

旅游者需求变化是旅游产业融合的原动力。随着人民生活水平的提高和休假制度的推行，旅游观念成熟。传统的观光旅游不再成为主流，游客更希望通过旅游获得精神上的满足和文化上的体验，旅游需求的转型升级促使旅游产业融合。

市场竞争是旅游产业融合的内生动力。旅游产业的综合性特征决定了其产业融合需要各类企业的深入合作。其他类型的企业在市场竞争中，基于共同利益和长远发展期望，通过与旅游企业整合资源，发挥整体优势，促进合作共赢。

政策支持是旅游产业融合的外部支撑力。随着旅游业的综合带动作用凸显，政府认识到旅游业在拉动内需、促进消费等方面的重要作用，相继出台了一系列关于加快旅游业发展的政策措施。旅游产业与文化产业融合发展需要一系列的政策支持，以营造产业发展的良好环境。

科技进步是旅游产业融合的外部助推力。高新技术正助推旅游产业的渗透融合，如促进了传统旅游产业的升级；创造了全新的旅游业态；直接推动了旅游业态间及与其他行业之间的融合等。

## 三　江西旅游产业与文化产业互动发展的战略及对策建议

### （一）发展战略

#### 1. 发展视野的高瞻远瞩，资源开发的有效整合

要认识到文化产业与旅游产业融合所形成的新产业符合产业发展的大趋势，具有长期可持续发展的产业就必须坚持文化资源在合理利用中得到保护、在有效保护中加以利用，决不能因为追求经济利益而破坏文化资源。要用长远的眼光来看待江西文化旅游产业，从宏观视野寻找文化与旅游产业融合发展的战略需求点。要明确文化和旅游产业融合发展的产业交叉点、产品交会点与企业互动点，寻找到融合发展的具体路径与策略。在资源的整合开发中，可充分发挥产业的联动作用，发挥文化旅游业的龙头带动作用，拉长产业链，大力发展相关产业，开发相关产品，丰富旅游业。旅游相关产业的发展和产品的开发销售应纳入旅游业发展的系统之中，实现产品整体开发、整体宣传、整体促销，与文化旅游业形成有机发展的整体。同时还要以旅游资源为纽带，以江西独特的三色文化为切入点，将主题性强、地方特色明显的文化资源整合起来，构建若干条有文化特色的旅游线路，丰富旅游文化内涵，提高旅游产品的档次，同时加强产品包装和推介，打造江西独特的文化旅游品牌。

#### 2. 顶层制度的设计完善，保障机制的协调配套

建立和完善产业融合的顶层制度设计是产业互动融合的根本保障。文化是旅游的灵魂，旅游是文化拓展的有效载体。没有文化的旅游是没有核心竞争力的旅游，同样，没有旅游的文化也是没有长久生命力的文

化。但长期以来，文化产业和旅游产业都是在其包括管制规则、法律和政策等制度框架内独立发展的，存在大量的行政垄断和部门分割现象，产业管制的高度集中产生高度集中的产业壁垒，不仅给产业融合渗透造成了极大的难度，而且同时加大了产业融合的"边际成本"。而放宽产业管制，破除产业壁垒，恰恰正是实现产业融合依赖于顶层制度设计的客观需要。目前，尽管文化与旅游部门在"应该融合"方面达成了共识，在实践中也探索出了一些成功的经验，在个别地区、个别领域甚至取得了二者互动融合发展的良好效果，但总体上来说，文化旅游两大产业融合的体制机制还很不完善，制度化的设计还停留在"浅尝试"阶段，存在融合领域不宽广、融合机制不顺畅、政策扶持不到位等问题，文化旅游发展现状与当前日益增长的市场需求还不完全适应。这些问题的解决，迫切需要政府加强对文化和旅游结合工作的领导，迫切需要在管理组织层次上为二者的充分融合创造出共荣共兴、融合发展的有效平台，迫切需要构建文化部门与旅游部门协作配合的长效工作机制。为确保旅游与文化产业协调健康发展，各有关部门应加强协调配合，形成相互搭台、共同协作的保障机制。一是建立文化与旅游部门的联合协作机制。文化和旅游部门应通过联席会议制度，定期或不定期地进行工作会商和工作协调，共同研究制定文化和旅游产业互动发展的长远规划、年度计划，讨论重要文化旅游产品、重大互动项目的开发建设，共同筹划重要的旅游文化宣传活动。二是注重文化和旅游产业发展规划的衔接和配套。两个产业在发展规划方面须进行良好的衔接和配套，使其在思路、目标、措施、步骤和产品开发的类别设计、时间安排、空间布局等方面能够有机结合和有效配合。

## （二）战略重点

### 1. 建立产业融合机制

江西旅游、文化管理部门要进一步增强融合意识，改革因传统产业分立而形成的多重管制体制，通过放宽行业限制、破除行业壁垒，走向管制框架的融合，采取单一管制，为产业融合和企业发展提供宽松的宏观环境。要加强沟通协作，在旅游与文化产业的发展规划、投资项目、扶持政策、宣传推广和人才培养等方面建立起相互支持、互动发展的工作机制，逐步开拓旅游与文化融合发展的工作路数、实际举措和市场空间。

2. 转变政府职能

在积极调控市场的同时，重在引导旅游、文化企业的生产经营活动。在鼓励支持文化、旅游企业间的合作，共同开发高端旅游文化产业项目，帮助解决旅游文化结合发展中的具体问题和困难上多卜功夫。继续深化文化、旅游企业体制改革，建立产权清晰、权责明确、政企分开、管理科学的现代企业制度。

3. 加强区域产业规划整合

坚持"互通有无、互为利用、互相促进、共同繁荣"的原则，研究制定旅游文化一体化发展规划，共同做好文化、旅游产业融合发展的空间布局和功能区定位，共同谋划一批带动性强、综合效益明显的旅游文化重点项目，共同打造兼具旅游、文化品位的复合型产品。

4. 确定企业的市场主体地位。

市场经济活动中如果缺乏企业的参与，市场就成了无源之水、无本之木。同样，文化、旅游产业要实现产业的充分融合，如果没有众多的文化、旅游企业主动参与，产业融合也就如同空中楼阁，缺乏坚实的产业融合基础。产业融合需要政府的激励、政策的引导，但最为重要的还是应确立企业的市场主体地位。因此，承认、确立和尊重企业的市场主体地位，与发挥政府、政策的导向性作用同等重要。承认企业的市场主体地位，需要摒弃旧观念，树立新理念，切实从思想上认识到企业在促进产业融合中的市场主体地位；要将企业置于产业融合的第一线，围绕企业需求，为企业自主发展提供健康的、良好的发展环境，为市场配置资源提供持续的、稳定的政策保障措施；规范政府和行政主管部门的行为，做到在产业融合中既不失位，也不错位，更不要越位，履职尽责，切实发挥好政府的引导作用；尊重企业的自主发展权，鼓励企业通过自主创新，开发具有自主知识产权的文化旅游产品，提高文化旅游企业的核心竞争力。

（三）主要对策

1. 加强领导，形成协调推进文化和旅游产业发展的合力

第一，进一步提高认识。充分认识加快发展文化社会的重要性和紧迫性，不断整合全省文化旅游资源优势，积极探寻文化产业与旅游产业项目开发的结合点、切入点。突出江西多色文化的优势，努力提升江西

旅游的文化内涵和文化品位，大力开发具有江西鲜明文化特色的旅游文化产品，使全省各地文化旅游避免同质化竞争，实现差异性发展。

第二，加强组织协调管理。整合各方力量，打破部门分割、条块管理的格局，广泛调动各方积极性，形成合力，共同做大做强文化和旅游产业。建立相关政府职能部门之间、政府与企业之间的联动机制，重点在两个产业的发展规划、产业投资项目、扶持政策、宣传推广和人才培养等方面进行协调，使之相互促进、彼此协调、综合配套。

第三，纳入全省经济社会发展总体规划。坚持规划先行，对文化和旅游产业发展一并考虑、一同规划，做到优势互补、资源共享，实现双赢，改变目前各地在文化和旅游产品开发上各搞一套，缺乏统一规划和监控的现状。建议各地各部门结合本地区、本部门的实际，做好两个产业互动发展的规划和各项实施方案。

2. 加大扶持，创造文化和旅游产业互动发展的坚实基础

第一，建立多元化资金支持机制。一方面，鼓励民间资本和社会资本对文化旅游领域的投入，多渠道筹措文化旅游产业发展资金，建立财政投入、民间资本、社会资本以及国外资本多渠道的投融资机制；另一方面，积极筹措和安排一批文化和旅游企业上市融资，鼓励和促进上市公司参股、控股、兼并、收购文化和旅游企业。同时，鼓励支持风险投资进入文化旅游产业发展领域，采取发行文化旅游产业发展债券、募集设立文化旅游专项基金等融资方式，增加各类资本进入江西省的文化和旅游产业的机会。

第二，整合全省文化和旅游产业项目。充分发挥在国家宏观调控下市场对文化旅游资源配置的基础性作用，打破地区、部门、行业、所有制界限，对文化旅游资源重新进行整合，提高集约化经营水平和产业集中度。充分利用财政、税收、信贷等经济杠杆，扶持一批示范性、导向性的重点文化旅游产业项目，对重点文化旅游产业项目的开发与运营给予资金补助和信贷贴息等支持。

3. 打造精品，推进文化和旅游产业转型升级

第一，加快文化旅游产品结构调整步伐。实施精品名牌战略，加快江西红色、古色以及绿色等多色文化资源的挖掘、整理、保护和开发，充分利用各种文物古迹、历史文化名城（镇）、博物馆、纪念馆、文化

馆、科技馆，培育和建设一批红色文化旅游基地和古色文化生态旅游村（镇），鼓励和支持创办文化旅游娱乐公司、文化旅游演出公司，推出一批以民族风俗、民族歌舞、地方文化为特色的旅游表演项目，着力建设一批文化旅游产品基地，加快培育一批全国一流、世界知名的名牌文化旅游产品。

第二，做大做强做精一批文化旅游企业。实施集团化发展战略，加大对现有文化旅游企业进行改造和整合的力度，支持文化旅游企业跨地区、跨行业投资和经营。鼓励有实力的文化旅游企业，运用联合、重组、兼并、上市等方式，整合优势资源，重点发展一批拥有自主知识产权和创新能力、主业突出、核心竞争力强的大型文化旅游产业集团。同时鼓励支持中小义化旅游企业的发展，大力发展各类"专、精、特、新"的中小型文化旅游企业，形成以大企业为主，大中小企业协调发展的良好格局。

第三，大力开发特色文化旅游商品。在文化旅游"一体化发展"战略层面确立"大产品"观念，积极挖掘和开发既有江西文化内涵，又有观赏实用价值，便于携带、纪念性强的文化旅游商品。

**4. 深化改革，增强文化和旅游产业发展后劲**

第一，加快国有文化旅游企业改革步伐。加大以产权制度为核心、以股份制为主要方式的改革力度，推动国有文化旅游企业的改革。积极推进经营性文化产业单位的改制和公司化改造进程，促进文化企业的产权交易和业务、资本重组，尽快形成一批符合资本市场要求、具有竞争力的现代文化产业和旅游产业。积极推进旅游景区景点所有权与经营权分离改革，采取拍卖、招标或者协议的方式，依法将经营权有偿出让给国内外企业、其他组织或个人，按照统一规划进行旅游开发、建设和经营。鼓励和支持有实力的大企业以集中规划、成片开发的形式取得旅游景区景点经营权。

第二，完善鼓励非公有制经济发展的政策。大力引导非公有制经济进入文化旅游领域，不断提高文化旅游产业非公有制经济的比重。鼓励支持非公有制经济发展文化旅游产业，打破所有制界限，打破地区封锁和部门封锁，对非公有制企业与国有、集体文化旅游企业一视同仁。允许非公有制经济进入法律法规未禁止进入的文化旅游产业领域。同时，抓紧制定文化旅游产业投资指导目录,明确国家鼓励、限制和禁止投资的项目。

第三,大力发展文化旅游中介组织。鼓励成立跨文化、旅游行业的管理协会以及各种综合性和专业性行业协会、专业服务机构等文化旅游中介组织,充分发挥其自律、监督和服务作用。文化旅游中介组织要按照公开、公正、诚实、信用的原则,规范服务行为,并将服务规程、收费项目和标准向社会公示,接受社会监督。

5. 扩大促销,拓展文化和旅游产业市场

第一,创新宣传促销机制。实行整体宣传促销战略,树立统一的江西文化旅游宣传促销形象。建立和完善部门联合、企业为主、上下联动的宣传促销机制,加大文化旅游宣传促销力度。加强与国际文化旅游组织、旅游客源地的旅游部门、主要旅行商、新闻媒体和中介机构的合作与交流,建立和发展文化旅游营销联盟。

第二,创新宣传促销方式。对重点海外客源市场集中力量,加大促销力度。与文化旅游宣传促销有关的部门要结合各自业务,利用多种渠道,大力宣传江西。新闻媒体要策划制作文化旅游宣传节目和栏目,扩大公益性文化旅游宣传。邀请和欢迎世界各地特别是江西省主要海外客源地国家或地区的主要新闻媒体、重要旅行商、文化团体来赣考察、采访和报道。加强对电子商务、卫星电视、国际互联网在文化旅游营销中的运用。

第三,创新节会赛事组办方式。充分发挥节会赛事活动的宣传促销作用,继续办好中国红色旅游博览会、中国红歌会、鄱阳湖国际生态文化旅游节等重大节会赛事活动,组织好各类文化活动周和“黄金周”、假日旅游,不断创造新的文化旅游“热点”和“亮点”,吸引和招揽海内外游客。加大节会赛事的市场化运作力度,鼓励社会各界举办各种形式的专业会议、博览交易、文艺演出、体育赛事、科技交流等会展活动。

6. 科技先行,推动文化和旅游产业可持续发展

第一,推进高新技术成果与文化旅游产业的结合。用高新技术改造传统文化旅游产业,提高文化旅游产品生产和文化旅游服务手段的科技含量。大力发展音像业和网络文化业等与高新技术密切结合的新兴文化产业,开发拥有自主知识产权的高科技文化产品,全面提高江西文化旅

游产业的科技含量和水平，不断增强江西文化旅游产业的核心竞争力。

第二，加强人才培养和引进。文化产业与旅游产业的融合发展需要文化、旅游、开发设计等各方面高素质的人才。培育人才是促进文化产业与旅游产业融合发展的重点，也是不断提升旅游目的地影响力和竞争力的关键。为此，一是要充分利用各类相关院校培养应用型、复合型、技能型和创造型的专门人才，以适应文化产业与旅游产业融合发展的需求；二是要积极引进开发策划与设计高级专门人才，同时加强员工培训，培养出一支懂管理、善经营的复合型人才队伍；三是要努力营造良好的人才创业和成长环境，尊重知识，尊重人才，充分发挥人才的创造才能，以推动文化产业与旅游产业的融合发展。

# 参考文献

［1］〔美〕小艾尔弗雷德·D. 钱德勒:《看得见的手——美国企业的管理革命》,重武译,商务印书馆,1987。

［2］〔英〕约翰·斯沃布鲁克:《景点开发与管理》,张文等译,中国旅游出版社,2001。

［3］《134 个文化旅游项目被列入 2015 年贵州重大工程和重点项目名单》,网易旅游,http://travel. 163. com/15/0227/14/AJFH261700064M2L. html。

［4］《2012 年度中国旅游业分析报告》,51766 旅游网,http://www. 51766. com/,2013 年 5 月 18 日。

［5］《2012 年浙江接待国内游客近 4 亿人次  同比增长 14.1%》,旅游中国网,http://www. china. com. cn/travel/txt/2013 - 01/17/content_2 7715414. htm ,2013 年 1 月 17 日。

［6］《2015 年江西省国民经济和社会发展统计公报》,江西省统计局,2016。

［7］《2016 江西省旅游产业发展大会在龙虎山成功举办》,搜狐网,http://travel. sohu. com/20160428/n446670835. shtml。

［8］《"4·12"井冈山索道事故救援纪实》,中国长安网,http://www. chinapeace. gov. cn/2014 - 04/15/content_11031058. htm。

［9］包硕:《智慧旅游信息系统的分析与设计》,厦门大学硕士学位论文,2013。

［10］保继刚、古诗韵:《广州城市游憩商业区（RBD）的形成与发展》,《人文地理》2002 年第 5 期,第 1~6 页。

［11］曹林奎:《国外农业旅游发展概况及其借鉴作用》,华东六省一市农学会 2006 年学术论坛,2006。

［12］曹玉敏:《江西文化创意产业园区品牌建设的研究》,《人才资源开发》2014 年第 22 期。

［13］《长隆集团》，360 百科，http://baike. so. com/doc/6817315 – 70343 41. html。

［14］陈国宏、朱建秋：《科技创新与旅游产业发展的耦合机制——以沈阳旅游产业为例》，《沈阳师范大学学报》（社会科学版）2013 年第 5 期。

［15］陈柳钦：《文化与旅游融合：产业提升的新模式》，《学习论坛》2011 年第 9 期。

［16］陈年红：《我国可持续发展评价指标体系研究》，《技术经济》2000 年第 3 期。

［17］陈秋华、郑小敏：《森林旅游低碳化评价指标体系构建研究》，《福建论坛》（人文社会科学版）2013 年第 1 期。

［18］陈莎、张海燕：《民族地区旅游产业发展中社区参与机制研究——以凤凰古城为例》，《资源开发与市场》2012 年第 12 期。

［19］陈涛等：《智慧旅游》，电子工业出版社，2012。

［20］陈曦、王晖：《关于我国会展旅游的思考》，《湖南省社会主义学院学报》2005 年第 2 期，第 99 ~ 100 页。

［21］陈璇：《滨海体育旅游资源评价指标体系的构建——基于 AHP 层次分析法》，《湖南科技学院学报》2015 年第 10 期。

［22］陈燕丽：《探讨政府采购机制的若干问题》，《财经界》（学术版）2013 年第 8 期。

［23］陈祎波：《旅游行业协会：向国际惯例靠拢》，《今日海南》2011 年第 9 期。

［24］陈瑛等：《云南文化产业与旅游产业互动发展研究》，《经济研究导刊》2012 年第 25 期。

［25］陈永生、李莹莹：《基于旅游功能导向的绿道资源评价指标体系构建及应用》，《中国农业大学学报》2014 年第 6 期。

［26］陈玉光：《国际经验与我国农业旅游发展》，《哈尔滨市委党校学报》2013 年第 4 期。

［27］陈玉光：《推动农业旅游快速健康发展》，《农业知识：致富与农资》2013 年第 11 期。

［28］陈钰、耿小娟：《生态文明视角下湿地生态旅游环境承载力评价指

标体系构建——以张掖市国家湿地公园为例》，《甘肃科技纵横》
2014 年第 4 期。

[29] 程锦等：《旅游产业融合研究进展及启示》，《旅游学刊》2011 年
第 4 期。

[30] 程晓丽、祝亚雯：《安徽省旅游产业与文化产业融合发展研究》，
《经济地理》2012 年第 9 期。

[31] 戴美琪、游碧竹：《国内休闲农业旅游发展研究》，《湘潭大学学
报》（哲学社会科学版）2006 年第 4 期。

[32] 邓凤莲：《中国体育旅游人文资源评价指标体系与评价量表研制》，
《北京体育大学学报》2014 年第 1 期。

[33] 邓建新等编《南昌发展蓝皮书》，江西人民出版社，2013。

[34] 丁蕾、吴小根：《水体旅游资源评价指标体系的构建与应用研究》，
《经济地理》2013 年第 8 期。

[35] 丁黎明：《旅游可持续发展系统构想及指标评价体系》，《文教资
料》2014 年第 23 期。

[36] 杜洁等：《观光农业园景观设计初探》，《华章》2013 年第 20 期。

[37] 段辉娜：《英国旅游服务对我国自助游服务模式的启示》，《江苏商
论》2012 年第 5 期。

[38] 段永亮：《我国节能环保产业运营机制创新研究》，《安徽农业科
学》2011 年第 6 期。

[39] 《发展概况》，江西省人民政府，http://www. jiangxi. gov. cn/lsq/jx-
gk/201507/t20150702_1174985. html。

[40] 樊瑞莉：《旅行社如何突破发展瓶颈：运通经验及启示》，《江苏商
论》2010 年第 12 期。

[41] 樊忠涛：《基于创新视角的乡村旅游社区参与机制研究》，《广西农
业科学》2010 年第 2 期。

[42] 范高明：《旅游景区低碳环境评价指标体系构建——以福州永泰赤
壁景区为例》，《亚热带资源与环境学报》2012 年第 3 期。

[43] 冯超等：《珠海市赤花山森林公园旅游环境质量评价指标体系研
究》，《林业调查规划》2012 年第 2 期。

[44] 付向阳、黄涛珍：《草原生态旅游可持续发展评价指标体系的构

建》,《统计与决策》2015 年第 12 期。

[45] 高路加编《中国旅游人类学纲要》,广东教育出版社,2004。

[46] 高翔:《江西省体育旅游的现状及未来发展对策》,《科技信息》
2010 年第 35 期。

[47] 高亚芳、李艳萍:《旅游从业人员职业道德评价指标体系建构》,
《资源开发与市场》2014 年第 3 期。

[48] 葛新、唐孝中:《乡村旅游可持续发展评价指标体系的构建》,《沈
阳工业大学学报》(社会科学版)2012 年第 1 期。

[49] 《关于我们》,广东中旅网站,http://www. gdcts. com/main/disInfo?
infoid = 28。

[50] 广东省统计局、国家统计局广东调查总队编《2012 广东统计年
鉴》,中国统计出版社,2012。

[51] 《广东省中国旅行社股份有限公司》,百度百科,https://baike. ba-
idu. com/item/% E5% B9% BF% E4% B8% 9C% E7% 9C% 81% E4%
B8% AD% E5% 9B% BD% E6% 97% 85% E8% A1% 8C% E7% A4%
BE% E8% 82% A1% E4% BB% BD% E6% 9C% 89% E9% 99% 90%
E5% 85% AC% E5% 8F% B8/6986484? fr = aladdin。

[52] 《广西壮族自治区旅游业发展"十二五"规划》,桂林旅游政务网,
http://www. gltour. gov. cn/lygz/lygh/201408/t20140822_587049. html。

[53] 《贵州省旅游业发展情况》,浙江在线新闻网站,http://gotrip. zjol.
com. cn/05gotrip/system/2012/11/27/018975221. shtml。

[54] 《贵州文化产业获重大进展　19 个贵州文化旅游项目签约成功》,
贵阳网,http://www. gywb. cn/content/2016 - 05/13/content_492450
4. htm。

[55] 郭华:《利益相关者视角下乡村旅游社区制度变迁路径的选择——以
江西省婺源县为例》,《江西农业大学学报》(社会科学版)2011 年
第 2 期。

[56] 郭焕成:《我国乡村旅游的发展现状、模式与发展对策探讨》,中
国休闲农业与村旅游发展高层论坛,2009。

[57] 郭焕成等:《观光农业发展研究》,《经济地理》2000 年第 2 期。

[58] 郭剑英:《旅游景区解说系统评价指标体系研究》,《南京林业大学

学报》（人文社会科学版）2013年第4期。

[59] 郭琳、李翠军：《浅谈科技和旅游》，《科技进步与对策》2003年第S1期，第149~150年。

[60] 郭鲁芳、孙春华：《基于产业融合视角的工业旅游发展模式研究》，《浙江工商大学学报》2011年第5期。

[61] 郭蔓：《我国城市RBD核心功能研究》，暨南大学硕士学位论文，2007。

[62] 郭强：《我国大企业培育研究》，郑州大学硕士学位论文，2006。

[63] 郭颂宏：《论政府在旅游发展中的作用——评陈友华著〈日本旅游政策研究〉》，《南昌航空大学学报》（社会科学版）2008年第3期。

[64] 郭志海：《日本观光农业对江苏省现代农业发展的启示》，《江苏农业科学》2015年第12期。

[65] 韩非：《生态旅游农庄规划的理论与实践研究》，中国农业大学硕士学位论文，2007。

[66] 何佳梅等：《城市商旅联动发展新思路》，《商业时代》2005年第26期。

[67] 何建民：《我国旅游产业融合发展的形式、动因、路径、障碍及机制》，《旅游学刊》2011年第4期。

[68] 何剑波：《"微时代"的旅游市场营销》，《青年记者》2014年第2期。

[69] 何婉：《浅议我国乡村旅游的深度开发》，华东师范大学硕士学位论文，2006。

[70] 贺晓慧、白凯、卫海燕：《基于WE-GCM的入境旅游城市意象评价指标体系研究》，《旅游论坛》2011年第6期。

[71] 洪广涵：《江西省文化产业发展研究》，南昌大学硕士学位论文，2012。

[72] 侯丽娟：《区域生态旅游可持续发展评价指标体系研究——以"山、水、圣人"生态旅游区为例》，《泰山学院学报》2014年第6期。

[73] 侯利民：《我国科技旅游资源类型分析及评价研究》，南京师范大学硕士学位论文，2008。

[74] 胡林等：《旅游目的地居民感知因素和影响力的实证研究——以广

东省为例》，《广东行政学院学报》2014 年第 5 期。

[75] 胡宇娜、梅林、刘继生：《县域乡村旅游竞争力评价指标体系构建及类型区划研究——以烟台市 12 个县域单位为例》，《山东农业大学学报》（社会科学版）2015 年第 3 期。

[76] 《湖南省"十二五"旅游发展规划》，湘政办发〔2012〕41 号。

[77] 《湖南文化旅游产业投资基金成立意义点评》，中国行业研究网，http://www.chinairn.com。

[78] 黄澄：《旅游基础设施建设新探》，《黑龙江史志》2007 年第 6 期。

[79] 黄宏亮：《区域经济综合竞争力理论研究与实证分析》，南京农业大学博士学位论文，2003。

[80] 黄宏亮：《区域经济综合竞争力理论研究与实证分析》，南京农业大学博士学位论文，2003。

[81] 黄若凡：《七匹狼集团工业旅游发展对策研究》，厦门大学硕士学位论文，2014。

[82] 黄细嘉、周青：《基于产业融合论的旅游与文化产业协调发展对策》，《企业经济》2012 年第 9 期。

[83] 黄细嘉等：《江西导游》，江西科学技术出版社，2011。

[84] 黄钟浩等：《生态旅游目的地竞争力评价指标体系研究》，《重庆师范大学学报》（自然科学版）2011 年第 2 期。

[85] 贾发现、于会霞：《危机事件对旅游业的影响及表现形式分析》，《环球人文地理》2014 年第 12 期。

[86] 《江苏省休闲观光农业发展情况》，江苏休闲农业规划中心的博客，http://blog.sina.com.cn/s/blog_60497feb0100g1uy.html。

[87] 《江西省旅发委考评宜春四大旅游产业集群》，江西省旅游发展委员会，http://www.jxta.gov.cn/News.shtml？p5=326558。

[88] 江西省统计局：《江西统计年鉴》，中国统计出版社，2015。

[89] 江西省统计局、国家统计局江西调查总队：《2015 江西统计年鉴》，中国统计出版社，2015。

[90] 《江西休闲农业蓬勃发展大有作为》，中国农业信息网，http://www.agri.cn/V20/ZX/qgxxlb_1/qg/201304/t20130418_3437751.htm。

[91] 金宝鹏：《论旅游服务企业经济与社会效益评价指标体系的改革》，

《琼州学院学报》2012 年第 5 期。

[92] 《靖安中部梦幻城》，百度百科，http：//baike. baidu. com/link？url =
fkA-FKQzPKSjDLTjQZWqFXY-z_M_u7ODaUovtdUoLKSix-CIKoV – 6y
EhRWuIR9yMrGwCH65NF6j50cYnDfkAPK。

[93] 瞿向坤：《北京市旅游安全保障现状及对策分析》，《北京社会科
学》2010 年第 6 期。

[94] 康冰：《旅游商业地产——城市商业中心发展的重要模式》，《学习
与实践》2005 年第 9 期。

[95] 李东华：《大企业培育和产业成长》，《浙江学刊》2003 年第 5 期。

[96] 李洪磊、侯玥：《动态联盟式旅游供应链服务模式研究》，《社科纵
横》2013 年第 5 期。

[97] 李素梅：《产业融合背景下复合型旅游业态竞争力研究》，四川师
范大学硕士学位论文，2015。

[98] 李太光等：《国内外新型旅游业态的发展动态（上）》，《中国旅游
报》2009 年 2 月 13 日。

[99] 李文博等：《珠穆朗玛峰景区旅游环境承载力评价指标体系构建》，
《四川林勘设计》2013 年第 1 期。

[100] 李晓琴、银元：《低碳旅游景区概念模型及评价指标体系构建》，
《旅游学刊》2012 年第 3 期。

[101] 李亚男：《尧山景区低碳旅游评价指标体系构建》，《科技致富向
导》2014 年第 20 期。

[102] 梁坤：《产业融合视角下现代工业旅游发展模式研究》，《世界地
理研究》2015 年第 3 期。

[103] 梁明珠：《广深珠区域旅游品牌与旅游形象辨析》，《江苏商论》
2004 年第 6 期。

[104] 廖书庆：《具有文化特色的英国旅游业》，《中学地理教学参考》
2004 年第 Z1 期。

[105] 廖旭芳：《关于推动我省会展产业发展及规范管理的几点思考和
建议》，江西省商务厅网站，http：//www. jxdoftec. gov. cn/zwgk/sw-
yj/llyj/201412/t20141216_343954. htm，2015 年 1 月 21 日。

[106] 廖元琨等：《上海国际旅游度假区低碳旅游评价指标体系及实施

路径分析》，《四川环境》2015 年第 1 期。

[107] 廖钟迪：《欠发达地区旅游信息化建设研究——以广西为例》，《安徽农业科学》2011 年第 11 期。

[108] 林慧：《饮食类节庆的旅游开发研究》，华侨大学硕士学位论文，2014。

[109] 林燕等：《滨海旅游资源评价指标体系的构建及应用——以厦门为例》，《海南师范大学学报》（自然科学版）2012 年第 4 期。

[110] 刘春莲：《智慧城市背景下江西旅游业发展的策略》，《华东交通大学学报》2014 年第 2 期。

[111] 刘景辉：《中国与欧洲生态农业技术经济比较研究》，中国农业科学院博士后学位论文，2008。

[112] 刘堃：《青岛市滨海旅游业的 SWOT 分析与发展对策研究》，载中国人平洋学会、中国海洋学会、中国海洋大学《2009 中国海洋论坛论文集》，2009，第 10 页。

[113] 刘雷：《河南省工业旅游发展战略研究》，河南大学硕士学位论文，2013。

[114] 刘斯武：《江西龙虎山生态旅游业发展研究》，华中农业大学硕士学位论文，2008。

[115] 刘欣：《区域旅游产业竞争力评价指标体系研究》，《价值工程》2015 年第 18 期。

[116] 刘星：《乡村旅游的“四川典范”》，《四川日报》2012 年 4 月 24 日。

[117] 刘志红：《挖掘乡村旅游文化内涵的人类学思考》，《昆明大学学报》（综合版）2005 年第 2A 期。

[118] 吕俊芳：《城乡统筹视阈下中国全域旅游发展范式研究》，《河南科学》2014 年第 1 期。

[119] 吕怡琦：《历史街区文化创意产业的发展及驱动力——以北京南锣鼓巷为例》，《商业时代》2014 年第 24 期。

[120] 《旅游企业》，MBA 智库百科，http://wiki.mbalib.com/wiki/旅游企业。

[121] 麻学锋：《区域旅游产业结构优化评价体系建构——基于张家界

数据的实证研究》，《山西大同大学学报》（社会科学版）2009 年第 3 期。

[122] 麻学锋等：《旅游产业融合路径分析》，《经济地理》2010 年第 4 期。

[123] 马春野、田也壮、裴学亮：《旅游产业发展模式演变模型研究》，《哈尔滨工程大学学报》2011 年第 2 期。

[124] 马国强等：《国家公园生态旅游野生动植物资源评价指标体系初步研究》，《林业调查规划》2011 年第 4 期。

[125] 马建林：《低碳旅游景区概念模型及评价指标体系构建》，《商业时代》2013 年第 23 期。

[126] 马宁：《工业旅游资源价值评估及其开发模式与策略研究——以青岛为例》，中国海洋大学硕士学位论文，2009。

[127] 马勇：《文化旅游产品开发如何创新》，《中国旅游报》2012 年 7 月 27 日第 2 版。

[128] 马勇、陈慧英：《旅游文化产业竞争力综合评价指标体系构建研究》，《中南林业科技大学学报》（社会科学版）2012 年第 1 期。

[129] 马勇、陈慧英：《乡村旅游目的地评价综合指标体系研究》，《湖北大学学报》（哲学社会科学版）2014 年第 3 期。

[130] 梅青：《论城市商旅联动及其商业游憩区的发展》，山东师范大学硕士学位论文，2003。

[131] 孟英伟：《我国农业观光园开发模式研究》，华侨大学硕士学位论文，2007。

[132] 那铭洋：《旅游产业的金融支持模式探析》，《吉林工商学院学报》2012 年第 3 期。

[133] 宁璇：《山东省旅游产业融资策略研究》，西北师范大学硕士学位论文，2014。

[134] 宁泽群主编《旅游经济、产业与政策》，中国旅游出版社，2005。

[135] 欧阳民：《江西省工业旅游发展现状、问题与对策》，《企业经济》2011 年第 5 期。

[136] 欧阳志云等：《中国生态环境敏感性及其区域差异规律研究》，《生态学报》2000 年第 1 期。

［137］ 彭丽粉：《我国区域旅游产业综合竞争力评价及聚类分析》，《商业时代》2009 年第 24 期。

［138］ 彭丽粉：《我国区域旅游产业综合竞争力评价及聚类分析》，《商业时代》2009 年第 24 期。

［139］ 彭品志、杜岩：《推进城市商旅的联动效应》，《江苏商论》2003年第 7 期。

［140］ 彭润华、阳震青：《旅游移动电子商务服务质量评价指标体系构建》，《企业经济》2011 年第 5 期。

［141］ 彭燕、谢冬明：《基于个案分析的旅游产业与区域经济协调发展定量研究》，《南昌大学学报》（人文社会科学版）2015 年第 6 期。

［142］ 彭燕等：《江西节庆旅游产品的深度开发构思》，《企业经济》2013年第 12 期。

［143］ 彭燕等：《江西节庆旅游产品的深度开发构思》，《企业经济》2013 年第 12 期。

［144］《鄱阳创"鄱阳湖"品牌旅游》，《江西日报》2013 年 5 月 2 日。

［145］《鄱阳湖生态经济区建设取得阶段性成效 4 年争取国家资金 945亿》，江西新闻网，http：//jiangxi. jxnews. com. cn/system/2013/12/11/012853444. shtml。

［146］ 秦海峰：《江西公示 15 条特色商业街》，《江西工人报》2012 年12 月 27 日。

［147］ 邱地庭：《上海工业旅游研究》，复旦大学硕士学位论文，2007。

［148］ 邱玉莲、周珊：《我国旅游业税收政策存在的问题及对策》，《商业会计》2011 年第 14 期。

［149］ 曲倩影：《南昌全力打造三级商业中心体系》，《南昌日报》2011年 10 月 18 日。

［150］ 饶文津：《江西省旅游产业发展及金融支持策略选择》，《金融与经济》2010 年第 1 期。

［151］ 任秀玉：《城市餐饮街区空间布局研究》，华南理工大学硕士学位论文，2012。

［152］ 阮英花：《基于消费者视角的在线旅游企业声誉评价指标体系构建》，《旅游纵览》（下半月）2015 年第 3 期。

[153] 邵琦：《文化产业与旅游产业互动融合的三大要点》，《中国旅游报》2012 年 2 月 8 日。

[154] 申倩琳、董凤丽：《乡村旅游景区可持续发展评价指标体系研究》，《沈阳农业大学学报》（社会科学版）2015 年第 2 期。

[155] 《深圳华侨城股份有限公司简介》，深圳华侨城股份有限公司网站，http://www. octholding. com/category. aspx? NodeID = 7。

[156] 沈世伟等：《法国旅游资源研究方法的三十年演进历程》，《经济地理》2010 年第 6 期。

[157] 盛方清：《智慧景区游客体验维度及调控策略研究——以南京中山陵景区为例》，南京师范大学硕士学位论文，2014。

[158] 石艳：《产业融合视角下的旅游产业与文化产业互动发展研究》，《山东财政学院学报》2012 年第 2 期。

[159] 世界经济年鉴编辑委员会：《世界经济年鉴 2010/2011》，2011。

[160] 《四川省 2015 年全国 1% 人口抽样调查主要数据公报 [1]》，四川省统计局，http://www. sc. stats. gov. cn/sjfb/tjgb/201605/t2016051 8_208395. html。

[161] 《四川省农业旅游的主要特点》，中共四川省委农村工作委员会网站，http://www. snsc. gov. cn/oldsite/xcly/484. jhtml。

[162] 宋馨：《产业重构背景下的复合型旅游业态研究》，上海师范大学硕士学位论文，2011。

[163] 宋州：《浅谈商务旅游的特点和发展策略》，《投资与合作》（学术版）2014 年第 3 期。

[164] 苏建军：《江铜集团工业旅游开发研究》，南昌大学硕士学位论文，2013。

[165] 孙永龙、张华明：《西部十二省市区旅游业发展环境竞争力比较研究》，《西部论坛》2006 年第 3 期。

[166] 孙永龙、张华明：《西部十二省市区旅游业发展环境竞争力比较研究》，《西部论坛》2006 年第 3 期。

[167] 唐书转：《我国旅游产业转型升级路径》，《改革与战略》2017 年第 7 期。

[168] 唐羽、夏冬：《产业融合视角下辽宁工业旅游发展研究》，《中国

商论》2015 年第 26 期。

[169] 陶表红:《生态旅游产业可持续发展研究——以江西为例》,武汉理工大学博士学位论文,2011。

[170] 田佳:《浙江省旅游企业人才安全评价指标体系研究》,《旅游纵览》(下半月) 2015 年第 3 期。

[171] 田伟珂:《产业融合视角下的青岛工业旅游发展研究》,中国海洋大学硕士学位论文,2012。

[172] 田中景:《日本发展入境游的举措和成效研究》,《现代日本经济》2015 年第 4 期。

[173] 涂小华等:《我国工业旅游多层次与区域性发展现状及对策研究》,《江西社会科学》2010 年第 7 期。

[174] 工方等:《旅游景区无形资产评价指标体系研究》,《浙江学刊》2013 年第 2 期。

[175] 王刚、汪丽萍:《社区参与简论》,《城市研究》1998 年第 5 期。

[176] 王继庆:《试析韩国旅游业的政府主导型发展模式》,《东北亚论坛》2005 年第 5 期。

[177] 王娟:《城市商业与旅游业联动发展研究》,山东师范大学硕士学位论文,2004。

[178] 王磊等:《精品旅游景区环境评价指标体系研究》,《地域研究与开发》2014 年第 6 期。

[179] 王胜华:《江西旅游产业发展现状及对策研究》,《产业与科技论坛》2012 年第 23 期。

[180] 王松才:《万达谋划奢华转型两千亿投文化旅游业》,《中国经济时报》2013 年 6 月 9 日。

[181] 王怡然:《商旅结合 促进黄浦区经济新发展——关于黄浦区旅游可持续发展的若干思考》,《上海大学学报》(社会科学版) 1999 年第 6 期,第 31 ~ 35 页。

[182] 王友明:《城市旅游可持续发展评价指标体系的构建与实证分析——以苏南五市为例》,《南京师大学报》(自然科学版) 2011 年第 2 期。

[183] 王兆峰:《区域旅游产业竞争力评价指标体系的构建》,《经济管

理》2009 年第 8 期。

[184] 王兆峰：《区域旅游产业品牌竞争力评价指标体系构建研究》，《当代财经》2007 年第 10 期。

[185] 王真真：《基于敏感性分析的项目风险评估方法研究》，湖南大学硕士学位论文，2006。

[186] 魏清青：《工业旅游开发对策研究——以重庆市为例》，四川师范大学硕士学位论文，2012。

[187] 魏嵩、夏佐铎：《旅游投资环境评价指标体系探讨——基于湖北省旅游投资环境的评价研究》，《中国集体经济》2013 年第 6 期。

[188] 文红、袁尧清：《区域旅游产业安全影响因素、评价指标体系及旅游安全实现路径》，《商业经济》2014 年第 5 期。

[189] 吴传清：《关于西部旅游产业发展战略的若干思考》，《重庆商学院学报》2000 年第 3 期。

[190] 吴净：《旅游可持续发展的指标体系构建及其评价——以青岛为例的实证研究》，《经济问题探索》2013 年第 10 期。

[191] 吴琼、杭进峰：《历史文化街区改造及可持续发展的研究——以上海田子坊为例》，《建筑与文化》2015 年第 12 期。

[192] 吴学灿等：《生态补偿与生态购买》，《环境科学与技术》2006 年第 1 期。

[193] 吴学灿等：《生态购买是西部生态建设的新战略》，《水土保持通报》2005 年第 5 期。

[194] 吴煜祺：《"互联网＋对外贸易"模式发展分析》，《时代金融》2015 年第 11 期。

[195] 吴志才、彭华：《汕头市的旅游发展模式和驱动机制》，《热带地理》2004 年第 3 期。

[196] 向富华：《乡村旅游社区参与机制研究》，《北京第二外国语学院学报》2012 年第 7 期。

[197] 肖胜和：《旅游休闲度假化转型中的新特征与新观念探讨》，《商业时代》2010 年第 6 期。

[198] 谢军华：《我国政府旅游促销现状与特点研究》，华东师范大学硕士学位论文，2007。

[199] 谢苏：《旅游市场需求与旅游人才培养的有关问题》，《边疆经济与文化》2011 年第 1 期。

[200] 辛欣：《文化产业与旅游产业融合研究：机理、路径与模式——以开封为例》，河南大学硕士学位论文，2013。

[201] 熊晓生：《江西再添青云小镇等 5 条美食街（乡）》，《经济晚报》2015 年 12 月 8 日。

[202] 徐婧璇等：《国内旅游可持续发展评价指标体系研究综述》，《旅游论坛》2013 年第 5 期。

[203] 徐仁立：《旅游产业与文化产业融合发展的思考》，《宏观经济研究》2012 年第 1 期。

[204] 许正中等：《内蒙古多元化工业旅游发展战略探讨》，《地域研究与开发》2010 年第 1 期。

[205] 杨晨光、鄢斗：《海南省旅游业发展的金融支持模式探讨》，《海南金融》2006 年第 4 期。

[206] 杨洪、邹家红：《湖南省文化旅游产业发展研究》，《产业与科技论坛》2008 年第 7 期。

[207] 杨惠玲：《四川乡村旅游发展研究》，西南财经大学硕士学位论文，2009。

[208] 杨娟、何秉宇：《低碳旅游及其评价指标体系研究》，《旅游纵览》（行业版）2012 年第 1 期。

[209] 杨庆：《基于 RMP 分析的武汉工业旅游产品开发研究》，华中师范大学硕士学位论文，2013。

[210] 杨懿等：《养生旅游资源分类与评价指标体系研究》，《生态经济》2015 年第 8 期。

[211] 杨颖：《产业融合：旅游业发展趋势的新视角》，《旅游科学》2008 年第 4 期。

[212] 杨振之主编《旅游项目策划》，清华大学出版社，2007。

[213] 姚婷婷：《上海发展世界著名旅游城市背景下城市旅游品牌研究》，上海工程技术大学硕士学位论文，2015。

[214] 姚延波等：《我国旅游企业诚信评价指标体系的构建》，《天津师范大学学报》（社会科学版）2013 年第 6 期。

［215］ 叶春明、赵宇华：《金融对旅游业发展的支持研究》，《北京第二外国语学院学报》2009 年第 11 期。

［216］ 尹泽生：《旅游发展中的科技作用》，《旅游学刊》2004 年第 4 期，第 7 页。

［217］ 于博：《中日旅游服务贸易的现状、问题及对策研究》，大连海事大学硕士学位论文，2012。

［218］ 余贵贤：《论发展休闲观光农业的条件》，《中外企业家》2015 年第 6 期。

［219］ 余一明：《农业旅游演进规律与乡村体验旅游的深度策划——以广东农村（乡村）体验旅游为例》，《科技创业月刊》2007 年第 7 期。

［220］ 俞飞：《基于旅游产业链的婺源旅游经济研究》，江西师范大学硕士学位论文，2012。

［221］ 岳扬：《基于聚类分析方法的江西旅游客源市场研究》，南昌大学硕士学位论文，2009。

［222］ 仇凌：《森林旅游，为浙江林业发展注入生机与活力》，《浙江林业》2011 年第 5 期。

［223］ 曾宜富、喻峰：《大融合是旅游产业大发展的最佳路径》，《江西社会科学》2011 年第 1 期。

［224］ 张爱晨：《中外旅游产业发展模式之比较》，《黑龙江科技信息》2011 年第 31 期。

［225］ 张保伟：《"旅游＋互联网"融合发展的研究现状及前景探析》，《江苏科技信息》2015 年第 30 期。

［226］ 张蓓等：《国外农业旅游的模式比较与经验借鉴》，《农业经济问题》2011 年第 5 期。

［227］ 张超：《信息技术对中美旅行社业的影响比较研究》，《北京第二外国语学院学报》2003 年第 1 期。

［228］ 张广海、包乌兰托亚：《国内外休闲农业研究进展》，《北方经济》2012 年第 11 期。

［229］ 张海燕、王忠云：《旅游产业与文化产业融合运作模式研究》，《山东社会科学》2013 年第 1 期。

[230] 张洁、杨桂红：《云南省文化产业与旅游产业互动发展的对策措施》，《经济与社会发展》2009 年第 9 期。

[231] 张洁、杨桂红：《云南省文化产业与旅游产业互动发展的对策措施》，《经济与社会发展》2009 年第 9 期。

[232] 张敏等：《珠峰自然保护区旅游环境承载力评价指标体系研究》，《四川林勘设计》2012 年第 3 期。

[233] 张侨：《旅游企业博客营销能力评价指标体系构建研究》，《科技和产业》2013 年第 12 期。

[234] 张侨等：《国际化旅游人才评价指标体系构建研究》，《科技和产业》2012 年第 3 期。

[235] 张润清等：《我国休闲农业与乡村旅游星级企业（园区）评价指标体系的构建》，《统计与管理》2011 年第 6 期。

[236] 张宁信：《滑雪旅游目的地竞争力评价指标体系研究》，《冰雪运动》2014 年第 6 期。

[237] 张威：《旅游业态演化与商业模式创新》，知识产权出版社，2014。

[238] 张文珺、陈佃红：《旅游产业与文化产业关系辨析》，《经济论坛》2012 年第 8 期。

[239] 张永贵：《投资新领域：城郊休闲农业》，《中国投资与建设》1998 年第 6 期。

[240] 章尚正、赵磊：《区域旅游国际化发展竞争力评价指标体系研究——以皖南国际旅游文化示范区为例》，《安徽农业大学学报》（社会科学版）2012 年第 2 期。

[241] 赵安周等：《入境旅游目的地城市的旅游意象评价指标体系研究——以北京和上海为例》，《旅游科学》2011 年第 1 期。

[242] 赵地：《北京市发展工业旅游的对策研究——以大兴亦庄开发区为例》，首都经济留易大学硕士学位论文，2012。

[243] 赵多平、陶红：《典型旅游景区循环经济评价指标体系构建研究——以宁夏沙湖与沙坡头旅游景区为例》，《中国沙漠》2011 年第 6 期。

[244] 赵磊：《旅游产业与文化产业融合发展研究》，安徽大学硕士学位论文，2012。

[245] 赵西君：《产业互联网对旅游业的影响》，《中国旅游报》2014 年 10 月 29 日。

[246] 赵永峰：《内蒙古旅游环境预警评价指标体系构建研究》，《云南 地理环境研究》2011 年第 3 期。

[247] 赵媛：《基于旅游者需求的旅游资源评价指标体系初探——以漳 河风景名胜区为例》，《资源开发与市场》2012 年第 11 期。

[248] 郑薇：《农业生态旅游经济的发展对地区旅游经济的影响》，《安 徽农业科学》2011 年第 16 期。

[249] 郑晓冬：《我国大城市大型商业中心的规划及实施研究》，天津大 学硕士学位论文，2011。

[250] 植草益：《信息通讯业的产业融合》，《中国工业经济》2001 年第 2 期。

[251] 中国旅游研究院：《旅游业发展的浙江模式》，中国旅游出版社，2011。

[252] 钟晓敏、刘迪玲：《"会商旅文"联动——上海经济、社会发展的 新动力》，《国际市场》2014 年第 2 期，第 16～20 页。

[253] 周建芳：《温州工业旅游开发模式设计》，广西师范大学硕士学位 论文，2014。

[254] 周磊：《江西工业遗产保护及再利用探析——基于对南昌若干工 业遗产的价值性评判》，江西师范大学硕士学位论文，2014。

[255] 周伟伟：《区域旅游产品体系梯度开发研究——以"皖南国际旅 游文化示范区"为例》，安徽大学硕士学位论文，2012。

[256] 周杨：《高速铁路沿线旅游目的地协同发展及其实现路径研究》，《经济管理》2013 年第 3 期。

[257] 周作明：《桂林旅游资源开发 30 年回顾与思考》，《广西民族研 究》2000 年第 1 期。

[258] 朱国兴等：《山岳型景区低碳旅游评价指标体系的构建——以黄 山风景区为例》，《地理研究》2013 年第 12 期。

[259] 朱虹：《江西山水旅游的现状与发展战略》，《江西科技师范大学 学报》2012 年第 5 期。

[260] 朱虹：《论江西旅游强省发展战略》，《江西财经大学学报》2014

年第 4 期。

[261] 朱虹:《实施旅游强省战略，打造旅游升级版》，《中国旅游报》
2015 年 1 月 9 日。

[262] 朱湘辉、张丹:《江西乡村旅游深度发展探析》，《农业考古》
2008 年第 6 期。

[263] 《自然资源》，江西省人民政府，http://www.jiangxi.gov.cn/lsq/jx-gk/201507/t20150701_1174693.html。

[264] 邹统钎:《绿色旅游产业发展模式与运行机制》，《中国人口·资源与环境》2005 年第 4 期。

[265] 《走进东乡"花果山"》，抚州新闻网，http://www.zgfznews.com/fznews/dongxpd/ly/2015/3/19/1348581.shtml。

[266] Aliza Fleiseher, Anat Tehetehik, "Does Rural Tourism Benefit from Agriculture?" *Tourism Management*, (4), 2005, pp. 493 – 501.

[267] Allison C. Marsh, "Greetings from the Factory Floor: Industrial Tourism and the Picture Postcard," *Curator: The Museum Journal*, 51 (4), 2008, pp. 377 – 391.

[268] Caffyn Alison, Lutz Jane, "Developing the Heritage Tourism Product in Multi-Ethnic Cities," *Tourism Management*, 1999, 20 (2): 213 – 221.

[269] Edwards J. A., Coit J. C. L. I., "Mines and Quarries: Industrial Heritage Tourism," *Annals of Tourism Research*, 1996, 23 (2): 341 – 363.

[270] E. T. Davies, D. C. Gilbert, "A Case Study of the Development of Farm Tourism in Wales," *Tourism Management*, (1), 1992, pp. 56 – 63.

[271] Jeou-Shyan Horng, "Measuring Practitioners' Creativity in the Taiwanese Tourism and Hospitality Industry," *Thinking Skills and Creativity*, (3), 2016, pp. 269 – 278.

[272] Maitland Robert, Newman P., "Developing Metropolitan Tourism on the Fringe of Central London," *International Journal of Tourism Research*, 2004, 6 (5): 339 – 348.

[273] Mansfeld Y. ed., *Tourism, Security and Safety* (London: Routledge,

2014).

[274] Reisinger Y. , "Tourist-Host Contact as Part of Cultural Tourism," *World Leisure And Recreation*, (36), 1994, pp. 21 – 28.

[275] Sauri-Pujol David, Llurdés-Coit J. C. , "Embellshing Nature: The Case of the Salt Mountain Project of Cardona, Cataionia, Spain," *Geoforum*, 1995, 26 (1): 35 – 48.

[276] Stephen Wanhill, "Mines-A Tourist Attraction: Coal Mining in Industrial South Wales," *Journal of Travel Research*, 39 (1), 2000, pp. 60 – 69.

[277] WTO Crisis Guidelines for the Tourism Industry, http://www. world-tourism. org. on.

# 后　记

　　《江西旅游产业发展路径研究》一书是在 2012 年度的江西省高校哲学社会科学研究重点招标项目"江西旅游产业发展路径"（课题编号：ZDZB201211）终期成果的基础上形成的。项目由南昌大学江西发展研究院院长、旅游学院教授黄细嘉主持，李祎做了较多协助工作。

　　项目研究工作得到了中共江西省委、省人民政府领导的关心和重视，其多次就研究做出指示，对部分中期成果做了重要批示。本项目研究组织了以南昌大学旅游学院教师为主的精干研究团队，同时得到了多位专家学者的支持和帮助。南昌大学经济管理学院谌贻庆教授的团队承担了部分重要研究任务，其定量研究使成果增色不少；江西科技师范大学彭燕副教授也承担了研究任务，为课题付出了诸多辛劳。各章的主要撰稿人如下。第一、二章：曾群洲、黄细嘉、李凉、李文晓、席思伟、谌欣。第三章：金茨萍。第四章：李祎。第五章：谌贻庆、陶春峰。第六章：彭燕、陈志军、陈昕。第七章：施艳艳、黄细嘉。第八章：范桂辰、黄细嘉。附录：黄细嘉。对各位作者的辛勤付出一并表示衷心感谢！书中引用和借鉴诸多同行的成果和观点，虽然我们在最终定稿后，再次将各章发给各位作者做进一步的修改，并叮嘱"逢引必注""凡鉴务言"，得到积极响应和落实，但肯定还会存在引用和参考文献注释的疏漏问题，在此，既感谢同行们的智慧启示，亦恕因工作疏忽而未能一一清晰标注。

　　江西旅游产业正处于转型发展的关键时期，需要有识之士从理论到实践，不断地探索其发展的未来方向。书中疏漏和不足之处在所难免，恳请广大读者斧正。

黄细嘉　李　祎

2017 年 11 月 21 日

图书在版编目（CIP）数据

江西旅游产业发展路径研究／黄细嘉等著. -- 北京：
社会科学文献出版社，2018.7
ISBN 978 - 7 - 5201 - 2469 - 0

Ⅰ.①江…　Ⅱ.①黄…　Ⅲ.①地方旅游业 - 旅游业发
展 - 研究 - 江西　Ⅳ.①F592.756

中国版本图书馆 CIP 数据核字（2018）第 053452 号

江西旅游产业发展路径研究

著　　者／黄细嘉　李　祎　等

出 版 人／谢寿光
项目统筹／高　雁
责任编辑／颜林柯　王春梅

出　　　版／社会科学文献出版社·经济与管理分社　（010）59367226
　　　　　　　地址：北京市北三环中路甲 29 号院华龙大厦　邮编：100029
　　　　　　　网址：www. ssap. com. cn
发　　　行／市场营销中心（010）59367081　59367018
印　　　装／三河市尚艺印装有限公司

规　　　格／开　本：787mm × 1092mm　1/16
　　　　　　　印　张：19.5　字　数：308 千字
版　　　次／2018 年 7 月第 1 版　2018 年 7 月第 1 次印刷
书　　　号／ISBN 978 - 7 - 5201 - 2469 - 0
定　　　价／79.00 元